Albert Krölls
Kritik der Psychologie

Albert Krölls, Jahrgang 1948, Dr. jur., Diplom-Sozialwissenschaftler, emeritierter Professor für Recht und Verwaltung an der Evangelischen Hochschule für Soziale Arbeit Hamburg. Zahlreiche Veröffentlichungen insbesondere auf den Gebieten Verfassungsrecht, Privatisierungspolitik, Ökonomisierung der Sozialen Arbeit, Sozialstaat und Hartz IV.

Bei VSA: erschienen von ihm: »Das Grundgesetz – Ein Grund zum Feiern?« (2009), »Kapitalismus – Rechtsstaat – Menschenrechte« (2013).

Albert Krölls

Kritik der Psychologie

Das moderne Opium des Volkes

3. aktualisierte und erweiterte Auflage

VSA: Verlag Hamburg

www.vsa-verlag.de

Unv. Nachdruck der 3. aktualisierten und erweiterten Auflage 2016
(1. Auflage Hamburg 2006, 2. erw. Neuaufl. Hamburg 2007)

Umschlagkarikatur: aus Oswald Huber, »Machen Sie was!«
Business-Cartoons, Verlag Hans Huber, Bern u.a. 1999 (S. 61)
Druck und Buchbindearbeiten: CPI books GmbH, Leck
ISBN 978-3-89965-690-9

Inhalt

Vorwort zur 3. Auflage

Zehn Jahre nach der erstmaligen Veröffentlichung der »Kritik der Psychologie« sieht sich der Autor angesichts der leider ungebrochenen Popularität des psychologischen Denkens veranlasst, eine überarbeitete und erweiterte Neuauflage vorzulegen. So wurde der bereits in die 2. Auflage von 2007 aufgenommene Diskussionsteil neu konzipiert und in seinem Umfang erweitert. Dokumentiert wird zum einen die Kontroverse, die der Autor unter dem Titel »Die geheime Macht des Unbewussten – Ein untauglicher Rettungsversuch der Psychoanalyse« mit einem bekennenden Anhänger Freuds geführt hat. Die Antwort auf einen weiteren Leserbrief beinhaltet vertiefte Ausführungen zur Kritik der ebenso beliebten wie falschen Fragestellung »Freiheit versus Determination des Willens?«

Grundlegend überarbeitet wurde das für die Beweisführung des Buches zentrale Kapitel 1, das nunmehr die Überschrift »Psychologie: Wissenschaft als Menschenbildpflege« trägt. Im Rahmen einer neu verfassten Schlussbetrachtung wird anknüpfend an den Untertitel »Das moderne Opium des Volkes« der Nutzwert der psychologischen Weltanschauung für die kapitalistische Konkurrenzgesellschaft als ideologischer Beitrag zur Pflege der Konkurrenzmoral der Bürger klarstellend erläutert.

Der Autor steht zur Fortsetzung der Diskussion zur Verfügung unter der E-Mail-Adresse AKroells@web.de.

Hamburg, im Februar 2016 Albert Krölls

Einleitung
Der Psycho-Boom – Zur Karriere einer mächtigen Ideologie

Die Frage, welche Beziehung der Mensch zu seiner werten Persönlichkeit pflegt, wie er mit sich und seiner Psyche umgeht oder mit ihr zurechtkommt, hat für die Mitglieder der »modernen Gesellschaft« den Rang der wichtigsten Frage überhaupt errungen. Die Antwort darauf klärt nämlich alle Probleme, die der Mensch im Umgang mit der Welt hat. Ein Scheitern am Arbeitsmarkt oder bei der Liebeswerbung, Ärger in der Familie oder im Büro, Frustration, Angst vor dem Atomkrieg oder dem Alleinsein lassen auf falsche Einstellungen schließen und führen zu Unlust oder gar Unglücksgefühlen, die nicht unbedingt sein müssen. Zurechtkommen mit der Welt ist zuallererst ein Zurechtkommen mit dem lieben Selbst. Wer sich selbst annimmt und kontrolliert, wer sein Verhältnis zu sich im Griff hat und über ein gesundes Selbstwertgefühl verfügt, hat mit der Welt keine Probleme mehr.

Empfehlungen, wie der eigene Seelenhaushalt besser zu bewirtschaften sei, sind deshalb sehr gefragt. Die Propaganda des funktionalen Umgangs mit der eigenen Psyche wird nicht nur von Schule und Sozialarbeit zur Betreuung des stets vom Ausscheren aus den Sachzwängen der bürgerlichen Konkurrenzgesellschaft bedrohten Willens zum Funktionieren nachgefragt. Sie kann sich auch am freien Markt behaupten: Als klassenübergreifendes Angebot zur Lebenshilfe und Entschuldigungsideologie für die bürgerlichen Konkurrenzsubjekte hat die Psychologisierung aller Lebenssachverhalte im späten 20. Jahrhundert der Religion den Rang abgelaufen. Die psychologische Denkweise liefert die fachliche Anleitung für die kritische Selbstmanipulation des schwierigen Willens zur (Selbst)zufriedenheit in einer Gesellschaft, deren Mitglieder bei der herrschaftlich konzessionierten Verfolgung ihrer Interessen unter den vom Staat vorgegebenen Bedingungen systematisch auf Beschränkungen, insbesondere auf die Schranken der vom Staat ins Recht gesetzten Interessen anderer Konkurrenzsubjekte, stoßen. Für das Bedürfnis anerkannter und selbstbewusst agierender freiheitlicher Glückschmiede, die kapitalistische Gesellschaft und ihre Einrichtungen als einziges Reich von Chancen und Möglichkeiten für das Subjekt zu interpretieren und in dieser ihr Glück zu suchen, demgemäß ihren (Miss)erfolg nicht den Prinzipien der Konkurrenzgesellschaft, sondern sich selbst und ihrer eigenen »Erfolgs(un)fähigkeit« zuzuschreiben, liefert die Psychologie eine sachadäquate Theorie des Willens.

Deren Kennzeichen besteht zunächst darin, dass sie das Bewusstsein als eine defekte, von allerlei unkontrollierten Einflüssen gesteuerte, stets bedrohte Instanz ausmalt. Wenn Psychologen den Willen erforschen, fragen sie nicht nach dem Zweck des Handelns, sondern suchen nach Ursachen der Willensleistungen außerhalb von Wille und Bewusstsein und teilen ihren staunenden Forschungsobjekten dann mit, wovon sie getrieben oder motiviert sind. An Ratten und anderem Getier studieren sie, wie der menschliche Wille gebildet wird, und wenn sie es lieber etwas »kognitiver« haben wollen, dann forschen sie nicht nach »konditionierten Reflexen«, sondern nach Dispositionen und Mustern, die das Verhalten hervorrufen. Ihr Bild vom Willen macht die »Verrückten« und »Geisteskranken«, die ihres Willens nicht mächtig sind, zur Norm, die auch die »inneren Prozesse« erklärt, die bei den »Normalen« ablaufen. Nie jedenfalls ist die praktische Tat eines Menschen das einfache Resultat der Absichten und Beschlüsse eines Subjektes, das sich vom Standpunkt seiner gewussten Interessen und Bedürfnisse auf die ihm vorausgesetzte äußere Welt bezieht. Das Interesse als Handlungsgrund wird systematisch verworfen, wenn das Handeln der Subjekte als Resultante des Wirkens hintergründiger seelischer Kräfte gedeutet wird, deren wirkmächtige Existenz allein die Psychologenzunft aufzudecken weiß.

Ihr Wissen um die geheimen Kräfte der Seele – jener »Blackbox«, in die niemand hineinsehen kann – gewinnen Psychologen auf eine höchst eigentümliche Weise. Sie reflektieren die Handlungen der Subjekte in deren »seelisches Innenleben« und bestimmen das praktische Tun als Äußerung der inneren Möglichkeit dazu. Auf mustergültig tautologische Weise erklären sie die Welt der Handlungen durch ebenso viele Triebe. Den Krieg erklären sie aus einem Aggressionstrieb, die Liebe aus einem Liebes-, Zerstörungsakte aus einem Todestrieb, das Lernen aus der in verschiedenen Quanta auf die Menschen verteilten Lernfähigkeit usw.

Die Leistung dieser gedanklichen Operation, das heißt der Verdopplung jeder Handlung in ihre innere Ermöglichung und ihre äußere Aktualisierung, besteht darin, Bewusstsein, Willen und Verstand zu Schauplätzen menschlicher Unfreiheit zu erklären. Mit dieser Bestimmung des

Willens als abhängiger Variable eines Ensembles innerer und äußerer Wirkmächte erteilt die Psychologie dem Menschen zugleich einen umfassenden Steuerungsauftrag. Derselbe Mensch, eben noch als willenloser Spielball psychischer Impulse definiert, soll nunmehr als Konfliktmanager der widersprüchlichen Anforderungen fungieren, welche seine innere Dispositions- oder Motivationslage und die äußere Welt an ihn richten.

Er soll auf diese Weise ein seelisches Gleichgewicht an sich herstellen, das seit Freud unter dem psychologischen Namen einer gelungenen Ich-Bildung bekannt ist. Seine Aufgabe besteht darin, seine Wünsche und Bedürfnisse, soweit es geht, zur Geltung zu bringen – im Kampf mit den konkurrierenden seelischen Wirkmächten des »Es« und »Über-Ich«, im geschickten Umgang mit seinen psychischen Defekten, durch kalkulierte Konzessionen an die mächtigen Triebe oder aber durch ihre Sublimierung. Jedenfalls dazu soll der Rest an Wille und Verstand, den die Psychologie dem Menschen zugesteht, noch zu gebrauchen sein.

Die Wahrheit ist freilich das Gegenteil: Der Kampf der seelischen Instanzen ist nur die zur inneren Angelegenheit verdrehte Anforderung der Psychologie an den bürgerlichen Menschen, seine Lebensinteressen mit der Realität in Einklang zu bringen, damit sie nicht – in Form von Enttäuschung oder ausgewachsenem Seelenleiden – die Funktionstüchtigkeit des bürgerlichen Subjektes beeinträchtigen. Für diese Anpassungsleistung steht das Realitätsprinzip der Seele. Dieses »Ich« soll die anerkannten Pflichten und Ansprüche ans Individuum, die Forderungen des Gewissens, in ein Gleichgewicht mit dem Recht auf ein Stück eigener Bedürfniserfüllung bringen, damit es nicht am Widerspruch zwischen moralischen Forderungen und dem Anspruch auf eigene Befriedigung zerbricht. Wer den Krieg der seelischen Instanzen bewältigt, ist realitätstauglich, das heißt »arbeits- und genussfähig«, wie einst Übervater Freud versprach.

In der Tat: Wer sich das Menschenbild der Psychologie zu eigen macht, wer keine anderen Probleme kennt als die des mangelnden Selbstwertes, wer die Verteilung der Bürger auf die Hierarchie der Berufe als Spiegelbild des unterschiedlich verteilten individuellen Leistungsvermögens betrachtet und mit psychologisch gebildetem Sachverstand staatlich organisierte Kriege als Ausdruck menschlicher Aggressivität zu deuten weiß, der erfüllt in idealer Weise das Anforderungsprofil des demokratisch-kapitalistischen Staatsbürgers.

Der psychologisch verbildete Mensch, der alle Abteilungen des bürgerlichen Lebens als Bewährungsfeld für die eigene Erfolgstüchtigkeit betrachtet, macht sich geistig frei von der Befassung mit den ökonomischen und politischen Interessen, denen er zu dienen, für deren Erfolg er in seinen gesellschaftlichen Funktionsrollen einzustehen hat. Wer nur noch von dem Wunsch beseelt ist, von der gesellschaftlichen Umwelt den Wert der eigenen Person bestätigt zu erhalten, ist umgekehrt von einem grundsätzlichen Verständnis für alle Zumutungen erfüllt, die ihm Staat und Ökonomie des demokratischen Kapitalismus auf den verschiedenen Kampfplätzen seines Lebens auferlegen. Diese bieten ja eine vortreffliche Gelegenheit zur Erprobung der Stärke und Durchsetzungsfähigkeit seiner werten Persönlichkeit. Für die »Verlierer« bleibt der Trost, ihre Niederlagen auf ihre mangelnden Fähigkeiten zurückführen zu dürfen, die Chancen, die ihnen die kapitalistische Konkurrenzgesellschaft eröffnet, erfolgreich zu nutzen.

Sich um die Hege und Pflege dieses demokratischen Staatsbürger-Bewusstseins verdient gemacht zu haben, ist die unbestreitbare Leistung der psychologischen Weltanschauung und ihres wissenschaftlichen Theorieunterbaus.

Beweisziel, Inhalt und Gang der Darstellung

Die systematische Entfaltung des skizzierten Zusammenhangs zwischen den Erklärungsprinzipien der psychologischen Weltanschauung und ihrem Gebrauchswert für die kapitalistische Konkurrenzgesellschaft bildet den Leitfaden der hier vorgelegten Kritik der Psychologie.

Kapitel 1 bietet eine grundsätzliche Auseinandersetzung mit dem deterministischen Erklärungsschema der wissenschaftlichen Psychologie, dessen Tiefenpsychologen sich gleichermaßen bedienen wie der Behaviorismus, humanitäre Psychologen oder Vertreter kognitiver Ansätze. In welchen unauflösbaren Widersprüchen sich ein Denken verfängt, welches einen bedingten Willen zur zentralen Kategorie erhebt, warum psychologische Beweise tautologischen Charakter besitzen, welchen Stellenwert falsche Abstraktionen wie Mensch, Welt, Aggression und Motivation im Rahmen der psychologischen Theoriebildung besitzen, wird in diesem Kapitel ebenso beantwortet wie die Frage nach dem erkenntnisleitenden Interesse, welches das Bedürfnis nach derartigen Erklärungsmustern erst hervorbringt.

Ausgestattet mit dem Begriff der wissenschaftlichen Psychologie als Pflege eines vorausgesetzten Menschenbildes, unter das die Gesamtheit ihrer Erkenntnisgegenstände subsumiert wird, kann sich der Leser in den folgenden Kapiteln 2 bis 6 auf eine Besichtigungsreise durch die pluralistische Welt psychologischer Theorien und Ansätze begeben. Die verschiedenen Schulen und Theorievarianten werden daraufhin befragt, welche Erklärungsleistungen sie erbringen und worin der besondere politisch-legitimatorische Gehalt ihrer falschen Theorien besteht.

Bei diesem exemplarischen Durchgang durch die Psychologie werden die Klassiker (Freud, Skinner, Rogers) gleichermaßen zu ihrem Recht kommen wie moderne Schulen und Autoren. Eine handwörterbuchmäßige Vollständigkeit wurde schon deshalb nicht angestrebt, weil zu bestimmten repräsentativen Richtungen der Psychologie wie insbesondere der Hirnforschung einschlägige Untersuchungen bereits vorliegen, auf die inhaltlich Bezug genommen werden kann.[1] Bei der Auswahl wurde besonderes Augenmerk auf solche Strömungen der Sozialpsychologie gelegt, die einen dezidierten gesellschaftskritisch-emanzipatorischen Anspruch vertreten. Hier gilt es den Nachweis zu führen, dass der fehlerhaft-affirmative Charakter der psychologischen Theoriebildung die alternative Verwendung der Kategorienwelt der bürgerlichen Psychologie als Anknüpfungspunkt für eine wissenschaftlich begründete, den Kapitalismus überwindende politische Perspektive kategorisch ausschließt. Die »linken« Theorien demonstrieren, dass der Nährwert solcher Kategorien wie Mensch und Umwelt, Verhalten, Motivation, Disposition, Unterbewusstsein etc. ausschließlich in der Produktion systematischer Fehlerklärungen des Tuns und Treibens der Subjekte in der bürgerlichen Gesellschaft sowie in der Entschuldigung des falschen Bewusstseins der Akteure besteht, woran auch die progressive Um- oder Reinterpretation, die Ergänzung oder Modifikation der einschlägigen psychologischen Erklärungsmuster nichts zu ändern vermag.

---

[1] Zu dem weiterhin aktuellen Trend, den Inhalt der Geistestätigkeit unmittelbar aus den physiologischen Voraussetzungen des Denkens ableiten zu wollen, vgl. Huisken 2003 und 2005 sowie insbesondere Cechura 2008. Die Autoren kritisieren die (Bremer) Hirnforschung anhand grundlegender Resultate der Forschung von Gerhard Roth. Es wird aufgezeigt, in welche Widersprüche sich eine Theorie verwickelt, die Wille und Bewusstsein zu einer Einbildung des Naturdings Hirn erklärt, menschliches Verhalten als Ausfluss seiner anatomischen Voraussetzungen bespricht und versucht, gesellschaftliche Phänomene wie Erziehung und Kriminalität auf hirnorganische Besonderheiten zurückzuführen.

Diese Feststellungen richten sich insbesondere gegen solche modernen sozialpsychologischen Erklärungsansätze, die in der Tradition der Freud'schen Psychoanalyse stehen. Die eingehende Auseinandersetzung mit dem Drei-Instanzen-Modell und der zentralen Kategorie des Unbewussten sowie die Würdigung der grundlegenden ideologischen Leistungen der Freud'schen Seelenlehre bilden dementsprechend den Gegenstand von Kapitel 2.

Thema von Kapitel 3 ist die verhängnisvolle Liaison von Freud und Marx in Gestalt der sozialpsychologischen Studien der Frankfurter Schule über den sogenannten autoritären Charakter. Deren zentrale politische Botschaft besteht darin, dass der Mensch aufgrund der triebökonomischen Verfassung seines Seelenhaushaltes quasi automatisch zur unbewussten Anpassung an die Funktionserfordernisse der politischen Gewalt gezwungen sei und damit an der Erfüllung seiner »eigentlichen« Mission scheitern müsse, der autoritären Herrschaft (faschistischer Provenienz) Widerstand zu leisten. Die Ergänzung der Politischen Ökonomie um einen »subjektiven Faktor« endet in der Konstruktion eines idealen Entsprechungsverhältnisses zwischen Untertan und Herrschaft: staatsbürgerlicher Gehorsam als Naturbestimmung des Willens oder anders herum: die politische Herrschaft eine einzige Erfüllung der tiefenpsychologischen Sehnsüchte der Untertanenseele.

Das von Burrhus Frederic Skinner entworfene Kontrastprogramm zum Freud'schen Modell der Steuerung des Menschen durch innere Wirkfaktoren, das heißt seine verhaltenswissenschaftliche Theorie der instrumentellen Konditionierung des Menschen durch äußere Bedingungen, wird in Kapitel 4 behandelt. Dem radikalen sozialtechnologischen Programm der Domestizierung des unbotmäßig-dysfunktionalen Staatsbürgerwillens ist zu entnehmen, welchen gesellschaftlichen Interessen der verhaltenswissenschaftliche Zweig der Psychologie seine Dienstbereitschaft anträgt.

In Kapitel 5 werden verschiedene zeitgenössische psychologische Theorien zum speziellen Thema der Ausländerfeindlichkeit auf den Prüfstand gestellt. Die Leistungsbilanz der Erklärungsansätze der bürgerlichen Psychologie fällt durchweg negativ aus, gleichgültig ob die Ursache der Ausländerfeindlichkeit in den Abgründen der fremdenfeindlichen Seele oder den Sozialisationsbedingungen der Ex-DDR aufgefunden wird. Der wissenschaftliche Beitrag der Vertreter des Faches Psychologie zum politischen Kampf gegen die staatlich nicht konzessionierte Form der Ausländerfeindlichkeit von unten besteht darin, verkehrte Erklärungen in die Welt zu setzen, die im Ergebnis auf die Behauptung der prinzipiellen Unmaßgeblichkeit der genuin politischen nationalistischen Beweggründe hinauslaufen, die rechtsradikale Gewalttäter zu ihren Taten bewegen, und damit auf die konsequente Ausblendung der Rolle von Nationalstaaten als Nährboden ausländerfeindlicher Taten ihrer Bürger.

Dieser Vorwurf lässt sich gegenüber dem konkurrierenden Erklärungsansatz der Holzkamp-Schule wahrlich nicht erheben, der das ausländerfeindliche Bewusstsein der Bürger als Resultat eines Verführungs- und Bestechungswerks des bürgerlichen Staates zur Herstellung staatsbürgerlicher Loyalität der Inländer deutet und sich auf diese Weise den unbeirrbar guten Glauben an die eigentlich progressiv-antirassistische Menschennatur des bürgerlichen Subjekts erhält.

In Kapitel 6 stehen die praktischen Leistungen verschiedener Therapieformen wie namentlich der klassischen Psychotherapie und der Gesprächstherapie zur Diskussion. Beantwortet werden folgende Fragen: Mit welchen Verfahren setzt die Psychotherapie ihr jeweiliges Erklärungsmodell in die Praxis psychologischer Lebensberatung um, worin bestehen ihre ebenso unzweifelhaften wie fragwürdigen Erfolge? Welche geistigen Interessen des bürgerlichen Menschen werden so erfolgreich bedient, dass in den USA der Gang zum Psychiater zur national durchgesetzten Seelenhygiene gehört und auch hierzulande die Pflege des Selbstwertes zum ersten Lebensbedürfnis geworden ist?

Die Schlussbetrachtung bringt anknüpfend an den Untertitel des Buches »Das moderne Opium des Volkes« den Nutzwert der psychologischen Weltanschauung für die kapitalistische Konkurrenzgesellschaft auf seinen zusammenfassenden Begriff als ideologischem Beitrag zur Pflege der Konkurrenzmoral der Bürger.

Das Interesse an positiven Erklärungen der von der bürgerlichen Psychologie systematisch verklärten Lebenssachverhalte soll in diesem Buch zumindest streckenweise auch befriedigt werden, und zwar schwerpunktmäßig im Rahmen der Widerlegung der psychologischen Erklärungen von Ausländerfeindlichkeit, Antisemitismus und Krieg. Kostproben einer derartigen rationellen Psychologie finden sich insbesondere in Kapitel 5.5 unter der Überschrift »Ausländerfeindlichkeit: eine Eigenleistung des Staatsbürgers auf der Grundlage staatlicher Menschensortierung«.

Aufklärende Hinweise auf die Entstehung des faschistischen Massenbewusstseins liefern einschlägige Passagen in Kapitel 3. Das Interesse an einer korrekten Erklärung des Staates wird ansatzweise im Zuge der Auseinandersetzung mit Freuds triebökonomischer Staatsableitung bedient (Kapitel 2.3).

Diese positiven Erklärungen, die garantiert ohne jede Bezugnahme auf ein »Dahinterliegendes« oder auf ein »Menschenbild« auskommen, laufen im Ergebnis auf eine dreifache Kritik hinaus: zum einen an den gesellschaftlichen Verhältnissen, die einer solchen Wissenschaft bedürfen, zum anderen an der Wissenschaft selbst, die diesen Bedarf mit lauter nützlichen Fehlerklärungen der menschlichen Subjektivität und ihrer Betätigungsweisen bedient. Und drittens an den bürgerlichen Subjekten, welche die von der Wissenschaft erzeugten, gepflegten und verstärkten Fehlurteile über die gesellschaftlichen Verhältnisse des demokratischen Kapitalismus ganz eigenständig im Kopfe haben und zu ihrem Schaden in die praktische Tat umsetzen.

Kapitel 1
Psychologie: Wissenschaft als Menschenbildpflege

1. Der Wille in der Psychologie oder: Das Erklärungsprinzip des Determinismus

Psychologen haben eine eigentümliche Auffassung vom Willen. Wenn sie sich mit dem Willen beschäftigen, offenbaren sie ein lediglich bedingtes Interesse am Willensinhalt, d.h. der Frage, *was* die Menschen denken und wollen. Wenn sich Psychologen bspw. auf die Suche nach einer Erklärung politischer Attentate, des Ablebens des Torwarts der Fußball-Nationalmannschaft oder des Drogenkonsums begeben, gilt ihr primäres Erkenntnisinteresse keineswegs den subjektiven Handlungsgründen der Akteure oder gar der kritischen Beurteilung ihrer Gedanken und Taten. Sondern mit der Frage nach dem »Warum« ihres Denkens und Handelns ist die gänzlich andere Frage danach aufgeworfen, auf welche inneren und/oder äußeren Umstände jenseits von Wille und Bewusstsein die Aktionen der Subjekte zurückzuführen sind. Welche Bedingungen oder Faktoren haben die Subjekte so handeln lassen, wie sie handeln, der Wirkkraft welcher (unentdeckten) Steuerungsmächte verdanken sich ihre Urteile über die Welt, ihre Beschlüsse und ihre praktischen Werke? Das ist der Inhalt der Warum-Frage der Psychologie, die zielstrebig weg vom Erklärungsgegenstand und Ausgangspunkt der Betrachtung, den zweckbestimmten Handlungen der Subjekte, in die psychologische Hinterwelt der »eigentlich« maßgeblichen Bestimmungsgründe des Denkens und Handelns führt.[2]

[2] Auch die merkwürdige Qualität so mancher Geistesleistung liefert kein Argument dafür, getrennt vom Inhalt besagter Gedanken deren Grund partout in außerhalb des Gedankeninhaltes angesiedelten Umständen zu suchen, die als eigentliche Urheber derartiger Verstandesleistungen in Betracht kommen könnten. Unbestrittenermaßen treiben die Menschen jede Menge widersprüchlich bis absurd anmutende Dinge und haben auch häufig genug ein falsches oder unklares Bewusstsein von ihren Handlungen und Gefühlen. Aber beweist die Tatsache, dass Menschen alle möglichen objektiv unsinnigen Zwecke verfolgen, dass ihre psychische Innenwelt der letztinstanzliche Urheber ihrer Taten ist? Warum sollte ein verrückter Willensinhalt unbedingt ein fremdbestimmtes Werk (unbewusster) psychischer Mächte oder Instanzen sein? Andersherum gefragt, aus wel-

Die psychologische Fragestellung nach den Ursachen des Denkens und Handelns beinhaltet somit die prinzipielle Bestreitung der *eigenständigen* Existenz von Willen und Bewusstsein. Indem die Psychologie die Gesamtheit menschlicher Verhaltensweisen dem vorausgesetzten Bilde des Menschen, seines Bewusstseins und seiner Werke als »abhängiger Variable« einerseits von subjektiven, d.h. im Inneren des Menschen angesiedelten, und andererseits von objektiven Bedingungen seiner Umwelt (Zimbardo-Gerrig 1999: 2f.) subsumiert, schließt sie kategorisch aus, dass der Grund menschlicher Werke in den subjektiven Absichten oder Beweggründen der handelnden Subjekte selbst seinen Ursprung besitzt. Wo Menschen tagein, tagaus mit Willen und Bewusstsein agieren – sie urteilen, kalkulieren, machen ihre Gefühlsurteile zum Bestimmungsgrund ihres Handelns, sie fällen Beschlüsse, setzen ihre Entscheidungen in praktische Taten um und haben dementsprechend auch ein Bewusstsein vom Inhalt ihres Denkens und Tuns –, erklärt die psychologische Sichtweise inklusive ihrer – der empirischen Realität angeblich so eng verbundenen – erfahrungswissenschaftlichen Abteilung diese offensichtliche Tatsache für eine Selbsttäuschung. In Wahrheit seien Wille und Bewusstsein von inneren und/oder äußeren Umständen gesteuert, bedingt oder bewirkt.[3]

chen Gründen sollte es von vornherein ausgeschlossen sein, dass ein unsinniger Gedanke das gedankliche Eigenwerk desjenigen bildet, der diesen Gedanken hegt? Etwa weil Menschen unmöglich so etwas Absurdes wollen können?

3 Selbstredend spielt sich die Bildung und Betätigung des Willens nicht im luftleeren Raum ab, sondern erfolgt unter natürlichen und gesellschaftlichen Bedingungen. Allerdings liefert die fraglose Existenz von biologischen und gesellschaftlichen Voraussetzungen der Entwicklung und Verfolgung von Interessen kein Argument für den psychologischen Determinismus. Das gilt insbesondere für die menschlichen Grundbedürfnisse wie Essen, Trinken und Sexualität, die gemeinhin als Kronzeugen für die These der Gesteuertheit des Menschen aufgerufen werden. Mit der das Bewusstsein bestimmenden Steuerungskraft der real existierenden Triebe ist es bei Licht betrachtet ohnehin nicht weit her. Welche Anforderungen sollten sich auch schon aus einem leeren Magen für den Geisteszustand des Subjekts ergeben, außer dass der Mensch ein Bewusstsein seines Hungers hat? Die Triebe legen noch nicht einmal das »Wie« und »Wann« der Bedürfnisbefriedigung fest. Und selbst das »Ob« der Bedürfnisstillung ist immer noch eine Frage der Entscheidung des Subjektes im Umgang mit den biologischen Notwendigkeiten. Man kann ja auch beschließen, in den Hungerstreik zu treten oder als Mönch durch das Leben zu gehen. Nein, die wirklichen Triebe, deren organisches Substrat in Hormonen und anderen Körpersäften nachzuweisen ist, können gar nicht die Rolle ausfüllen, die ihnen Psychologen, insbesondere die Psychoanalyse, als zentrale Determinationsinstanz der Willensbildung zuschreiben. Wie soll gar die von Freud behauptete wundersame Verwandlung von Körperkräften in seelische Gesetzmäßigkeiten vonstattengehen,

Die Frage nach subjektiven Zwecken und Absichten überführt die moderne Psychologie stattdessen konsequent in eine Frage nach »Ursachen«, welche unabhängig von Wille und Bewusstsein der Individuen deren »Verhalten« bewirken oder bedingen sollen.[4] Die Menschen mögen sich noch so sehr einbilden, die Herren ihrer Zwecke zu sein und ihre eigenen – richtigen oder auch falschen – Gründe dafür haben, warum sie arbeiten gehen, Morde oder Diebstähle begehen, Asylbewerberheime anzünden oder einen Vortrag zur Kritik der Psychologie halten. Das psychologische Dogma des Waltens hintergründiger seelischer Kräfte belehrt sie eines Besseren. Letztlich führt wahlweise ein »mysteriöser Seelenapparat«, der Aggressionstrieb, die Motivationsstruktur, das Ensemble der Einflüsse von Anlage und Umwelt oder neuerdings die Physiologie seines Hirns Regie bei allem, was der Mensch denkt und treibt.

Auf diese Weise befassen sich Psychologen mit allem und jedem. Sie nehmen Stellung zum Krieg, zur Liebe, zum Selbstmord des Torhüters der Fußball-Nationalmannschaft, zum Börsengeschehen und zur Ausländerfeindlichkeit, aber nichts davon nehmen sie sich selber zum Gegenstand, sondern berauben sämtliche Erkenntnisgegenstände systematisch der sie kennzeichnenden Bestimmungen. Aus dem unbestreit-

---

wie sollen die körperlichen Drangzustände einen »psychischen Ausdruck« in Bewusstseinszuständen oder Handlungsakten finden können, in denen kein Jota körperlich-biologischer Notwendigkeiten mehr vorkommt, die nach ihrer Erfüllung verlangen?

Mit den gesellschaftlichen Bedingungen, unter die der Wille im demokratischen Kapitalismus gestellt ist, die der Mehrheit der Konkurrenzsubjekte die Notwendigkeit aufherrschen, sich um der Bestreitung ihrer Lebensinteressen willen in den Dienst der Mehrung des Reichtums privater Wirtschaftsunternehmen zu stellen, hat die psychologische Konstruktion eines bedingten oder determinierten Willens ebenfalls nichts zu tun. Ein bedingter Wille und ein Wille, dessen Betätigung gesellschaftlichen Bedingungen wie dem Zwang des Geldverdienens ausgesetzt ist, sind eben sehr verschiedene Angelegenheiten. Auch wenn der Mensch im Kapitalismus keineswegs tun und lassen kann, was er will, und andauernd auf die gesellschaftlichen Schranken seiner Interessenverfolgung stößt, ändert das nichts daran, dass die Unterwerfung unter die gesellschaftlichen Verhältnisse immer noch ein Willensakt ist, der sich den Zwang einleuchten lässt und das Verlangte aus »freien« Stücken tut, also dieser Wille gerade kein »bedingter« ist. Der Zwang zum Geldverdienen, dem sich die Individuen in der bürgerlichen Gesellschaft ausgesetzt sehen, gilt unbedingt. Man muss ihm aber nicht folgen, sondern kann ihm auch so begegnen, dass man sich den ökonomischen Notwendigkeiten verweigert, also seine bürgerliche Existenz aufgibt.

[4] »Von einer Erklärung wird dann gesprochen, wenn sich die Bedingungen oder sogar die Ursachen aufweisen lassen, die ein Phänomen hervorgebracht haben.« (Zimbardo-Gerrig 1999: 2f.)

baren Umstand, dass das Subjekt aller zweckbestimmten Tätigkeiten der Mensch ist, ziehen sie den messerscharfen Fehlschluss, dass dann ganz losgelöst vom Handlungsinhalt der Schlüssel zur Erklärung dieser höchst unterschiedlichen Tätigkeiten im Inneren des Menschen, d.h. in Dispositionen, Reiz-Reaktionsmustern, seelischen Kräften etc., zu suchen sei. Weil vom psychologischen Standpunkt Wille und Bewusstsein eben allein als Vollzugsorgan der im Hintergrund wirkenden Determinationsinstanzen der Willensbildung interessieren, spielen in den Erklärungen dieser Wissenschaft die subjektiven Zwecke, Einschätzungen und Kalkulationen der handelnden Individuen für die Erklärung der jeweiligen Sachverhalte auch nur eine höchst untergeordnete Rolle. Weil vom psychologischen Standpunkt das Tun und Treiben der Subjekte ohnehin lediglich die äußere Erscheinungsform dahinterliegender Prozesse bildet, fungiert im Rahmen psychologischer Erklärungen der zweckbestimmte Inhalt der Handlungen deshalb in der Regel lediglich als bloßer Anknüpfungspunkt oder Material für Rückschlüsse auf die im Inneren des Menschen angesiedelten tieferen Ursachen ihres Tuns.

Die tautologische Verdoppelung des Erklärungsgegenstandes

Die von der Psychologie gezogenen Rückschlüsse auf die inneren Determinationskräfte des Handelns sind bemerkenswert. Ihr Wissen um die geheimen verhaltenssteuernden Kräfte der Seele – jener geheimnisvollen Blackbox, in die niemand hineinsehen kann – gewinnen Psychologen, indem sie die Handlungen der Subjekte in deren »seelisches Innenleben« reflektieren und das praktische Tun als Äußerung der inneren Möglichkeit dazu bestimmen. Auf mustergültig tautologische Weise erklären sie die Welt der Handlungen durch ebenso viele gleichnamige Triebe, Neigungen, Fähigkeiten, Dispositionen oder Tendenzen. Den Krieg erklären sie aus einem Aggressionstrieb, das Lernen aus der in verschiedenen Quantitäten auf die Menschen verteilten Lernfähigkeit, die Ausübung von Macht aus einem Machtstreben, den Alkoholismus aus einem Hang zur Trunkenheit und die Kriminalität aus der Existenz einer dementsprechenden kriminellen Energie. Sie führen die Ausländerfeindlichkeit auf eine xenophobe Veranlagung zurück und bringen es sogar fertig, Verkehrsunfälle aus einer »Unfallneigung« der Beteiligten abzuleiten. Den neuesten sozialpädagogischen Hit aus dem psychologischen Tautologie-Repertoire hat die Resilienzforschung aufgelegt. Das affirmative Interesse an der Bewältigung der Anforderungen der Konkurrenzgesellschaft hat diese Theorie in eine ungleich verteilte Fähigkeit der Subjekte hineingelegt, mit ungünstigen Lebensbedingungen fertig zu werden. Wer es also trotz seiner Herkunft aus sozialen Brennpunkten schafft, nicht Hartz-IV-Bezieher, drogenabhängig oder straffällig zu werden, stellt damit unter Beweis, dass er mit solch einer beneidenswerten Potenz zur Bewältigung sozialer Schwierigkeiten begabt ist. Umgekehrt, umgekehrt.[5]

Auf diese Weise ist der Mensch theoretisch verdoppelt: zum einen in das, was er will und tut, und zum anderen in das, wodurch er dazu bewegt wird: nämlich durch eine inhaltsgleiche Kraft, Fähigkeit oder Disposition. Die Existenz dieser Kraft, Fähigkeit oder Disposition pflegen Psychologen wiederum damit zu beweisen, dass sie sich in der zu erklärenden Handlung äußert.

Aggressionstheorie: Ein exemplarisches Beispiel psychologischer Erklärungslogik

Musterbeispiel für diese Psycho-Logik ist die Erklärung des Krieges und anderweitiger Gewalttaten aus einer menschlichen Naturkonstante namens »Aggressivität«. Was ist geleistet, wenn man den Krieg als Ausdrucksform menschlicher Aggressivität oder Gewaltbereitschaft bestimmt?

Aus dem gewaltsamen Charakter des Krieges wird zurückgeschlossen auf das Walten einer allgemeinen menschlichen Tendenz zur Gewaltausübung schlechthin ohne Grund und Zweck und noch auf der Suche nach einem Gegner – den Aggressionstrieb oder modern gesprochen: die Gewaltbereitschaft. Die Existenz dieser ominösen Gewaltausübungsbereitschaft soll wiederum der Umstand belegen, dass sich diese auf dem Schlachtfeld, beim Anzünden von Ausländerheimen usw. praktisch betätigt. Und fertig ist ein herrlicher Zirkel von Erklärungsgegenstand und Erklärung gemäß folgender Gebrauchsanweisung: Man lese jene abstrakte Gemeinsamkeit namens Aggression, die man zuvor in alle möglichen Arten zweckbestimmter Gewaltanwendung hineingelesen hatte, hinterher wieder heraus. Und zwar einmal als deren Wesensmerkmal, zum anderen als deren Motor. So ist die treibende Kraft für »aggressives Verhalten« die Aggressivität, die im Menschen steckt. Und womit beweist sich die Existenz der Aggressivität als Bestimmung der

---

[5] Stellvertretend für eine Vielzahl einschlägiger Veröffentlichungen mit dem Tenor »Resilienz – Die unentdeckte Fähigkeit der wirklich Erfolgreichen« (Mourlane 2013) vgl. Berndt 2015, Benedikter/Fathi 2014.

Menschennatur? Na klar: mit ihrer Betätigung. Denn dass sich Menschen nicht nur im Krieg aggressiv verhalten, das lehrt einen doch bereits der Augenschein gewalttätigen menschlichen Lebens in Vergangenheit und Gegenwart.

Die Ausgangsfrage nach den Gründen von Kriegen und den Motiven der Menschen, die beim Krieg mitmachen, die rationell mit den Kriegszwecken staatlicher Kriegsherren und der opferbereiten nationalistischen Parteilichkeit der Soldaten für ihr Vaterland sowie mit Soldatengesetzen, Befehl und Gehorsam zu beantworten wäre, findet ihre falsche Antwort in der aggressiven Beschaffenheit der Spezies Mensch: Weil es ungeachtet ihrer Unterscheidung in Kriegsherren und Kanonenfutter Menschen sind, die da im Krieg gewaltsam agieren, muss es an ihrer Menschenqualität liegen, dass sie es tun.

Der Grundstein der systematischen Verklärung des Erklärungsgegenstands »Krieg« wird bereits im Ausgangspunkt der Argumentation mit der Kennzeichnung des Kriegs als Form der Gewalttätigkeit gelegt, die das allerunspezifischste Moment an ihm als dessen Wesensbestimmung festhält. Einer Ermittlung seiner Gründe, seiner Subjekte und deren gewaltträchtigen politischen Zwecke kommt man auf diese Weise garantiert nicht näher. Im Gegenteil, ist diese Staatsaktion ja durch die Gleichsetzung mit allen möglichen anderen Weisen der Schädigung von Menschen erst so richtig verwechselbar geworden. Alle Inhalte, die den Erklärungsgegenstand Krieg ausmachen, sind auf diese Weise theoretisch eliminiert. Als Erklärung des Krieges präsentiert die Psychologie die falsche Abstraktion der gewaltbereiten Menschennatur und landet somit zielsicher bei dem von ihr unterstellten Urgrund aller Weltenläufe, den (gewalttätigen) Dispositionen des Subjekts.

Dass militante Ausländerfeinde andere Beweggründe für ihre Taten haben als Frontsoldaten, prügelnde Ehemänner oder lebensmüde Subjekte, ist zwar einerseits auch Psychologen nicht unbekannt. Sie wissen diese Unterschiede ja durchaus zu benennen, um sie andererseits mittels der Universalkategorie des »aggressiven Verhaltens« als Unterarten dieses neu geschaffenen Gegenstandes zugleich theoretisch für irrelevant zu erklären. In der von ihnen hergestellten Unterschiedslosigkeit der Sachverhalte suchen sie umgekehrt den Generalschlüssel zur Erklärung so offensichtlich heterogener Phänomene wie der Ausländerfeindlichkeit, des Kriegs oder des Selbstmordes etc., nämlich in ihrer gemeinsamen Qualität als Ausdrucksweisen fremd- oder selbstschädigenden menschlichen Verhaltens. Indem sie im Prinzip jede gewaltförmige Tätigkeit[6] auf deren »Eigenschaft« als »Betätigungsform«, des aggressiven Verhaltens« zurückführen, präsentieren sie ein universelles Begründungsprinzip *des* Handelns, das es ihnen ermöglichen soll, das gesamte (mit Gewaltanwendung verbundene) Weltgeschehen zu erklären, ohne sich auch nur mit den Eigenarten eines einzigen konkreten Lebenssachverhaltes und den dort maßgeblichen Handlungsgründen und -zwecken näher befassen zu müssen.

Mit dieser tautologisch gewonnenen falschen Abstraktion der Gewaltbereitschaft oder Aggressivität hat die Wissenschaft ihren »eigentlichen« Forschungsgegenstand selbst in die Welt gesetzt. Vom Krieg über die Wirtshausschlägerei, die körperliche Misshandlung von Ehefrauen in der Familie über die Taten militanter Ausländerfeinde bis hin zum Selbstmord verwandelt die psychologische Kategorie der Aggression jeden Zweck, der sich zu seiner Durchsetzung irgendwie gewaltsamer Mittel bedient, zu einer bloß vordergründigen und letztlich zufälligen Ausdrucksweise einer gänzlich unspezifischen selbstzweckhaften Neigung des Menschen zur Gewaltausübung gegen andere oder gegen sich selbst.

Die Ausübung von Gewalt, gleichgültig ob es sich bei den Subjekten der Gewalt um Staaten oder Privatleute handelt, ist jedoch kein Selbstzweck, sondern Mittel zur Verfolgung von Zielen oder Zwecken. Staaten wollen den Willen des feindlichen Souveräns brechen. Straßenräuber wollen mit der Androhung und Anwendung von Gewalt das Opfer zur Übergabe seiner Geldbörse nötigen. Auch in den Bereichen der Ausübung von privater Gewalt, wo Anhänger von Triebstauerklärungen regelmäßig die menschliche Urtendenz zur Gewalt am Werke sehen, ist diese noch allemal ein Instrument zur Verfolgung, wenn auch höchst

[6] Bei ihrem Rückschluss aus der Ausübung von Gewalt auf die Existenz der gewalttätigen Menschennatur lassen Aggressionsforscher bezeichnenderweise eine gewisse parteiliche Selektivität walten. Ein ganzer Bereich unserer Gesellschaft, die so genannte institutionalisierte Gewalt, wird nämlich von dieser Diagnose systematisch ausgenommen. Wo legitime Gewaltausübung erfolgt, ist gemeinhin von der Entladung menschlicher Aggressionspotenziale nicht die Rede. So werden beispielsweise Polizeieinsätze gegen Demonstranten in der Regel nicht als Ausbruch der aggressiven Natur der staatlichen Ordnungshüter eingestuft. Keinem Aggressionstheoretiker würde es einfallen, die zunehmenden Einsätze der Bundeswehr in Krisengebieten als Ausdruck »zunehmender Gewaltbereitschaft« in der Gesellschaft zu deuten. Eher schon pflegt man das Bewusstsein, dass der Keim solcher Gewalttätigkeiten, die es nur als Konsequenz staatlicher Rechtsansprüche gibt, in dem Gewaltpotenzial liegt, das bekanntlich in uns allen steckt. Solche Forscher entdecken dann glatt die eigentlichen Quellen kriegerischer Gewalt im Kinderzimmer (Stichwort Kriegsspielzeug).

seltsamer, geistiger Anliegen, wie sie das bürgerliche Konkurrenzsubjekt kennzeichnen: Selbstbehauptung, Verschaffung von Anerkennung und Pflege des Selbstbewusstseins.

Auf der Grundlage der falschen Abstraktion der Aggression als selbstzweckhafter Neigung zur Gewaltausübung schlechthin wird jetzt ein ganzes Theoriegebäude errichtet. So gilt es nunmehr zunächst zwischen mannigfaltigen Formen des Geistersubjektes »Aggressivität« zu differenzieren, beispielsweise zwischen Einzel- oder Gruppenaggression oder zwischen Eigen- und Fremdaggression etc. Man sollte besser nicht fragen, worin der Erkenntnisgewinn liegt, wenn man weiß, dass Kriege nicht von Individuen, sondern von Kollektiven geführt werden, während Selbstmorde sowohl von Individuen als zuweilen auch von Gruppen lebensüberdrüssiger Menschen begangen werden. Am Phänomen Selbstmord scheint gemäß der Logik der Kategorie »Autoaggression« ohnehin mehr zu interessieren, *dass* der Mensch selber Hand an sich legt, als die Frage, aus welchen Gründen er dies tut. Dem Umstand, dass Gewalt ein Mittel zur Exekution wie immer auch gearteter Interessen ist, zollt die aggressionstheoretische Kategorienbildung auf die ihr eigene Weise in Gestalt der »instrumentellen Aggression« ihren Tribut, ohne zu bemerken, dass sie damit in Widerspruch zu ihrer Generalprämisse der selbstzweckhaften Gewaltausübung um ihrer selbst willen tritt.

Auf der Basis der Unterstellung, dass in uns allen ein Gewaltpotenzial schlummert, bekommt die Aggressionstheorie sogar das Kunststück fertig, mittels der Kategorien der »unterdrückten«, »zurückgehaltenen« oder »sublimierten« Aggressivität zu »erklären«, warum die Welt nicht ausschließlich aus Gewaltakten besteht, macht also die *Nicht*existenz von Geschehnissen zu ihrem Beweisgegenstand. Wobei den Akteuren dieser Konstruktion nicht auffallen mag, dass sie den Willen, dessen Existenz sie zuvor mit ihrem Bild des Menschen als willenloses Vollzugsorgan aggressiver Triebimpulse systematisch eliminiert hatten, nunmehr als Kontrollinstanz der aggressiven menschlichen Grundtendenzen wiederentdeckt haben, die dafür sorgt, dass aus dem Potenzial der Gewalt keine Realität wird. Als Alternativlösung für das selbstgebastelte Rätsel, warum die destruktiv-aggressive Neigung sich manchmal äußert, manchmal aber auch nicht, erfinden sie eine zweite gegenläufige konstruktive innere Tendenz, die als Verkörperung des »Guten« im Menschen das »Böse« in Gestalt der Aggressionstendenz im Zaume hält. Mit diesem Modell der Erklärung des Handelns als Resultante eines Kräfteverhältnisses miteinander konfligierender seelischer Kräfte hat sich die (psychoanalytische) Psychologie eine theoretische Allzweckwaffe zugelegt, die ihre Erklärungen gegen jede Falsifizierung immunisiert.

Die Anwendung der zirkulären Dialektik von Kraft und Äußerung erlaubt es ihr, die Wirksamkeit der im Kampf zweier Linien stärkeren Kraft durch die positive bzw. negative Existenz des Erklärungsgegenstandes zu »beweisen«. Finden gewaltsame Akte wie ausländerfeindliche Attentate oder Kriege statt, dann hat die Neigung zur Gewalttätigkeit gesiegt, bleiben sie aus, waren die Gewaltausübungsverhinderungskräfte stärker. Wie man diese festigen, fördern oder erwerben könnte, ist dann Gegenstand einer lerntheoretischen Anschlussforschung, die nichts mehr davon wissen will, dass doch im Ausgangspunkt die Aggressivität als Naturkonstante menschlichen Verhaltens eingeführt worden war. Die Wissenschaft der Psychologie erfindet darüber hinaus allerlei nützliche Funktionen ihres Gegenstandes für die menschliche Psyche, insbesondere die Triebentlastung, und begibt sich auf die ergebnisreiche Suche nach möglichen Auslösern des aggressiven Verhaltens. Auf der Grundlage der Annahme, dass aggressives Verhalten die Folge von Umwelterfahrungen ist, pflegt sie in der Gesellschaft allenthalben mögliche auslösende Umstände für den Ausbruch gewalttätiger Neigungen zu entdecken.

An der Spitze dieser Entdeckungen steht die »Frustration«, der eine entscheidende Rolle bei der Auslösung aggressiven Verhaltens zugeschrieben wird. So ist es der Psychologie gelungen, die Theorie der Aggression um ein weiteres universell anwendbares menschliches Verhaltensgesetz zu bereichern, das unter dem Namen Frustrations-Aggressions-Theorie firmiert und es gestattet, im Prinzip jede »frustrierende Situation« als Ursache für gewalttätige Akte aller Art zu definieren. Tritt die »eigentlich« zu erwartende aggressive Konsequenz aus dem Frustrationserlebnis nicht ein, tut das – jedenfalls aus Sicht der Theorie – der Erklärungskraft des Modells keinen Abbruch. Denn die von ihr als »Auslöser« titulierten Umstände sind ja lediglich »mögliche« auslösende Momente für destruktive Neigungen. Und Möglichkeiten müssen sich ja nicht unbedingt verwirklichen, was wiederum daran liegen muss, dass es gegenläufige psychische Kräfte gibt, die dies verhindern, weshalb es nunmehr gilt, diese aufzuspüren.

Soweit zur theoretischen Produktivität der Konstruktion einer Generalantriebskraft namens Aggression, die lediglich in den Köpfen von

Psychologen und Verhaltenstheoretikern existiert, wenn diese als Basis eines sich darauf erhebenden Theorieüberbaus fungiert, bei dessen Konstruktion dem Erfindungsgeist der Wissenschaft keine Grenzen gesetzt sind, die falschen Abstraktionen Mensch und Gewalt vielmehr das Schwungrad einer Theorieproduktion bilden, die stets erweiterte oder modifizierte Neuauflagen des psychologischen Menschenbildes hervorbringt. Die Widersprüche der Theorie betreut die Psychologie als methodische Probleme der Disziplin und macht ihre Fehler zum Motor des theoretischen Fortschritts. Immer neue Variationen des ewiggleichen theoretischen Grundwiderspruchs werden in die Welt gesetzt, wonach der Mensch zugleich das Objekt und Subjekt der Steuerung eines Ensembles von psychischen Wirkkräften bilde, die in seinem Inneren walten. Umgekehrt fungieren sämtliche Untersuchungsgegenstände vom Krieg bis zur Ausländerfeindlichkeit – weil bei allen Geschehnissen in der Welt Menschen deren Akteure sind, gibt es schlechterdings keinen Gegenstand, der vom Erkenntnisinteresse der Psychologie verschont würde – als Belegmaterial für das vorausgesetzte psychologische Menschenbild, unter das die jeweiligen Erklärungsgegenstände in systematischer Verrätselung und Verfremdung ihrer Eigenarten gebeugt werden.

Alles ist Verhalten und Verhalten ist bedingt

Diese Ausführungen zur Konstruktionslogik der psychologischen Kategorie des (aggressiven) Verhaltens verweisen darauf, dass die Psychologie ihr deterministisches Dogma bereits in ihren zentralen Erklärungsgegenstand namens »Verhalten« hinein verlegt hat. Wenn Psychologen vom menschlichen Verhalten reden, dann handelt es sich nämlich nicht um die »unschuldige« Zusammenfassung verschiedener Tätigkeiten unter einem übergreifenden Sammelbegriff zwecks Unterscheidung zwischen Denken und Handeln. Auch ist mit dieser Redeweise nicht die wenig Erkenntnis stiftende Aussage gemeint, wonach der Mensch – wer auch sonst? – das Subjekt all dieser unterschiedlichen Handlungsweisen bildet. Die theoretische Unterordnung aller menschlichen Aktivitäten unter den gemeinsamen Nenner namens menschliches Verhalten beinhaltet vielmehr bereits das fertige deterministische Untersuchungsprogramm der Psychologie. Mit dieser Kategorie, unter welche die Psychologie die Gesamtheit aller menschlichen Tätigkeiten subsumiert, wird jede menschliche Tat ihrer Bestimmung beraubt, weil an jeder bestimmten Handlung lediglich festgehalten sein soll, dass sie eine (beobachtbare) Äußerung der Menschennatur darstellt. Wille, Bewusstsein, fremde und eigene Zwecke zählen für sich genommen für die Kategorie »Verhalten« nichts. Menschliche Aktivitäten sind gemäß der Logik der Kategorie »Verhalten« vielmehr dadurch definiert, dass sie kausalen Gesetzmäßigkeiten gehorchen oder auf quasi naturgesetzmäßig ablaufenden Handlungsautomatismen beruhen. Bereits in jener Elementarkategorie des menschlichen Verhaltens also drückt sich die dogmatische Selbstgewissheit der bürgerlichen Psychologie aus, dass alles Tun und Treiben der Menschen in der Welt hervorgerufen wird durch »externe« Umstände, welche ganz jenseits der besonderen Bestimmungen, das heißt der Zwecke, Absichten, Kalkulationen etc. liegen, die das konkrete Handeln der Subjekte ausmachen.

In dieser Kategorie des menschlichen Verhaltens ist also die Totalität des praktischen Tun von vornherein als Abhängigkeitsverhältnis gefasst zu den »Bedingungen und Ursachen«, die es angeblich erzeugen. Kurzum: Verhalten ist dadurch bestimmt, dass es bedingt oder bewirkt ist. Wenn nämlich alles Handeln unabhängig von den bestimmten Zwecken und Absichten der Akteure als Ausfluss *des* Verhaltens definiert ist, ist es per se unter Passivität und Abhängigkeit subsumiert. Anders ausgedrückt: Wenn alles Geschehen auf der Welt denselben allgemeinen Grund besitzt, sprich: die unterschiedlichsten menschlichen Werke auf die immergleiche Weise zustande kommen, dann waltet das Prinzip der Determination. Dann besteht das theoretische Programm der Psychologie in dem Widerspruch, Verhaltensdeterminanten finden zu wollen, die einerseits getrennt von jeder bestimmten Handlung wirken, andererseits aber zugleich jede bestimmte Handlung hervorbringen.

Verhalten als Resultante der (kombinierten) Wirkkraft innerer und äußerer Faktoren

Psychologische Erklärungsmuster bleiben – wie zuvor am Beispiel der Frustrations-Aggressions-Theorie bereits aufgezeigt – in der Regel nicht stehen bei der Schöpfung einer beliebig erweiterbaren Sammlung innerer Antriebskräfte, an deren tautologischer Logik sie nicht im Mindesten irre werden.[7]

---

[7] Im Gegenteil heben sie stolz darauf ab, inzwischen 20 solcher Antriebskräfte gefunden zu haben: »Murrays Arbeit zielte darauf ab, die im Menschen wirkenden Antriebskräfte und Bedürfnisse ... in eine systematische Ordnung zu bringen. Dabei entstand ein Katalog von etwa zwanzig mehr oder weniger fundamentalen menschlichen Bedürfnissen wie zum Beispiel den Bedürfnissen nach Leistung, nach sozialem An-

Sie entdecken vielmehr vom Standpunkt ihrer Determinationslogik an dieser Erklärungsweise – der ausschließlichen Begründung von Handlungen aus gleichnamigen inneren Antrieben, Dispositionen oder Potenzialen – einen Mangel, zu dessen Behebung sie den Übergang in die Welt der äußeren Bedingungen, d.h. der Einflüsse der Umwelt, vollziehen. Weil sich nämlich auf der Grundlage des alleinigen Wirkens innerer Bewegkräfte nicht hinreichend erklären lässt, dass sich ein und dieselbe seelische Triebkraft manchmal äußert, ein anderes Mal aber nicht, bzw. welche der vielen unterschiedlichen bis gegensätzlichen inneren Tendenzen sich im Resultat durchsetzen, bedarf es der Ergänzung der inneren Triebkräfte durch die Annahme zusätzlicher äußerer Determinanten. Diese als »Auslöser« bezeichneten äußeren Bedingungen oder Situationen werden dann dafür verantwortlich gemacht, dass die zuvor tautologisch erschlossenen inneren Kräfte in die Wirklichkeit treten oder aber umgekehrt in ihrer Äußerung gehemmt oder gehindert werden. Nach dieser Logik bildet beispielsweise der Krieg oder ein Fußball-Match den Auslöser dafür, dass der tief im Inneren des Menschen schlummernde Aggressionstrieb die willkommene Gelegenheit zu seiner Aktualisierung erhält bzw. vom Subjekt erlittene Frustrationserfahrungen den psychischen Handlungsmechanismus der Aggression aktivieren. Im Rahmen des verhaltenspsychologischen Reiz-Reaktions-Schemas ist es die Funktion der äußeren Reize, präformierte innere Handlungsmuster in Gang zu setzen.

Das Beweisverfahren der Korrelationsstatistik

Zum Beweis der verhaltensauslösenden Wirkkraft äußerer Bedingungen bedienen sich die erfahrungswissenschaftlich-experimentellen Abteilungen der Disziplin vorzugsweise des statistischen »Beweisverfahrens« der Korrelation. Dessen zweifelhafte Logik besteht darin, aus der regelhaften zeitlichen Aufeinanderfolge bestimmter Ereignisse oder aus der gehäuften Gleichzeitigkeit ihres gemeinsamen Vorkommens auf die Existenz eines Kausalzusammenhanges schließen zu wollen, nach dem Motto: Wenn das so häufig zusammen vorkommt, dann kann das doch wohl kein Zufall sein. Mit derFeststellung eines gehäuften Auftretens zweier Phänomene, das allenfalls den Ausgangspunkt der Untersuchung einer inhaltlichen Beziehung zwischen den Gegenständen bilden

schluss, nach Machtausübung oder nach Aggression.« (Schultheiss/Brunstein in Straub/Kempf/Werbik 2005: 299) könnte, ist der erst noch an der Sache zu führende Nachweis bereits erbracht mittels der interessierten Übersetzung von Häufigkeit in die erschlichene Kausalkategorie der (Auftretens-) Wahrscheinlichkeit.[8]

[8] Die Aussage, dass die empirisch-erfahrungswissenschaftlich orientierte Psychologie von Korrelationen auf die Existenz von Kausalzusammenhängen schließen würde, ist beinahe eine verharmlosende Charakterisierung. Ihren Fachvertretern ist natürlich durchaus bekannt, dass kein Ursache-Wirkungs-Verhältnis zwischen dem Storchenaufkommen und der Geburtenrate besteht. In voller Kenntnis des fundamentalen Unterschiedes zwischen Korrelation und Kausalität, das sie im Ausgangspunkt als methodologisches Problem referieren, pflegen Psychologen diesen Umstand im weiteren Gang ihrer Forschungen umso ungenierter zu ignorieren, wenn sie das von ihnen (experimentell) erhobene Zahlenwerk als Beleg für die Existenz von Wirkungszusammenhängen deuten. Das Wissen darum, dass Korrelation mitnichten Kausalität bedeutet, das unbestrittenermaßen bereits den Studierenden des ersten Semesters Psychologie vermittelt wird, würde nämlich rationellerweise zum vollständigen Verzicht auf diese Sorte psychologischer Erkenntnistätigkeit führen. Denn aus bloßen Zahlenverhältnissen, dem noch so signifikanten gleichzeitigen oder aufeinanderfolgenden Auftreten zweier Ereignisse lässt sich nämlich überhaupt kein Schluss auf einen Ursachenzusammenhang zwischen diesen Phänomenen ziehen. Ursachenzusammenhänge lassen sich nur beweisen, indem man an dem Gegenstand, der als die unabhängige Variable angenommen wird, aufzeigt, dass, warum und auf welche Weise dieser das zu erklärende Phänomen erzeugt. Das Experiment, dessen Ergebnis in nichts anderem besteht als in korrelativen Zahlenreihen, ist deshalb eine von vornherein verfehlte Weise, einen vermuteten Kausalzusammenhang beweisen zu wollen. Wenn man also dieses Wissen um die Untauglichkeit der Korrelation als Beweismittel für Kausalbeziehungen ernst nehmen würde, würde man stattdessen an den sachlichen Bestimmungen des Erklärungsgegenstandes weiterdenken und sich von Statistiken aller Art grundsätzlich als Beweismittel für Kausalverhältnisse verabschieden.

Im Übrigen rettet es die Sache auch nicht, wenn die moderne Psychologie sich in schöner probabilistischer Bescheidenheit darauf »beschränkt«, unter Bezugnahme auf Korrelationsstatistiken statt strenger Kausalitätsaussagen lediglich Wahrscheinlichkeitsaussagen nach dem Muster »Wenn x, dann wahrscheinlich auch eher y, als wenn nicht x« zu treffen. Denn auch hier handelt es sich um die Behauptung eines Bewirkungsverhältnisses, die einen wenn auch nicht zwangsläufigen (100%-igen), sondern zumindest einen relativen Verursachungszusammenhang unter Beweis gestellt haben will.

Der Umstand, dass dieses Schwindelunternehmen der Umdeutung von Korrelationen in Kausalzusammenhange nicht auf die Psychologie beschränkt, sondern auch in den sonstigen empirischen Sozialwissenschaften gang und gäbe ist, spricht nun wirklich nicht für dieses Verfahren. Als ob der Verbreitungsgrad einer fehlerhaften Erklärungsweise deren Fehlerhaftigkeit reduzieren würde. Dass die Leistung dieses Verfahrens in der »Annäherung« der Erkenntnis an die Wirklichkeit bestehen soll, dürfte auch eine ziemlich freie Erfindung darstellen. Was hier als Ergebnis der ständig verfeinerten, empirisch untermauerten, methodischen Anstrengungen der Wissenschaft herauskommt, ist vielmehr der Fortschritt der theoretischen Zurichtung des Erkenntnisgegenstandes im Hinblick auf das psychologische Generalvorurteil, wonach sich das Denken und Handeln der Subjekte aus der kombinierten Wirkkraft subjektiver und objektiver Faktoren erklärt.

Die von ihnen behaupteten, durch entsprechende Differentialkurven bebilderten Wahrscheinlichkeitsrelationen[9] weisen jedoch vom Standpunkt der deterministischen Erklärungslogik selbst wieder einen Mangel auf. Sie »erklären« nicht die Gesamtheit, sondern lediglich einen Teil des beobachteten Verhaltens als (angeblicher) Folge des Waltens äußerer verhaltenserzeugender Bedingungen. Mit der missbräuchlichen Benutzung der Wahrscheinlichkeitsrechnung als Erklärungsmodus lassen sich lediglich »Verhaltenstendenzen« fabrizieren. Denn das Ideal eines Korrelationskoeffizienten von 1,0 stellt sich nur in den seltensten Fällen ein. Am Beispiel des angeblichen Kausalzusammenhanges zwischen der Konsumrate von Computer-Gewalt-Spielen und Schülergewalttaten stellen sich dann so sinnige Anschlussfragen, warum nicht aus jedem Fan solcher Spiele gleich ein schießwütiger Amokläufer wird. Erklärungsbedürftig bleiben somit die vom Regelverhalten abweichenden Verhaltensweisen ebenso wie die Häufigkeitsverteilung auf die Palette der unterschiedlichen Reaktionsweisen. Und so werden dann Anschlussfragen aufgeworfen nach dem Muster: Warum reagieren lediglich 50% der Zuschauer von Gewaltvideos mit der Entwicklung von eigenen Gewaltphantasien, während 30% sich langweilen und weitere 20% gar von Ekel erfasst werden?

Aus solchen Befunden, dass Menschen in identischen Situationen keineswegs die gleichen Verhaltensweisen an den Tag legen, ziehen Psychologen die Schlussfolgerung, dass dies entweder an weiteren bislang nicht berücksichtigten objektiven oder aber an der sekundären Existenz von subjektiven Faktoren der Willensbildung, namentlich der unterschiedlichen subjektiven Bewertung der gleichen objektiven Situation, liegen müsse. Der letztgenannte Schluss hat freilich mit einer nachträglichen Entdeckung von Willen und Bewusstsein nichts zu tun. Denn die Feststellung unterschiedlicher subjektiver Einschätzungen mündet zielgerichtet in einer neuen Schleife der deterministischen Erklärungslogik, wenn von der differentiellen Psychologie die Anschlussfrage ge-

[9] Die Berufung der Psychologie auf die Methodologie der Naturwissenschaften erfüllt auch in diesem Falle den Tatbestand des irreführenden Missbrauchs. Wenn beispielsweise Physiker bestimmte Phänomene durch mathematische Wahrscheinlichkeitsfunktionen *darstellen,* dann tun sie dieses auf der Grundlage der erkannten und erklärten Gesetzmäßigkeiten, welche das Wissen einschließen, warum und wie sich in diesen der Zufall geltend macht, weswegen sie auch die Kategorie der Restirrtumswahrscheinlichkeit nicht kennen. Die erfahrungswissenschaftliche Psychologie hingegen konstruiert Zusammenhänge und Abhängigkeiten zwischen Sachverhalten, indem sie ihren Messdaten das mathematische Gesetz der Wahrscheinlichkeit überstülpt.

stellt wird, welche Bedingungen wiederum verantwortlich zeichnen für die unterschiedliche subjektive Bewertung.

Wie auch immer das Verhältnis zwischen subjektiven und objektiven Bedingungen im Einzelnen ausgestaltet wird, im Ergebnis landen Psychologen aller Schulen beim Erklärungsmodell der sogenannten Multikausalität oder Multifaktorialität. Sie präsentieren als Erklärungskonstruktion ein Bündel zweier Ursachen, die inneren und die äußeren Bedingungen, denen als einzelne, isoliert betrachtet, nach eigenem Eingeständnis jede ursächliche Bewirkungskraft fehlt, die sich dann aber aus ihrem Zusammenwirken ergeben soll. Wie aber aus einer Summe von reinen Bedingungen oder Faktoren ohne kausale Wirkkraft plötzlich eine Causa erwachsen soll, welche die zu erklärende Handlung als ihr Werk erzeugt, bleibt das Geheimnis der Erfinder der Kategorie der Multikausalität.

Determinismus als universelles Erklärungsprinzip der Psychologie

Auf dieser gemeinschaftlichen multifaktoriell-deterministischen Basis der Bestimmung des bewussten Handelns als Gemeinschaftswerk innerer und äußerer Wirkfaktoren nun spielt sich die Konkurrenz der verschiedenen Ansätze und Schulen ab. In diesen wird munter um die ausschlaggebenden Bestimmungsgründe des Denkens und Handelns und deren spezifisches Gewicht innerhalb des Ensembles der Wirkfaktoren gestritten. Sind es die kollektiven oder individuellen Dispositionen, die Umwelt(reize), die Triebe oder das Unterbewusstsein oder mehr die Umwelt, das Piaget'sche Entwicklungsschema, die Kognitionsmuster, die Gesellschaft oder gar die Klassenverhältnisse, die das Bewusstsein bestimmen, prägen oder beeinflussen? Auch alle möglichen Faktorkombinationen kommen als Erklärung in Betracht, wie die Standardkontroverse zum Verhältnis von Anlage und Umwelt als biologisch-psychologischen Wirkkräften demonstriert. Aber eines steht von vornherein fest: Das Denken und Handeln ist zwangsläufig wie auch immer bedingt, wenn nicht vollständig, so doch zumindest teilweise.

So lassen sich Psychologen von der deterministischen Basisprämisse ihrer Disziplin selbstredend auch nicht durch den Hinweis auf einen grundlegenden Selbstwiderspruch ihrer Theorien abbringen. Der Selbstwiderspruch besteht darin, dass die Autoren von Freud über Skinner bis hin zum Hirnforscher G. Roth unabhängig von allen Unterschieden zwischen ihren Erklärungsansätzen ihre eigene Theorie wie selbstverständlich vom Geltungsanspruch derselben auszunehmen pflegen.

Keinem Verhaltenswissenschaftler ist es jemals eingefallen, den Behaviorismus selber aus dem Wirken eines speziellen Reiz-Reaktions-Mechanismus zu erklären. Aus gutem Grunde. Wie sollte das auch gehen, den Inhalt der Verstandestätigkeit einerseits als Werk eines gesetzmäßig waltenden psychischen Mechanismus zu bestimmen und sich andererseits mittels des so beschaffenen Verstandes Einblick in dessen blind wirkende deterministische Funktionsweise verschaffen zu wollen? Auch wenn Freud ansonsten die Leistungen von Kultur und Wissenschaft auf sublimierte Triebregungen zurückgeführt hat, hat er jedenfalls nach meiner Kenntnis davon Abstand genommen, seine eigene Theorie als Produkt seiner unbewussten Kindheitskonflikte deuten zu wollen. Auch die Hirnforscher können die Frage, woher sie eigentlich Kenntnis von den Gesetzmäßigkeiten des Gehirns haben, wenn das Hirn und damit auch ihr eigenes Forscherhirn so funktioniert, wie sie es behaupten – d.h. alle geistigen Aktivitäten das Resultat von Neuronenaktivitäten bilden –, nur um den Preis der Selbstwiderlegung ihrer Theorie beantworten. Wer als seine *Erkenntnis* vertritt, dass die Freiheit der Willens- und Urteilsbildung eine Einbildung, das »Konstrukt eines ihm unzugänglichen Gehirns«, darstelle, hat sich mit eben dieser Aussage theoretisch über seinen Erkenntnisgegenstand erhoben, führt sich eben nicht auf als das willenlose Vollzugsorgan seiner Hirnströme, das er seiner eigenen Theorie zufolge sein müsste.

Dass diese Erklärungsweise auf bestimmte Schulen oder Richtungen der Psychologie wie die Psychoanalyse und den Behaviorismus beschränkt sei und inzwischen alternative nichtdeterministische Psychologien wie beispielsweise die humanistische Psychologie oder kognitive Ansätze das Bild dieser Wissenschaft bestimmen würden, ist eine unbegründete Schutzbehauptung, die des Öfteren zur Ehrenrettung der Disziplin ins Feld geführt wird.

Hirnforschung

Zum Beleg des Gegenteils muss man erst gar nicht den zwischenzeitlichen Boom der »Hirnforschung« bemühen, die den Inhalt des Denkens unmittelbar aus der Beschaffenheit der »grauen Zellen« abzuleiten sucht. Die Hirnforschung ist die moderne biologistische Form des Ausgangsdogmas der Psychologie, wonach das, was gerade nicht Natur am Menschen ist, der menschliche Geist, wie ein kausal-gesetzesmäßig ablaufender Naturprozess funktionieren würde. Hier ist es unmittelbar die neurologische Natur des Hirnapparates, die den Inhalt des Denkens bestimmen soll. Der wissenschaftliche Beweis für die angebliche inhaltliche Steuerung der Geistestätigkeit durch das Hirn beruht letztinstanzlich auf einem simplen Fehlschluss. Aus dem Umstand, dass biologisch-chemische oder neurologische Prozesse mit dem Denken verbunden sind, wird die falsche Schlussfolgerung gezogen, dass diese gleichzeitig auch für den Inhalt der Geistestätigkeit verantwortlich sind. Das pure Bedingungsverhältnis zwischen Hirn und Geist – zum Denken benötigt man als natürliche Voraussetzung ein funktionierendes Hirn – wird in ein Kausalverhältnis umgedeutet, dessen Existenz nicht an der Sache selber bewiesen wird, sondern an dem gleichzeitigen oder aufeinander folgenden Auftreten beispielsweise von Hirnströmen und bestimmten Geistestätigkeiten.

Auch Sigmund Freud ist – wie nicht nur seine Wiederentdeckung anlässlich des 150. Geburtstages belegt[10] – keineswegs ein »toter Hund«. Unbeschadet der Tatsache, dass sich die zeitgenössische Psychologie von seinen abenteuerlichen sexuellen Einfällen wie dem Penisneid des Weibes oder dem Ödipuskomplex zu distanzieren pflegt, so will doch so gut wie keiner dem »Unbewussten« die wissenschaftliche Berechtigung absprechen. Im Gegenteil, unter den Versuchen zur Erklärung der Ausländerfeindlichkeit spielen aggressionstheoretische, triebökonomische oder ethno-psychoanalytische Erklärungsmuster eine prominente Rolle. Und Aussagen wie zum Beispiel, dass zwischen dem Krieg und der menschlichen Aggressivität ein unleugbarer Zusammenhang bestehe, finden sich unter dem Stichwort »Aggressionstheorie« noch in jedem anerkannten psychologischen Werk. Eher in die Rubrik des psychoanalytischen Kuriositätenkabinetts fällt die zeitgenössische Deutung der palästinensischen Selbstmordattentate als Beleg für die angeblich ungebrochene Aktualität des Todestriebes (Brumlik 2007: 71).[11]

Ebenso wenig möchte die Medienforschung von der Behauptung lassen, dass sich die ausufernde (Jugend)gewalt zumindest auch der Wirkung von Gewaltdarstellungen in Film und Fernsehen verdanke. Und einen Kongress zu den Themen Ausländerfeindlichkeit und Jugendge-

---

[10] Vgl. die Titelgeschichte des Spiegel Nr. 18/2006 v. 29.4.2006, Die Wiederentdeckung S. Freuds, Der Sex und das Ich.

[11] In den Attentaten vereinigen sich seiner psychoanalytischen Deutung zufolge beide Momente des Todestriebes: die Tendenz der Selbstzerstörung mit dem Urtrieb, andere Mitglieder der menschlichen Gesellschaft aus dem Leben zu befördern. Zu dieser Deutung gelangt Brumlik, nachdem er zuvor in erstaunlicher Präzision die maßgeblichen politischen Motive der Attentäter geschildert hatte.

walt, bei dem nicht von namhaften Sozialwissenschaftlern Frustrations-Aggressions-Theorien als Erklärung dargeboten werden, hat es bislang auch noch nicht gegeben.

Wie das Beispiel der Antisemitismusforschung belegt, ist auch der Psychomarxismus der Frankfurter Schule keineswegs ganz unmodern geworden und erfreut sich insbesondere in übrig gebliebenen progressiven Zirkeln großen Zuspruches, wenn es darum geht, mit Adorno- und Horkheimer-Zitaten nach dem sado-masochistischen Ursprung des deutschen Nationalcharakters zu forschen. Selbst der ein wenig aus der Mode gekommene, von menschenfreundlichen Psychologen als »Manipulationswissenschaft« geschmähte Behaviorismus lebt munter weiter, zumindest in seiner angewandten Form der Verhaltenstherapie, die bekanntlich nicht aus dem Arsenal der anerkannten Therapieformen ausgeschlossen worden ist.

Motivationspsychologie

Die Motivationspsychologie mit ihren zentralen Betätigungsfeldern in Schule und Wirtschaftsunternehmen ist ohnehin ein exemplarisches Beispiel des psychologischen Determinismus. Ihre spezielle Konstruktion des bedingten Willens beruht auf der Annahme einer leeren Handlungsbereitschaft, das heißt eines Willens, der nichts Bestimmtes will, aber gleichzeitig im Prinzip zu allem bereit sein soll und seine Inhalte durch den Einfluss von Motivationskräften empfängt, welche der unspezifischen Triebkraft zum Handeln als solchem Ziel und Richtung verleihen. Ein derartiger Wille, frei von jedem Willensinhalt, ist aber, wie bereits Hegel wusste, eine irrationelle Kategorie. Der Mensch will immer etwas, er setzt sich bestimmte Zwecke, sein Wille ist immer auf ein bestimmtes Ziel, die Befriedigung eines bestimmten Begehrens gerichtet, an dem er ein Interesse gefasst hat:

»Ich will nicht bloß, sondern ich will etwas. Ein Wille, der … nur das abstrakt Allgemeine will, will nichts und ist deswegen kein Wille.« (Hegel 1976: § 6 Zusatz)[12]

Der spezielle motivationspsychologische Übergang auf die hintergründige Welt der inneren Antriebskräfte vollzieht sich mittels der eigentümlichen psychologischen Fragestellung: »Warum handelt der

---

[12] Nicht einmal der Wille desjenigen Menschen, der die Auskunft über sich erteilt, dass er nicht weiß, was er will, ist so beschaffen, wie ihn die Motivationspsychologen fingieren. Der Wille dieses Menschen vermag sich nicht zwischen verschiedenen Vorhaben, die er im Unterschied zu allen anderen interessant findet, zu entscheiden.

Mensch *so und nicht anders*?« Hätte der unbotmäßige Schüler, statt den Schulbetrieb zu stören, nicht ebenso gut in die Sauna oder in die Kirche gehen oder seine Großmutter besuchen können? Auf eine solche Frage kommt man freilich nur, wenn man absichtsvoll vom Inhalt und dem darin erkennbaren Zweck der konkreten Tätigkeit absehen will, um eine hinter den maßgeblichen Handlungszwecken agierende Bestimmungsmacht des Handelns zu fingieren. Nur dann, wenn man zuvor an jeder Tätigkeit ihren Zweck und Inhalt getilgt hat, kommt es zu dem selbst geschaffenen Rätsel, warum der Mensch gerade die eine und nicht eine andere Handlungsmöglichkeit gewählt hat.

Motivationspsychologen sehen das gänzlich anders. Aus dem Ausbleiben der unendlichen Zahl ebenso denkbarer Handlungsalternativen wollen sie darauf zurück schließen, dass im gegebenen Falle ein hinter den Handlungszwecken waltender (innerer) Mechanismus am Werk gewesen sein müsse, der gerade dieses bestimmte Handeln erzeugt haben soll.

Die Ausnahmen, die gemeinhin als Kronzeugen für die angebliche Überwindung des Determinismus innerhalb der Psychologie aufgeboten werden, existieren ebenfalls nicht. Diese Feststellung gilt insbesondere für die humanistische Psychologie, die sich als theoretischer Gegenentwurf zu jenem Bilde vom Menschen als reiz- bzw. triebgesteuertem Wesen begreift, das vom Behaviorismus und der Psychoanalyse gezeichnet wird.

Doch worin liegt der Erkenntnisfortschritt, wenn das als pessimistisch bzw. mechanistisch kritisierte Menschenbild von Freud und Skinner von Rogers durch eine positive anthropologische Grundannahme des Strebens nach Selbstverwirklichung ersetzt und das menschliche Tun als Äußerung einer einzigen und allumfassenden Lebenskraft namens »Aktualisierungstendenz« gedeutet wird?

Die sogenannte kognitive Wende

Ebenfalls nicht allzu weit her ist es mit der »kognitiven Wende«, die in den 60er und 70er Jahren des 20. Jahrhunderts in der Psychologie eingetreten sein soll. Denn von einer Abkehr vom behavioristischen Determinismus lässt sich wohl kaum reden, wenn die Vertreter der sozial-kognitiven Lerntheorie wie Bandura das Ensemble der verhaltenserzeugenden äußeren Einflüsse um den Wirkfaktor des Willens in Gestalt selbsterzeugter Anreize ergänzen und dem Menschen damit die Funktion zuschreiben, die Reize, die sein Handeln bestimmen, selber zu produzieren.[13] Dasselbe gilt für motivationspsychologische Ansätze, welche dem Willen die Rolle eines Lückenbüßers zuweisen, der als Entscheidungsinstanz bei konkurrierenden, sich wechselseitig neutralisierenden Motivationskräften fungieren darf.[14]

Rational-emotive Therapie

Auch die gelegentlich als Gegenbeispiel ins Feld geführte rational-emotive Therapie von Ellis (1962/1977) kann vom Determinismus-Verdikt nicht ausgenommen werden. Was diese Therapierichtung positiv von sonstigen psychologischen Ansätzen abhebt, ist der Umstand, dass sie sich auf das Denken und Handeln ihrer Klientel einlässt und nicht die übliche Flucht vom Gegenstand weg in die Tiefen der Psyche antritt. Sie begreift vielmehr psychische Störungen wie beispielsweise die Prüfungsangst als Formen fehlerhafter kognitiver Prozesse, die auf falschen Schlussfolgerungen, Übergeneralisierungen, unzulässigen Vereinfachungen und anderen sogenannten irrationellen Einstellungen beruhen, und sucht durch die Kritik dieser Denkfehler besagte Störungen zu beheben. Der theoretische Unterbau der rational-emotiven Therapie trägt freilich eindeutig deterministische Züge. Denn die »irrationellen Einstellungen« der Subjekte – auch »mussturbatorische Ideologien« genannt – wiederum verdanken nach Ellis ihre Entstehung einerseits »genetischen Prädispositionen«, andererseits frühen Indoktrinationen durch Eltern, Familie und Gesellschaft, die dann später gegebenenfalls durch die irrationellen Ideen der Umgebung aufrechterhalten werden.

---

[13] »Menschen reagieren nicht einfach auf äußere Einflüsse. Sie wählen die Reize aus, die auf sie einwirken, organisieren sie und formen sie um. Durch selbsterzeugte Anreize und Konsequenzen können sie ihr Verhalten in gewissem Maße selbst beeinflussen. Unter den Determinanten einer Handlung sind folglich auch selbst geschaffene Einflüsse zu finden.« (Bandura 1976: 10) Zum Charakter der »kognitiven Wende« merkt Steden (1999: 48) zutreffend an: »Auch wenn Begriffe wie Bewusstsein, Wissen, Können und Handlung eine wesentliche Rolle in der neuen Richtung spielen, bedeutete die Hinwendung zu kognitiven Prozessen noch nicht, dass die Person … als subjektiv empfindende und handelnde Person im Mittelpunkt des Interesses stand – im Gegenteil: kognitivistische Forscher unterstellten ähnlich wie ihre behavioristischen und psychoanalytischen Vorgänger, dass der Mensch gewissermaßen ›automatisch‹ nach bestimmten Gesetzmäßigkeiten handelt, mit dem Unterschied, dass nicht Triebe oder Reize das Verhalten bestimmten, sondern vermutete ›Konzepte‹ bzw. die Verarbeitung von Informationen.«

[14] Eine derartige motivationspsychologische Wiederentdeckung von Wille und Bewusstsein repräsentieren die Autoren der Heckhausen-Schule. Vgl. die Beiträge in: J. Kuhl./H. Heckhausen 1996: Kap. 10ff.

Nein, Ausnahmen gibt es keine. Eine psychologische Richtung, die sich darauf beschränken würde, die Frage nach dem Warum des Denkens und Handelns unter Verzicht auf die Suche nach dahinterliegenden Bewirkungsfaktoren durch die ausschließliche Beschäftigung mit dem Inhalt der subjektiven Beweggründe des denkenden und handelnden Subjektes zu beantworten, existiert einfach nicht. Und das gilt im Grundsatz auch für die Kritische Psychologie der Holzkamp-Schule, die sich als marxistisch inspiriertes antideterministisches Gegenmodell zur traditionellen Psychologie begreift.

Exkurs zur Kritischen Psychologie

Der »Determinismus« der Kritischen Psychologie der Holzkamp-Schule ist freilich ziemlich anderer, nämlich ideeller Natur. Diese auch unter dem Namen der Subjektwissenschaft auftretende Psychologie setzt dem negativ-deterministischen Menschenbild des Behaviorismus ihr unverwüstlich optimistisches Alternativbild einer »eigentlich« fortschrittlich-emanzipatorischen Bestimmung der Menschennatur entgegen. Gemäß ihrem »doppelseitigen Menschenbild« soll der Mensch nicht nur durch die äußere Welt bestimmt, sondern als potenzielles Subjekt der Weltgestaltung zugleich auch dazu berufen sein, sich vom Objekt der (kapitalistischen) Herrschaft zum Herrn seiner Lebensbedingungen aufzuschwingen.

Im Unterschied zur bürgerlichen Psychologie, welche den Menschen anempfiehlt, sich im Interesse ihres Seelenfriedens geistig mit den gesellschaftlichen Sachzwängen der kapitalistischen Gesellschaft zu arrangieren und diesen nach Möglichkeit einen positiven Lebenssinn abzugewinnen, propagieren Holzkamp & Co. dieselbe psychologische Rezeptur mit umgekehrter Zielrichtung: Pflege des selbstbewusst-guten Glaubens an die eigenen Möglichkeiten der bewussten gesellschaftlichen Kontrolle der Lebensbedingungen als entscheidender Vorbedingung der dem Menschen aufgegebenen selbstbestimmten Überwindung des Kapitalismus. Ihr Erkenntnisinteresse ist maßgeblich darauf gerichtet, die Gründe für die Abweichung der real agierenden Subjekte vom Subjektideal der Kritischen Psychologie ausfindig zu machen. Dabei stoßen die Kritischen Psychologen andauernd auf die »Herrschenden«. Staat und Kapital lassen die emanzipatorischen Potenzen des Menschen einfach nicht zum Zuge kommen bzw. lenken das Subjekt erfolgreich von der Erfüllung seiner eigentlichen fortschrittlichen Bestimmung ab.

Ihr antideterministisches Menschenbild hat die Kritische Psychologie in eine alternative Kategorienwelt übersetzt, die der bürgerlich-psychologischen Grundkategorie des Verhaltens = Passivität/Bewirktheit die Alternativkategorie der Handlung = Aktivität/Freiheit entgegensetzt. Damit teilt die Kritische Psychologie die der bürgerlichen Psychologie eigentümliche prinzipielle Gleichgültigkeit gegenüber dem Inhalt des Willens. Sie hält die Frage, ob die Menschen ihre Handlungsgründe selber setzen oder in ihren Taten fremdbestimmt seien, für ungleich wichtiger als die (kritische) Befassung mit dem, *was* die Menschen tun und treiben. Das lediglich bedingte Interesse am Inhalt des menschlichen Tuns folgt aus dem Charakter ihres Erklärungsgegenstandes: der Differenz zwischen den Taten des wirklichen Menschen und der ihm unterstellten emanzipatorischen Bestimmung. Die Leitfrage der Kritischen Psychologie heißt dementsprechend: Durch welche gesellschaftlichen Umstände werden die Menschen daran gehindert, das zu tun, was ihnen ihre fortschrittliche Menschennatur als ihre besseren höheren Möglichkeiten in die Wiege gelegt hat? Und darin liegt ihr ganzer Unterschied zur bürgerlichen Psychologie, welche bekanntlich auf der Suche ist nach den dahinterliegenden Beweggründen, welche die Menschen so handeln lassen, wie sie handeln.[15]

2. Das deterministische Erklärungsmuster: ein Produkt des psychologischen Steuerungsideals

Das Hilfsprogramm der Psychologie: Harmoniestiftung zwischen Mensch und Welt

Woher rührt nun das dogmatische Bedürfnis einer ganzen Wissenschaft, das Denken und Handeln der Menschen auf eben diese Weise erklären zu wollen? Die deterministische Erklärungsweise selber verweist auf die Natur des psychologischen Interesses, das ihr zugrunde liegt. Eine Wissenschaft, welche die Ermittlung der Steuerungsmechanismen menschlichen Handelns zu ihrer Sache erklärt, welche systematisch nach Gesetzmäßigkeiten des Verhaltens schlechthin und den hierfür ver-

[15] Soweit die knapp skizzierte Generalkritik an der Kritischen Psychologie. Im Rahmen dieses Buches wird die Logik der subjektwissenschaftlichen Theoriebildung veranschaulicht am Beispiel der Erklärung des Rassismus im Kapitel 5.4 unter dem Titel »Ausländerfeindlichkeit – Ein staatlich provozierter Sündenfall des emanzipatorischen Subjekts«.

antwortlichen inneren und äußeren Determinanten des Handelns sucht, gibt damit ihre Zielsetzung kund, getrennt vom Willen des Menschen Einfluss auf ihn zu nehmen, sein Verhalten steuern zu wollen. Das Steuerungsideal ist dem selbsterteilten Hilfsauftrag der Psychologie zu entnehmen:

»In seiner Auseinandersetzung mit der Umwelt wird der Mensch immer wieder vor Probleme gestellt, deren Bewältigung ihm nicht ohne weiteres gelingt. Es ergeben sich Fragen, auf die er eine Antwort finden möchte. Warum versagt ein Kind bei seiner schulischen Arbeit? (...) Worauf ist es zurückzuführen, dass man vieles, was man gerne im Gedächtnis behalten möchte, sehr schnell wieder vergisst? Weshalb gerät man mit einigen Menschen immer wieder ziemlich leicht in Streit, während man zu anderen liebevolle und freundliche Gefühle entwickelt?« (Mietzel 1994: 11)

Die wissenschaftliche Psychologie präsentiert sich hier unter dem Titel der »Verbesserung der Lebensqualität« (Zimbardo/Gerrig 1999: 6) als wissenschaftliche Dienstleisterin an einem vorausgesetzten universellen Menschheitsinteresse: dem Zurechtkommen des Menschen in seiner Umwelt, der Stiftung von Harmonie in einem von widrigen Umständen geprägten Leben. Sie will einen Beitrag zur Bewältigung von Problemlagen leisten, die in der Auseinandersetzung des Menschen mit der Umwelt, damit in der Beziehung zwischen Mensch und Gesellschaft ihren Ursprung haben sollen. Auf dieses »problematische« Verhältnis führt sie in letzter Instanz noch jede »Frage« zurück, die sie sich vorlegt: vom Schulversagen über Erinnerungsmängel bis hin zum Umgang mit liebevollen und weniger freundlichen Gefühlen. Indem sie diese höchst heterogenen Phänomene unter die Totalabstraktionen »Mensch«, »Umwelt« und »Problem« subsumiert, hat die Psychologie eine Gemeinsamkeit gestiftet, die sie selbst als Hilfsinstanz auf den Plan ruft: Dabei gilt es, diese beiden Instanzen – Mensch und Umwelt –, die als naturwüchsig miteinander in Konflikt stehend unterstellt werden, miteinander zu versöhnen. Mit der Untersuchung und Lösung der realen Probleme, mit denen sich der bürgerliche Mensch herumschlägt, hat das psychologische Programm der Lebensbewältigung freilich wenig zu tun. In der unterschiedslosen Einstufung der zitierten Phänomene als »Probleme« liegt vielmehr die absolute Gleichgültigkeit gegenüber der spezifischen Natur der Schwierigkeiten der Subjekte auf den verschiedenen Kampffeldern des Lebens und der Ergründung ihrer jeweiligen Ursachen. Die realen Probleme des Individuums in und mit der wirklichen Welt sind gemäß dieser Sichtweise vielmehr nur unterschiedliche Erscheinungsformen des disharmonischen Verhältnisses zwischen Mensch und Welt, dessen Management den Gegenstand der Bemühungen der Psychologie um die Versöhnung zwischen Subjektivität und Objektivität bildet. Die psychologische Betrachtungsweise verwandelt vielmehr alle kapitalistischen Lebensverhältnisse in zu bewältigende Problemlagen des Subjekts. Welt und Mensch sind miteinander in eine zirkulär-tautologische Beziehung gesetzt, in welcher sich beide Seiten wechselseitig durch einander bestimmen. Die Welt erscheint als Summe zu bestehender Konfliktsituationen, das Individuum ist umgekehrt als Subjekt eines gelingenden Lebens, als Bedingung und Schranke seines Zurechtkommens in der Welt definiert. Diese Sichtweise erlaubt im Falle des Scheiterns den diagnostischen Rückschluss auf ein misslungenes Selbstverhältnis des Subjektes zu sich selbst oder einen nicht problemadäquaten Umgang mit der Umwelt, bzw. auf die wenig menschengerechte Verfassung gesellschaftlicher Einrichtungen, die z.B. Betriebs- und Schulpsychologen als schlechte Bedingung für die Zufriedenheit des Subjektes mit sich und seiner Umwelt ausmachen.

Die Parteilichkeit der Psychologie für die kapitalistische Gesellschaft

Die mit der Erhebung des Verhältnisses von Mensch und Umwelt zum Sorgegegenstand einhergehende Verwandlung der kapitalistischen Lebensumstände in zu bewältigende Problemlagen beinhaltet zugleich die objektive Parteinahme der Psychologie für die real existierende bürgerliche Konkurrenzgesellschaft, von deren objektiven Gesetzmäßigkeiten Psychologen nicht die geringste Ahnung haben (müssen). Eine Wissenschaft, die sich ohne jede Prüfung weder der Zwecke, die in der jeweiligen Gesellschaft regieren, noch des Inhaltes der sich in ihr betätigenden menschlichen Interessen dem Anliegen der Harmonisierung des »an sich« konfliktträchtigen Verhältnisses zwischen Mensch und Welt verschreibt, erhebt damit die gegenwärtige Gesellschaft und die sie bestimmenden Interessengegensätze zur positiven Grundlage ihrer hilfreichen Bemühungen um das Zurechtkommen des Menschen in seiner Umwelt. Ob die Welt überhaupt ein taugliches Mittel für die Menschen darstellt, ob sie gut beraten sind, sich in dieser Welt bewähren zu wollen, solche Fragen sind längst beantwortet, wenn das Hilfsangebot darin besteht, einen Beitrag zur Übereinstimmung von Mensch und Umwelt zu leisten. Die real existierende Gesellschaft ist vielmehr als »Umwelt« ungeprüft in den Rang eines Lebensumstandes erhoben, auf den der Mensch sich um seines inneren Gleichgewichts willen als positive Grundlage seiner Zwecke zu beziehen hat, dessen Ansprüchen er gerecht werden muss, um in dieser Welt sein Glück zu machen. In eben dieser affirmativ-idealistischen Weise der Propaganda eines gelungenen Verhältnisses des Menschen zur Welt, der Parteinahme für seine im ureigenen Interesse an einem ausgeglichenen Seelenhaushalt liegende Orientierung an den Erfordernissen einer ungeprüften und unkritisierten sozialen Realität erteilt die Psychologie der kapitalistischen Konkurrenzgesellschaft ihren prinzipiellen Segen.

Das Resultat der psychologischen Erkenntnistätigkeit: Konstruktion von Gesetzen zur Beeinflussung des Willens

Dieses Anliegen, die gesellschaftliche Entwicklung im Interesse eines idealen Entsprechungsverhältnisses zwischen Mensch und Umwelt in die gewünschte Richtung lenken zu können, bringt das psychologische Interesse an der Ermittlung von Gesetzmäßigkeiten menschlichen Verhaltens hervor:

»Das Beschreiben, Erklären und Vorhersagen geschieht nicht zum Selbstzweck. Vielmehr ist damit die Zielvorstellung verbunden, die soziale Welt beeinflussen zu können. Wenn wir aufgrund bestimmter gefundener Zusammenhänge wahrscheinliche Entwicklungen vorhersagen, die wir nicht für wünschenswert halten, dann werden wir versuchen, diese Entwicklung in andere Richtung zu lenken oder sie wenigstens zu mildern.« (Langfeld 1996: 20)

Dementsprechend präsentiert die Psychologie als Ergebnis ihrer Forschungen Ursache-Wirkungs-Beziehungen, die in der Form von Wenn-Dann-Sätzen unmittelbar den Charakter von Handlungsanleitungen zur Steuerung des menschlichen Tuns besitzen. In der Konstruktion von psychologischen Zusammenhängen nach dem Muster »wenn A, dann B«, der Entdeckung von inneren oder äußeren Bedingungen, Auslösern oder Reizen, welche die Menschen in einer bestimmten Weise reagieren lassen, fällt so das psychologische Forschungsinteresse unmittelbar in eins mit dem dieser Wissenschaft zugrundeliegenden Steuerungsideal.

Die Palette von Erklärungsansätzen, welche die Psychologie hervorbringt, sieht dementsprechend aus. Ungeachtet ihrer pluralistischen Vielfalt gehorchen sie dem einheitlichen Prinzip, Wirkungszusammenhänge zu konstruieren, welche die Handhabe verleihen sollen, nützlichen Einfluss auf den Gang des menschlichen Handelns im Sinne der Beförderung der Übereinstimmung von Mensch und Welt nehmen zu können.[16] So setzt das Interesse, Verhaltensänderungen herbeizuführen, die Betrachtung des Menschen als Reiz-Reaktions-Mechanismus in die Welt, dessen Handeln sich durch die entsprechende Anordnung alternativer Reizkonstellationen in beliebige Reaktionsbahnen lenken lassen soll: Erzeugung erwünschten Verhaltens durch Setzung positiver Stimuli oder umgekehrt Verhinderung unerwünschten Verhaltens durch systematische Desensibilisierung. Auf das Vorhaben, mit Verstand begabte Menschen per »Motivation« dazu zu bewegen, sich unabhängig von einem Erkenntnisinteresse am Gegenstand Wissen über ihn zu erwerben, verfallen Motivationspsychologen, die das Verhältnis zwischen Schüler und Schule als Unterfall der problematischen Beziehung zwischen Mensch und Umwelt interpretieren. Zur Förderung seines Schulerfolges erfinden sie beim Schüler einen allgemeinen Leistungswillen, den es mit geeigneten Motivationsstrategien, insbesondere durch Belohnen oder Bestrafen, zu aktivieren gilt. Auch triebtheoretische Erklärungsmuster sind gemäß dem Strickmuster konstruiert, nämlich, dass das Ensemble der von der Psychologie entdeckten verhaltenslenkenden Antriebe zugleich die Handhabe zur (selbst)kontrollierten gemeinschaftsverträglichen Steuerung dieser Triebkräfte stiftet. Das Parade-

---

[16] Die Manipulationserfolge, derer sich die Wissenschaft rühmt, um ihre gesellschaftliche Nützlichkeit unter Beweis zu stellen, erweisen sich bei Licht betrachtet als reine Fiktion. So macht sich die verhaltenswissenschaftliche Logik, die zur Bebilderung der Wirksamkeit der operanten Konditionierung den Reiz der Strafe als Produzentin des regelkonformen Verhaltens, den Lohn als Stimulus für den Response der Verrichtung abhängiger Arbeit oder die Schulnote als Erzeugerin von Lernverhalten zitiert, missbräuchlich die in der Gesellschaft real existierenden Herrschafts- und Erpressungsverhältnisse – die Strafgewalt des Staates, die Zwingkraft des Privateigentums oder die Selektionsmacht der Schule – zu Nutze. Ausgerechnet die Resultate des berechnenden Umgangs des Menschen mit den ihm vorausgesetzten gesellschaftlichen Zwängen sollen als Belege für die Existenz eines ohne Wille und Bewusstsein waltenden Reiz-Reaktions-Mechanismus dienen, den der Psychologe im Interesse der (gesellschaftlich erwünschten) Verhaltenssteuerung zu handhaben weiß (siehe dazu näher Kapitel 4.6, »Stichwort Manipulation«).

Dasselbe gilt für die »Erfolge« der Verhaltenstherapie, die behauptet, durch Setzung alternativer Reize die bezweckte Verhaltensänderung herbeigeführt zu haben. Auch dort ist der Wille des Klienten zum Funktionieren die alles entscheidende Produktivkraft bei dem Bemühen, seine Ängste durch deren praktizierte Überwindung in den Griff zu bekommen. Dass bei diesem Heilverfahren das glatte Gegenteil der verhaltenstheoretischen Prämisse der Steuerung des Handelns durch alternative Reiz- und Reaktionsmuster praktiziert wird, stellen nicht zuletzt die begleitenden vertraglichen Abmachungen unter Beweis, die der Patient mit dem Therapeuten und seinen Lieben schließt, und deren (Nicht) Einhaltung dementsprechend bestraft oder belohnt wird.

beispiel bildet der Aggressionstrieb, den es in gemeinschaftsförderliche Bahnen umzulenken gilt (Fußball-WM statt Krieg). Sexuelle Triebenergie lässt sich bekanntlich auf dem Wege der Sublimierung transformieren in künstlerische oder wissenschaftliche Betätigung, das Konfliktpotenzial negativer Triebkräfte durch die Mobilisierung von positiven Gegenkräften neutralisieren.[17]

3. Die selbstbewusste Anpassung an die Sachzwänge der Konkurrenzgesellschaft als Akt der Selbstfindung des Ich

Das psychologische Dogma, wonach alles menschliche Tun und Treiben eine Reaktion auf Anforderungen innerer Impulse und äußerer gesellschaftlicher Bedingungen bilde, beinhaltet im Rahmen des Programms der psychologischen Selbststeuerung die Erteilung eines gleichlautenden Generalauftrags an das Subjekt. Dieser Auftrag steht freilich im unmittelbaren Widerspruch zu der eigenen ursprünglichen Annahme der prinzipiellen Determination von Wille und Bewusstsein. Derselbe Mensch nämlich, der zuvor im Rahmen der Erklärung menschlichen Handelns als bloßer willenloser Reflex, als abhängige Variable interner und externer Wirkfaktoren definiert worden war, soll nunmehr dazu befähigt und berufen sein, die Kräfte, deren Einfluss er unterliegt, in ein Verhältnis der praktischen Konkordanz zu bringen. Eben noch beherrscht

---

[17] Auf der Basis dieser Erklärungsmuster verhandeln psychologisch gebildete Menschen die realen Bewährungsproben einer bürgerlichen Existenz im Rahmen einer verfremdeten Psycho-Welt mit deren fingierten Problemlagen von Selbstfindung, Triebkontrolle, Motivation, der Entfaltung der das Ich hemmenden Umweltbedingungen etc. In und für diese Welt entwickeln sie völlig neue, ihren kapitalistischen Alltag in verwandelter Form immer thematisierende, aber von dessen Bestimmungen komplett abgehobene Bedürfnisse und Ansprüche an sich und die Außenwelt. Im Abarbeiten an und Unterordnen unter diese imaginierten Zwänge, der Selbsttherapierung bei Schwierigkeiten in Schule, Beruf oder Liebesleben mit Motivationsstrategien, der Entwicklung als mangelhaft diagnostizierter Ichstärke oder des Strebens nach einer verbesserten Kontrolle ihrer Triebimpulse erfolgt das Mitmachen der Subjekte in der real existierenden bürgerlichen Welt. Wie das Ergebnis der mit diesen psychologischen Techniken bestrittenen tatsächlichen Bewährungsproben dann ausfällt, steht allerdings gar nicht fest. Betrachtet der Mensch sein eigenes Tun und Lassen als Äußerung seines fiktiven seelischen Inneren im Konflikt mit seiner äußeren Umwelt, das er im Interesse seines Zurechtkommens in der realen Welt in den Griff zu bekommen hat, dann stehen freilich die Chancen nicht schlecht, dass er im Zuge der Realisierung dieses psychologisch angeleiteten Lebensbewältigungsprogramms tatsächlich den Übergang in die Verrücktheit vollzieht.

vom Irrationalismus metaphysischer Seelenkräfte, soll sich der Mensch nun zum seiner selbst bewussten Dompteur eben dieser Kräfte und Impulse aufschwingen. Mit diesem Postulat der Selbststeuerung wird als Anforderungsprofil für das selbstbewusste Subjekt ein neuer, höchst anspruchsvoller, psychologischer Handlungszweck in die Welt gesetzt. Die eigentliche Bestimmung menschlichen Handelns soll demzufolge darin bestehen, den Ansprüchen zu genügen, die dem Subjekt in Gestalt der Imperative aus seiner seelischen Innenwelt und der äußeren Welt fordernd gegenüber treten. Der Mensch soll dergestalt als Koordinator zwischen den widersprüchlichen Anforderungen agieren, die darin bestehen, dass er sowohl den Ansprüchen seines seelischen Innenlebens als auch denen der Realität entspricht, um auf diese Weise ein seelisches Gleichgewicht herzustellen, das seit Freud unter dem psychologischen Namen einer gelungenen Ich-Bildung bekannt ist.

Die geforderte Balance zwischen den subjektiven Neigungen und Bedürfnissen und den objektiven Realitäten der Gesellschaft läuft nicht von ungefähr im Ergebnis in der Regel auf ein Plädoyer für die freiwillige Unterwerfung unter die gesellschaftlichen Sachzwänge hinaus, deren Befolgung der Mensch als quasinatürliche Voraussetzung seiner Interessenverfolgung betrachten soll.[18] Da die gesellschaftliche Objektivität von der Psychologie unter dem Titel der Umwelt mit dem Charakter eines mehr oder weniger unumstößlichen Sachzwanges ausgestattet ist, erfolgt die Herstellung der Kongruenz zwischen subjektiven Wünschen und Strebungen und der Realität in der Form, dass der Mensch seine Interessen an den ihm aufgeherrschten Notwendigkeiten der Gesellschaft relativiert und damit diesen unterordnet. Den Einklang zwischen sich und der Gesellschaft erzielt er, indem er eine andere geisti-

[18] Aus diesem Standpunkt der Psychologie als Parteigänger der drangsalierten Menschennatur erklärt sich, warum deren Ratschläge nicht zwangsläufig auf eine Anpassung des Subjektes an die Imperative der Gesellschaft hinauslaufen. Zuweilen auch stellt sich die Psychologie im Ausgangspunkt kritisch zu den gesellschaftlichen Verhältnissen, sie fordert ihre Klientel zur Verachtung der Welt und zur Stärkung ihres Selbstwertgefühls gegen sie auf. Paradebeispiel dafür ist Freud, der in seinen Anfängen eine polemische Stellung zu den krankmachenden Moralgesetzen einnahm. Oberstes Kriterium der psychologischen Bemühungen um das seelische Wohlergehen des Menschen ist es, dass dieser mit sich selbst ins Reine kommt. Dies kann in einer totalen Anpassung erfolgen (im Beruf seinen Lebenssinn finden) wie in seinem Gegenteil, dem Ratschlag zu einem gelebten Aussteigertum unterschiedlicher Couleur. Aus dieser Rolle als Anwalt des innerlich entzweiten Subjektes, der die Versöhnung des Menschen mit sich selbst verspricht, speist sich im Übrigen die Popularität der Psychologie.

ge Stellung zur Realität einnimmt, d.h. seine Wünsche und Ziele an der vorgegebenen gesellschaftlichen Wirklichkeit ausrichtet. Nicht die umstandslose Unterwerfung der Subjekte unter die Zwänge der Gesellschaft ist das Leitmotiv der angewandten Psychologie, wenn sie ihre Ratschläge zum Zurechtkommen der Individuen in der Konkurrenzgesellschaft erteilt. Das Programm der Versöhnung des Subjektes mit der Welt besteht vielmehr darin, dass sich die Psychologie auf die Seite des geplagten Individuums schlägt, dessen »Glücksansprüche« zum Ausgangspunkt ihrer Hilfestellung macht und diesem unter Verzicht auf die Erhebung eines moralischen Zeigefingers dadurch auf die Sprünge zu helfen sucht, dass sie dem Subjekt mit den Versprechen der Mehrung seines psychologischen Nutzens, seines Zuwachses an Selbstwertgefühl und Anerkennung die Orientierung an den Anforderungen der Realität als »Königsweg« zur psychischen Selbstidentität des Individuums anempfiehlt. Die propagierte Kunst des Glücklichseins besteht demgemäß in letzter Instanz darin, seine Erwartungen an die Welt an die Lebensperspektiven anzupassen, welche diese für ihn im Angebot hat, und umgekehrt die Forderungen, welche die soziale Wirklichkeit an ihn richtet, als Bewährungsprobe für sich selbst zu betrachten und in der Erfüllung dieser Anforderungen seine Zufriedenheit mit sich selbst zu finden.[19]

Auf diese Weise propagiert die Psychologie mit ihrem dem Menschen erteilten Steuerungsauftrag das Programm seiner Selbstanpassung an die Anforderungen der bürgerlichen Gesellschaft als Verwirklichung gelungener Subjektwerdung. Dies, ohne auch nur einen Blick auf die Zwecke und Funktionsprinzipien der Gesellschaft, die Verteilung von Arbeit und Reichtum, zu werfen oder gar die prüfende Frage nach der Bekömmlichkeit der gesellschaftlichen Verhältnisse für die große Masse der Subjekte stellen zu müssen. Die Existenz der kapitalistischen Konkurrenzgesellschaft ist umgekehrt fraglos als bedürfnisgerechte Heimat des Menschen unterstellt, ihre Einrichtungen gelten, ungeachtet dessen, dass der Mensch ihr andauernd sein Glück abzuringen hat, im Prinzip als einzige Dienstleistung am Menschen und seiner seelischen Wohlfahrt. Diese soziale Ordnungsfunktion im Dienste der kapitalistischen Gesellschaft nimmt die Psychologie wahr als Anwalt des Subjektes und des ihm unterstellten Urbedürfnisses nach seelischer

[19] Die Techniken dieses Selbstfindungsprozesses werden im Rahmen dieses Buches am Beispiel von Rogers' Gesprächstherapie vorgeführt (Kapitel 6.2).

Harmonie. Um im Interesse seiner seelischen Funktionstüchtigkeit seine Übereinstimmung mit sich selbst herzustellen, sucht sie dem Menschen zu der Einsicht zu verhelfen, dass letztlich nur die willentliche Unterordnung unter die Sachzwänge der bürgerlichen Gesellschaft ihm einen ausgeglichenen Seelenhaushalt beschert.

4. Die ideologische Basisleistung der Psychologie

Mit der Erhebung des Subjekts zum (potenziellen) Konfliktmanager der widersprüchlichen Anforderungen, welche seine innere Dispositions- oder Motivationslage und die äußere Welt an den Menschen stellen, hat sich die Psychologie zugleich ein Universalerklärungsmuster zugelegt, das es ihr erlaubt, alle Weisen des praktischen Nichtzurechtkommens des Menschen in der Welt, alle Formen der Unzufriedenheit mit seiner Stellung in der Gesellschaft einschließlich des gesamten Repertoires gesellschaftlich unerwünschter abweichender Verhaltensweisen als Ausdruck einer mangelhaften Steuerungskompetenz des Subjektes zu deuten. Vom notwendigen Misserfolg der Mehrheit der bürgerlichen Konkurrenzsubjekte in der Schul- und Berufswelt, über die privaten Katastrophen in Sachen Liebesglück und Familie bis hin zu Drogenabhängigkeit und Kriminalität: Für alle Erscheinungsformen des Scheiterns des Menschen an oder des Ausbrechens aus der bürgerlichen Gesellschaft machen Psychologen gleichermaßen und ziemlich einseitig ein fehlerhaftes Verhältnis des Subjektes zu sich selbst verantwortlich. Der Mensch scheitert nach dieser Diagnose niemals an den Zwecken und Prinzipien der bürgerlichen Gesellschaft. Ihm mangelt es vielmehr an den notwendigen Konfliktbewältigungsstrategien, an der erforderlichen Frustrationstoleranz oder einer funktionierenden Triebkontrolle. Er leidet an defizitärem Realitätsbezug, überzogenen Ansprüchen an die Gesellschaft, der fehlenden Einsicht in seine individuellen Möglichkeiten und Grenzen oder umgekehrt am fehlenden Glauben an sich selbst und seine Fähigkeiten. Gemäß dieser Sichtweise verdanken sich die Niederlagen in der schulischen Konkurrenz des Leistungslernens nicht etwa der Selektivität des Schulsystems, sondern allein der fehlenden Lernfähigkeit der als »Schulversager« titulierten Betroffenen. Kriminalität hat nichts damit zu tun, dass die zugelassenen Erfolgswege der bürgerlichen Gesellschaft nur für eine Minderheit der Gesellschaftsmitglieder ein Leben ohne finanzielle Sorgen vorsehen, sondern zeugt ausschließlich vom Unvermögen, sich in die zugewiesene Lebenslage klaglos einzufügen und das Beste daraus zu machen. Die Menschen scheitern also qua psychologischer Definition niemals an den Anforderungen der Gesellschaft, die sie nicht erfüllen können. Psychologen kommen in ihren Erklärungen vielmehr auf den ewiggleichen Befund des Versagens des Individuums an seiner Aufgabe, die ihm vorgegebenen gesellschaftlichen Bedingungen zu bewältigen. Dem dergestalt als funktionsuntauglich deklarierten Menschen gebricht es an der notwendigen Fähigkeit, als verantwortlicher Regisseur seines Seelenhaushaltes die geforderte Anpassungsleistung an die gesellschaftlichen Erfordernisse zu erbringen, zu der ihm im Versagensfalle die psychologische Lebensberatung zu verhelfen sucht.

Kapitel 2
Psychoanalyse: Vom Kampf zweier Prinzipien und dreier Instanzen

1. Der Freud'sche Seelenapparat: eine haltlose Konstruktion mit fragwürdiger Funktion

Wer kennt sie eigentlich nicht, die Freud'sche Lehre von den drei Instanzen (»ES«, »ICH« und »ÜBERICH), die in der menschlichen Psyche miteinander um Einfluss ringen und damit das Denken und Handeln des Menschen bestimmen? Im Folgenden wollen wir die Bildung dieses Modells einmal auf seine Stichhaltigkeit überprüfen.

Beginnen wir mit einem repräsentativen Zitat, dem Einleitungssatz aus dem »Abriss der Psychoanalyse«, der letzten komprimierten Fassung seiner Lehre aus dem Jahre 1938:

»Von dem, was wir unsere Psyche (Seelenleben) nennen, ist uns zweierlei bekannt, erstens das körperliche Organ und Schauplatz desselben, das Gehirn (Nervensystem), andererseits unsere Bewusstseinsakte, die unmittelbar gegeben sind und uns durch keinerlei Beschreibung näher gebracht werden können. Alles dazwischen ist uns unbekannt, eine direkte Beziehung zwischen beiden Endpunkten unseres Wissens ist nicht gegeben (...) Wir nehmen an, dass das Seelenleben die Funktion eines Apparates ist, dem wir räumliche Ausdehnung und Zusammensetzung aus mehreren Stücken zuschreiben, den wir uns also ähnlich vorstellen wie ein Fernrohr, ein Mikroskop u. dgl.« (Freud 1966: 9)

Beweisziel ist der Nachweis eines Zusammenhanges zwischen Hirntätigkeit und Bewusstsein. Dabei will Freud freilich mehr behauptet haben als die Existenz der berühmten »grauen Zellen« als physiologischer Voraussetzung der Geistestätigkeit.

Nicht der profane Umstand, dass Denken und Bewusstsein ein körperliches Organ benötigen, in dem sich das Denken abspielt, ist hier gemeint. Nein, Freuds Beweis zielt vielmehr darauf, dass zwischen der Hirnphysiologie und dem Inhalt des Bewusstseins ein Zusammenhang besteht, das heißt, dass das, was und wie der Mensch denkt, letztinstanzlich hirnphysiologisch bestimmt ist. Hier soll also nicht ein bloßes Konditional-, sondern ein Kausal- oder Determinationsverhältnis unter Beweis gestellt werden.

Woraus begründet sich die Annahme eines solchen Steuerungszusammenhanges? Auf diese Frage findet Freud eine verblüffende Antwort: Weil ein *direkter* Zusammenhang zwischen diesen »beiden Eckpunkten unseres Wissens« offensichtlich nicht existiert, spricht alles dafür, dass der Zusammenhang *indirekter* Art sein muss. Dieser Rückschluss enthält freilich die durch nichts belegte Unterstellung, dass ein inhaltlicher Zusammenhang zwischen Hirnfunktionen und Geistestätigkeit überhaupt besteht. Die dogmatische Unterstellung eines derartigen Wirkungszusammenhanges macht sich zugleich auch darin geltend, dass Freud die Bewusstseinsakte mit dem Attribut der »Unbeschreibbarkeit« versieht, aus dem er im nächsten Gedankenschritt die Existenznotwendigkeit seines Seelenapparates als Vermittlungsinstanz zwischen körperlichem Organ und Bewussteinsakten ableitet.[20]

Zurück zur Prämisse der angeblichen Unbeschreibbarkeit von Bewusstseinsakten, für die Freud nicht zufälligerweise jede Begründung schuldig bleibt. Denn warum sollten Bewusstseinsakte, »weil unmittelbar gegeben«, nicht beschreibbar sein? Der Mensch, der etwas denkt, wird doch wohl beschreiben können, was er so denkt und will. Und was andere denken und wollen, lässt sich entweder unmittelbar deren Worten oder Taten entnehmen, oder aber der Willensinhalt lässt sich durch eine Analyse der Handlungen der Akteure erschließen. Die an sich unsinnige Bestimmung der »Unbeschreibbarkeit« von Bewusstseinsakten ergibt freilich dann einen Sinn, wenn man von vornherein dem Denken die Selbstständigkeit bestreitet und das Bewusstsein umgekehrt als Werk von Instanzen jenseits von Willen und Bewusstsein, hier: als Wirkung des Nervensystems, voraussetzt.

Mit dieser unhaltbaren Bestimmung des Bewusstseins als unbeschreibbar erteilt sich Freud den Freibrief zum Abschied von der weiteren Befassung mit den Bewusstseinsinhalten und zum Übergang zu seinem Seelenapparat als Vermittlungsinstanz. Wenn nämlich die Beweggründe menschlichen Handelns nicht in den Bewussteinsinhalten selber liegen, sondern Denken und Handeln letztinstanzlich indirekt durch das Nervensystem determiniert sind, dann bedarf es einer

---

[20] Ganz ohne ein solches Vermittlungsorgan kommt der psychobiologische, mit dem Namen G. Roth verbundene Ansatz aus, der den Bewusstseinsinhalt unmittelbar als Wirkung der hirnphysiologischen Beschaffenheit des Menschen erklärt. Zur Kritik vgl. Huisken 2003 und 2005.

Vermittlungsinstanz, die diesen dogmatisch unterstellten Steuerungszusammenhang zwischen Nervensystem und Bewusstsein herstellt. Dieses Vermittlungsglied ist der Seelenapparat, den man sich laut Freud als eine Art von Fernrohr vorzustellen hat, innerhalb dessen die Dreieinigkeit von ES, ICH und ÜBERICH ihr Unwesen treibt. Wille und Bewusstsein sind im Rahmen des Freud'schen Modells die Resultante dieses dreigliedrigen psychischen Kräfteparallelogramms. Die menschliche Tätigkeit ist unter das heimliche Diktat dieser miteinander im Widerstreit liegenden psychischen Instanzen gestellt, welche die eigentlichen Handlungssubjekte bilden. Und das ist heutzutage jedem halbwegs psychologisch oder pädagogisch gebildeten Menschen geläufig, dass im ES die ursprünglich biologischen, auf rücksichtslose Bedürfnisbefriedigung drängenden Triebe walten sollen, denen gegenüber das ICH die einschränkenden Anforderungen der gesellschaftlichen Realität vertritt und schließlich das ÜBERICH dem ICH zur Erfüllung seiner Kontrollaufgabe die Maßstäbe der gesellschaftlichen Normen und Werte liefert.

Bevor auf die Bestimmungen näher eingegangen wird, die Freud den einzelnen Elementen und deren Beziehung zueinander gibt, soll eine Vorbemerkung zur Methode dieser Modellbildung vorausgeschickt werden, die den Nachvollzug seiner Gedankenführung und ihrer zentralen Fehler erleichtern soll. Das Verhältnis dieser drei Instanzen zueinander ergibt sich nämlich gar nicht aus ihren von Freud definierten Eigenschaftsbestimmungen. Es ist vielmehr das Produkt der der Modellkonstruktion vorausgesetzten funktionalen Logik, wonach die psychische Funktionstauglichkeit des Subjektes auf einem sorgfältig abgestimmten seelischen Gleichgewicht zwischen ES, ICH und ÜBERICH beruht. Gemäß dieser Logik begründen die »Mängel« der ersten Instanz – des ES, der bloßen nichtsozialisierten Triebhaftigkeit – die Notwendigkeit einer triebkanalisierenden und -bändigenden Kontrollinstanz in Gestalt des ICH, dessen Mangel der Maßstabslosigkeit bei der Bewältigung der ihm zugeschriebenen Aufgabe der Zähmung des ES eine weitere Korrekturinstanz in Gestalt des ÜBERICH hervorbringt.

Als erstem Element dieses Apparates begegnen wir dem so genannten ES, das nach Freud das Bewusstsein bestimmt, ohne selber Bewusstsein zu sein. Dieses ES soll wie folgt beschaffen sein:

»Die Kräfte, die wir hinter den Bedürfnisspannungen des ES annehmen, heißen wir Triebe. Sie repräsentieren die körperlichen Anforderungen an das Seelenleben.« (Freud 1966: 11)

Was Freud unter den Trieben versteht, die hinter »den Bedürfnisspannungen des ES« stecken, hat er ergänzend wie folgt erläutert:

»Nach langem Zögern und Schwanken haben wir uns entschlossen, nur zwei Grundtriebe anzunehmen, den Eros und den Destruktionstrieb. (...) Das Ziel des ersten ist, immer größere Einheiten herzustellen und so zu erhalten, (...) das Ziel des anderen im Gegenteil, Zusammenhänge aufzulösen und so die Dinge zu zerstören.« (ebd.: 12)

Das ES: Todestrieb versus Eros

Die Einführung der besagten, das ES konstituierenden Grundtriebe erfolgt entweder wie beim Eros auf dem Wege der puren Setzung oder wie im Falle des Todestriebes auf dem Wege eines tautologischen Rückschlusses aus der gewaltsamen Empirie gesellschaftlicher Wirklichkeit auf einen entsprechenden Trieb. So hat Freud den seiner Theorie erst später zugefügten zweiten Grundtrieb in Gestalt des Todes- oder Destruktionstriebs (Thanatos) aus den »unvorstellbaren Grausamkeiten während des Ersten Weltkriegs« sowie seinen Erfahrungen bei der Behandlung von Soldaten abgeleitet, die ihre Negativerlebnisse in Träumen, Erzählungen usw. ständig zu rekapitulieren pflegten. Wenn »die Menschheit« also todbringende Kriege führt oder die Kriegsteilnehmer auch nachträglich den Krieg zum beherrschenden Thema ihres Seelenlebens machen, dann – so lautet die messerscharfe Schlussfolgerung – ist das auf einen im Menschen liegenden gleichnamigen Todestrieb zurückführen. Und wie beweist sich wohl die Existenz dieses Todestriebes, den noch kein Forscher unter dem Mikroskop oder im Reagenzglas zu entdecken vermochte? Keine Frage für Anhänger des tautologischen Zirkels von Kraft und Äußerung: mit seiner Äußerung im Krieg oder im Kriegstrauma. Abgesehen von der notorischen Zirkularität des Beweisverfahrens erscheint auch der »Inhalt« der beiden auf diese zweifelhafte Weise ermittelten Grundtriebe ziemlich fragwürdig. Bei jedem dieser beiden Triebe nämlich fehlt es an jeglicher fassbaren Zielbestimmung, fehlt jeder Bezug auf ein konkretes bestimmtes Bedürfnis (bspw. Hunger oder Durst). Zudem heben sich die beiden Grundtriebe in ihrer Gegensätzlichkeit auch noch wechselseitig auf. Konstruiert wird eine geistige Bedürfnishaftigkeit pur und zwar einmal mit negativem und einmal mit positivem Vorzeichen: Konstruktivität und Destruktivität, Aufbauen und Zerstören.

Zunächst zum Destruktionstrieb: Behauptet wird die Zerstörung um der Zerstörung willen als allgemeine Antriebskraft des Menschen, die dieser Auffassung zufolge jeden Zweck, der sich gewaltsamer Mittel bedient, als bloß vordergründige und letztlich zufällige Ausdrucksweise eines völlig unspezifischen Dranges zum »Töten und Zerstören« erscheinen lässt. Der Destruktivitätsgrundtriebslogik zufolge scheint es sich beim Krieg um eine Veranstaltung zu handeln, die dem staatlichen Kanonenfutter so richtig schön Gelegenheit bietet, seinen destruktiven Grundtrieb einmal hemmungslos auszuleben. Gemäß derselben Logik zünden dann Ausländerfeinde Asylbewerberheime nicht etwa aus ihren spezifischen nationalistischen Beweggründen an, sondern betätigen vielmehr nur ihren allgemeinen Aggressionstrieb, der sich statt der Ehefrau, der gegnerischen Fußballfans oder des zum Abschuss freigegebenen äußeren Feindes zur Abwechslung einen etwas anderen Gegenstand ausgesucht hat.

Die Vorgänge auf dem Schlachtfeld, die Freud als zentralen Beleg für das Walten des Thanatos heranzieht, streiten im Übrigen für das glatte Gegenteil der Annahme eines triebhaft-allgemeinen Tötungsdranges. Gemeinhin nämlich pflegen die Völkerschaften nicht aus eigenem Antrieb aufeinander loszugehen, sondern ziehen auf staatlichen Befehl ausgerüstet mit den entsprechenden vom Staat geprägten Feindbildern in den Krieg. Sie erfüllen eben ihre vaterländische Pflicht gegenüber einem politischen Gemeinwesen, dessen Anliegen sie mehr oder weniger militant teilen. Und in vielen Fällen müssen Wehrunwillige durch die Drohung mit dem Standgericht dazu gezwungen werden, das Tötungshandwerk im Staatsauftrag auszuüben.

Der zerstörerische Einsatz von Gewalt als Selbstzweck waltet noch nicht einmal dort, wo ihn die Anhänger von Triebstauerklärungen regelmäßig am Werke sehen, wie in Sachen Jugendgewalt, Ausländerhass oder im »Fall Erfurt«.[21] Gerade im Bereich der Ausübung von Privat-

[21] Der Fall »Erfurt« (dazu ausführlich Huisken 2002) liefert ein zeitgenössisches Musterbeispiel für den hochentwickelten Stand psychologischer Techniken zur Legitimation staatlich-gesellschaftlicher Institutionen und deren Funktionsprinzipien. Der offensichtliche Zusammenhang zwischen dem Selektionszweck des Schulsystems in der demokratischen Klassengesellschaft und dem Amoklauf eines Verlierers der Schulkonkurrenz, der aus der zwangsweisen Beendigung seiner Schulkarriere den Schluss zieht, sich am Schulpersonal gewaltsam für seine unverdiente Niederlage rächen zu wollen, wird dadurch dementiert, dass der sozialpsychologische Sachverstand seine falsche Determinationslogik als Widerlegungsargument zur Anwendung bringt. Mit dem Hinweis auf die fehlende Zwangsläufigkeit der Schülerreaktion, d.h. dem Hinweis darauf, dass nicht jeder Schüler, den die Schule von weiterführender Bildung ausschließt, zum Amokläufer werde, wird der Beweis dafür bestritten, dass deshalb die Schule als Ursa-

gewalt ist diese noch allemal Mittel zur Verfolgung, wenn auch höchst seltsamer Anliegen, wie sie das bürgerliche Konkurrenzsubjekt kennzeichnen: Selbstbehauptung, Verschaffung von Anerkennung und Pflege des Selbstbewusstseins.

Dieselbe krude Logik waltet beim konstruktiven Pendant des Destruktionstriebes, dem Ziel, (immer größere) Einheiten herzustellen, die der andere Grundtrieb dann wieder zerstören darf. Eine äußerst merkwürdige Zweckbestimmung: »Einheiten herzustellen«. Nach dieser Logik würde ein Liebespaar im Geschlechtsakt nicht etwa seine Zuneigung praktizieren, sondern würde sich in der erotischen Vereinigung nur der allgemeine Grundtrieb, »Einheiten zu bilden«, Geltung verschaffen. Wie gut, dass die Akteure bei diesem Treiben kein Bewusstsein davon haben, was sie im Innersten so treibt. So mancher liebevolle Akt würde dann sicherlich gar nicht erst stattfinden. Auch der Anschluss der DDR an die BRD würde im Lichte des allgemeinmenschlichen Motivs der »Bildung größerer Einheiten« eine ungeahnte tiefenpsychologische Dimension gewinnen.

Und wie schließlich aus diesen als barem Widersinn konstruierten gegensätzlichen Grundtrieben von Konstruktivität und Destruktivität überhaupt irgendetwas an Denken und Handeln herauskommen soll, und wie daraus – jedenfalls nach Freud – sogar letztlich die Summe aller Lebenserscheinungen resultieren soll, ist und bleibt das Geheimnis des Wiener Tiefenpsychologen.

---

che für derartige mörderische Ereignisse nicht in Betracht kommen könne. Ist auf diese Weise das Schulsystem selbst und dessen Funktion glücklich aus der Schusslinie genommen, kann sich die kritische Diskussion ganz auf die Frage eines möglichen Versagens der Schule und anderer Sozialisationsagenturen bei der gebotenen Erziehung zur Frustrationstoleranz konzentrieren. Nicht an den Zwecken der Schule – die schulische Auslese besitzt als zentraler Bestandteil der Leistungsgesellschaft den Rang eines unumstößlichen Sachzwanges –, sondern in der falschen Stellung der Schulverlierer zu den an ihnen hergestellten Resultaten der Bildungskonkurrenz liegt nämlich der bewährten Diagnose der Psychologie zufolge die eigentliche Ursache der gewaltsamen Vorkommnisse von Erfurt. Die Psychologie kann dann mit ihren bewährten Rezepten auf den Plan treten, durch Programme zur Stärkung des Selbstwertgefühls den Verlierern der schulischen Leistungskonkurrenz dabei behilflich zu sein, sich mit ihren notwendigen Niederlagen abzufinden. Vom Standpunkt der Abwehr der unerwünschten Konsequenzen der schulischen Leistungskonkurrenz zielen ihre einschlägigen Argumentationshilfen auf die Bildung eines Bewusstseins bei den Betroffenen, die Härten des Leistungsvergleichs in der Schule geistig so zu verarbeiten, dass ordnungsstörende Reaktionen der Bildungsverlierer unterbleiben. So exekutiert die Psychologie ihren Begriff, als Harmonie stiftende Instanz zwischen Mensch und Welt ihren konstruktiven Beitrag zum Funktionieren der Einrichtungen der kapitalistischen Konkurrenzgesellschaft zu leisten.

In letzter Instanz freilich hat diese ziemlich freie Erfindung des ES und seiner antagonistischen Grundtriebstruktur durchaus Sinn und Funktion, jedenfalls im Rahmen des Freud'schen Systems. Hauptsache, es herrscht in der Psyche so etwas wie Triebspannung, die wegen der negativen Folgen ihrer umstandslosen Auflösung unter Kontrolle gestellt werden muss. Der ganze künstlich inszenierte Seelenaufruhr ist überhaupt nur auf den Ruf nach einem »Bändiger« zugeschnitten, der in das Chaos der gespannten Triebstruktur Ordnung bringt. Und diese ordnungsstiftende psychische Kontrollinstanz ist das

ICH

»Unter dem Einfluss der uns umgebenden realen Außenwelt hat ein Teil des ES eine besondere Entwicklung erfahren. Ursprünglich als Rindenschicht mit den Organen zur Reizaufnahme und den Einrichtungen zum Reizschutz ausgestattet, hat sich eine besondere Organisation hergestellt, die von nun an zwischen Es und Außenwelt vermittelt. Diesem Bezirk unseres Seelenlebens lassen wir den Namen des *Ich*s. (...) Es hat die Aufgabe der Selbstbehauptung, erfüllt sie, indem es nach außen die Reize kennen lernt, Erfahrungen über sie aufspeichert (im Gedächtnis), überstarke Reize vermeidet (durch Flucht), mäßigen Reizen begegnet (durch Anpassung) und endlich lernt, die Außenwelt in zweckmäßiger Weise zu seinem Vorteil zu verändern (Aktivität); nach innen gegen das ES, indem es die Herrschaft über die Triebansprüche gewinnt, entscheidet, ob sie zur Befriedigung zugelassen werden sollen, diese Befriedigung auf die in der Außenwelt günstigen Zeiten und Umstände verschiebt oder ihre Erregungen überhaupt unterdrückt.« (Freud 1966: 10)

Fragt sich nur, wo dieses Bedürfnis nach Bändigung der chaotischen Triebstruktur herkommen soll. Aus dem Inhalt des ES jedenfalls nicht, denn dessen Natur bestand ja nach Freud in seiner chaotischen Gegensätzlichkeit. Und wenn das die Natur des ES ist, dann ist nicht einzusehen, warum das ES Probleme mit seiner triebgespannten Struktur bekommen sollte. Aber gerade dieses Ding der logischen Unmöglichkeit will Freud allen Ernstes behauptet haben: das ICH als Abkömmling des ES.

Denn das ICH soll sich nach Freud als Teil des ES aus der Rindenschicht des ES entwickelt haben. Angesichts der Herkunft des ICH aus dem ES ist es freilich überaus rätselhaft, wie das ICH die ihm zugewiesene Rolle, die »Herrschaft über Triebansprüche zu gewinnen«, überhaupt erfüllen kann. Wie soll das ICH gegenüber dem ES, das in keinem Bezug zur Realität steht und nur sich selbst und seine Triebhaftigkeit kennt, die Realität repräsentieren können, wie soll das ICH gar in der Lage sein, die geistige Leistung eines Lernprozesses zu vollziehen – wenn das ICH doch nur ein Teil des unbewusst-triebhaften ES ist? Als Repräsentant bloßer Bedürftigkeit jedenfalls ist das ES solcher Überlegungen gar nicht fähig, wie sie mit Willen und Bewusstsein Menschen anstellen, die bei ihrer Bedürfnisbefriedigung auf Schranken stoßen und entsprechende rationelle Umgangsweisen mit der Außenwelt zu entwickeln lernen.

ÜBERICH

Dieselbe verquere Ableitungslogik wiederholt sich eine Stufe höher bei der Einführung des ÜBERICH. Die Notwendigkeit des ÜBERICH folgt der defizitären Ausstattung des ICH bei der Bewältigung seiner Aufgabe, das triebhafte ES im Zaum zu halten. Weil nämlich das ICH weder über die Kriterien verfügt, gemäß denen es die Befriedigung zuzulassen, aufzuschieben oder zu unterdrücken hat, noch über die Macht, sich gegenüber dem widerspenstigen ES durchzusetzen, bedarf es einer weiteren Instanz, die diese Qualitäten innehat. Wie allerdings das ÜBERICH in den Besitz dieser Fähigkeiten gelangt sein soll, bleibt höchst erklärungsbedürftig. Denn das ÜBERICH wird von Freud wiederum als verselbständigter Teil des ICH vorstellig gemacht. Wie aber sollte das ÜBERICH als Teil des ICH plötzlich den Mangel überwunden haben, mit dem das ICH definitionsgemäß behaftet ist?

»Als Niederschlag der langen Kindheitsperiode, während der der werdende Mensch in Abhängigkeit von seinen Eltern lebt, bildet sich in seinem Ich eine besondere Instanz heraus, in der sich dieser elterliche Einfluss fortsetzt. Sie hat den Namen des Über-Ichs erhalten. (...) Im Elterneinfluss wirkt natürlich nicht nur das persönliche Wesen der Eltern, sondern auch der durch sie fortgepflanzte Einfluss von Familien-, Rassen- und Volkstradition sowie die von ihnen vertretenen Anforderungen des jeweiligen sozialen Milieus. (...) Das Über-Ich mag neue Bedürfnisse geltend machen, seine Hauptleistung bleibt die Einschränkung der Befriedigungen.« (ebd.: 10f.)

Die auf diese Weise als Abspaltungsprodukt des mangelhaften ICH ins Seelenleben getretene Kategorie des ÜBERICH ist im Übrigen nicht mit dem real existierenden Phänomen des Gewissens zu verwechseln, aus dem es seine Plausibilität bezieht. Die Bildung des Gewissens ist nämlich ein Werk des falschen Bewusstseins. Seine Leistung besteht darin, dass das Subjekt seine willentliche Unterwerfung unter die gesellschaftlichen Anforderungen als Erfüllung höherer moralischer Beurteilungsmaßstäbe umdeutet. Das Individuum interpretiert sich in Gestalt des guten Gewissens die ihm abverlangte Beschränkung seiner Interessen als seinen höheren moralischen Vorteil zurecht, um sich durch diese ideelle Belohnung seines Bedürfnisverzichts schadlos zu halten. Das Freud'sche ÜBERICH hingegen hat mit der (falschen) Einsicht in die Notwendigkeit der gesellschaftlichen Beschränkungen der Interessenverfolgung, dem bewussten Anlegen moralischer Maßstäbe an sich selbst, nichts zu tun. Es verfügt als von der Person abgespaltene Kraft selbst über Willen und Bewusstsein, mit denen es die anderen Kräfte je nach Stand des innerseelischen Kräfteverhältnisses in Schach hält oder zuweilen auch deren Tätigkeit fördert. Während bei der Bildung des Gewissens die willentliche Aneignung der gesellschaftlichen Moralmaßstäbe eine Eigenleistung des Subjektes in seiner geistigen Auseinandersetzung mit der äußeren Welt, insbesondere mit den »Vorgaben« der Eltern, darstellt, gehört bei Freud die moralische Selbstkontrolle quasi zum seelischen Erbgut des Menschen.

Die im obigen Zitat angesprochene Rolle des Elterneinflusses bei der Ausbildung des ÜBERICH ist dabei nach Freuds eigenen Aussagen lediglich von sekundärer, unterstützender Natur. Die elterliche Erziehung beschränkt sich nach Freud darauf, »das organisch Vorgezeichnete nachzuvollziehen und es etwas sauberer und tiefer auszuprägen« (Freud 1980b: 85). Die von modernen Freud-Interpreten bevorzugte Lesart einer primären oder zumindest gleichrangigen Rolle der elterlichen Sozialisation bei der Entstehung des ÜBERICH würde nicht nur im Widerspruch zu Freud selber stehen. Sie würde zugleich auch eine zufrieden stellende Antwort auf die nahe liegende Frage nach der Herkunft dieser Traditionen bei den *ersten* Eltern schuldig bleiben müssen, welche die gesellschaftlichen Werte zwecks »Einschränkung der Befriedigungen« in die Psyche ihrer Nachkömmlinge transportiert haben sollen. Denn woher sollten diese ihren Wertekanon hergenommen haben? Beziehungsweise könnte sie diese Frage wiederum nur durch Rückgriff auf dieselbe Freud'sche anthropologische Setzung einer diesbezüglichen »Erbanlage« beantworten, deren Widerspruch durch die Betonung der Sozialisation behoben werden sollte. Und mit einer derartigen Annahme würde sie zugleich ihrem eigenen Beweisanliegen den Boden entziehen. Denn auf der Grundlage der Prämisse einer natürlichen metaphysischen Moralität, die a priori die gesamte »Familien-, Rassen- und Volkstradition« beinhaltet, bedürfte es erst gar nicht des erzieherischen Transfers von den Eltern in die Psyche ihrer Nachkommenschaft.

2. Das Unbewusste

ist die wohl populärste und zugleich als Urheberin spekulativer Fehlerklärungen eindeutig produktivste Kategorie innerhalb der Drei-Instanzenlehre. Das Unbewusste entsteht Freud zufolge – abgesehen von den originären unbewussten Triebregungen des ES – bekanntlich durch die Verdrängung der im ES angesiedelten frühkindlichen Triebimpulse. Diese werden aufgrund ihrer Unvereinbarkeit mit den moralischen Anforderungen des ÜBERICH vom ICH aus dem Bewusstsein ausgeschlossen, üben als nunmehr unbewusste verbotene Triebregungen ihre destabilisierende Wirkung auf das fragile seelische Gleichgewicht aus, lösen bei Versagen oder Überstrapazierung der seelischen Abwehrmechanismen vermittels ihrer Macht der Selbstbestrafung den Störfall der Neurose aus, der wiederum nur behoben werden kann durch die Bewusstmachung und willentliche Verurteilung der nichtannehmbaren Seelenregungen.[22]

---

[22] Zu den gängigen Versuchen, sich das »Unbewusste« wohlwollend unter Bezug auf Phänomene verplausibilisieren zu wollen, die im allgemeinen oder auch im wissenschaftlichen Sprachgebrauch zuweilen ebenfalls mit diesem Terminus belegt werden, sei folgendes angemerkt: Entscheidend ist, dass sich das Unbewusste bei Freud als ein jenseits von Wille und Bewusstsein stattfindendes nichtbewusstes Denken definiert, das ohne Wissen des Subjektes den Inhalt seines bewussten Handelns bestimmt. Deshalb sollte man das psychoanalytische Unter- oder Unbewusste nicht mit Sachverhalten verwechseln, die gänzlich anderer Natur sind. Damit, dass der Mensch oftmals ein unklares oder falsches Bewusstsein von Inhalt, Implikationen oder Folgen seines Denkens oder Handelns hat, insofern »bewusstlos« oder »unbewusst« agiert, hat das psychoanalytische Unbewusste ohnehin nichts zu tun. Das Gleiche gilt für automatisierte, willentliche Tätigkeiten wie beispielsweise die tägliche Autofahrt zur Arbeitsstätte, die aufgrund ihrer Gewohnheitsmäßigkeit mit verminderter Aufmerksamkeit verrichtet werden. Ebenso wenig beweiserheblich für den Gegenstand des Unbewussten im psychoanalytischen Sinne ist die naturwissenschaftlich konstatierbare zeitliche Differenz zwischen der visuellen Wahrnehmung eines Gegenstandes und der gedanklichen Registrierung und »Verarbeitung« des Sinneseindrucks im Gehirn. Das Auge fasst keinen eigenständigen Gedanken, der inhaltlich die Beurteilung des wahrgenommenen Gegenstandes steuern würde. Insbesondere ist das Freud'sche Unterbewusste auch nicht zu verwechseln mit dem »interessierten Vergessen«. Eine derartige »Verdrängung« im Sinne der ab-

Für die Richtigkeit seiner Auffassung, »dass es unbewusstes Denken und unbewusstes Wollen gibt« (Freud 1980a: 47), beansprucht Freud über eine Reihe von Beweisen zu verfügen:

»Die Berechtigung, ein unbewusstes Seelisches anzunehmen und mit dieser Annahme wissenschaftlich zu arbeiten, wird uns von vielen Seiten bestritten. Wir können dagegen anführen, dass die Annahme des Unbewussten notwendig und legitim ist und dass wir für die Existenz des Unbewussten mehrfache Beweise besitzen.« (Freud 1975b: 125)

Wie es sich mit deren Beweiskraft verhält, soll im Folgenden überprüft werden.

Die Ableitung des Unbewussten aus einem Mangel des Bewusstseins

Die Existenz des Unbewussten ist laut Freud »notwendig, weil die Daten des Bewusstseins im hohen Grade lückenhaft sind; sowohl bei Gesunden als bei Kranken kommen häufig psychische Akte vor, welche zu ihrer Erklärung andere Akte voraussetzen, für die aber das Bewusstsein nicht zeugt. Solche Akte sind nicht nur die Fehlhandlungen und die Träume bei Gesunden, alles, was man psychische Symptome und Zwangserscheinungen heißt, bei Krankheit – unsere persönlichste tägliche Erfahrung macht uns mit Einfällen bekannt, deren Herkunft wir nicht kennen, und mit Denkresultaten, deren Ausarbeitung uns verborgen geblieben ist. Alle diese bewussten Akte blieben zusammenhanglos und unverständlich, wenn wir den Anspruch festhalten wollen, dass wir auch alles durch Bewusstsein erfahren müssen, was an seelischen Akten in uns vorgeht, und ordnen sich in einen aufzeigbaren Zusammenhang ein, wenn wir die erschlossenen unbewussten Akte interpolieren. Gewinn an Sinn und Zusammenhang ist aber ein voll berechtigtes Motiv, das uns über die unmittelbare Erfahrung hinausführen darf.« (ebd.: 125f.)

Die angestrebte Zerlegung des Denkens und Wollens in das verrückte Symptom und den verständigen Sinn, in dem allein die Ursache für die »*Störung*« zu sehen sei, eröffnet Freud mit der Behauptung, das Bewusstsein eines Menschen lasse sich deswegen nicht für sich allein erklären, weil das Denken »*zusammenhangslos*«, »*die Daten des Bewusstseins in hohem Grade lückenhaft*« seien. Die Argumentationsfüh-

---

sichtsvollen Verbannung unangenehmer Erfahrungen aus dem aktuellen Denken beinhaltet nämlich keine Transformation dieser Gedanken in unbewusste Denkakte, die dann ein Eigenleben entfalten und Einfluss auf den Inhalt des Denkens nehmen.

rung erfolgt hier nach demselben Muster wie bei der Ableitung eines durch den Seelenapparat vermittelten Determinationsverhältnisses zwischen Hirntätigkeit und Bewussteinsinhalten aus der angeblichen »Unbeschreibbarkeit« von Bewusstseinsakten. Auch hier wird dem Denken wieder eine haltlose Bestimmung in Gestalt seiner angeblichen »Lückenhaftigkeit« untergeschoben, die Freud die Handhabe verleihen soll, die frei erfundenen Lücken des Bewusstseins durch das Unbewusste, d.h. durch Trauminhalte, die sogenannten Freud'schen Fehlleistungen bzw. die psychoanalytischen Deutungen von psychischen Zwangserscheinungen stopfen zu dürfen. Doch warum sollte der Mensch eigentlich lückenlos, d.h. 24 Stunden am Tag, denken und seinem Hirn nicht einmal eine wohlverdiente Ruhepause gönnen? Warum sollte zwischen den einzelnen Denkakten eigentlich unbedingt ein (aufzeigbarer) Zusammenhang bestehen? Warum sollte man sich nicht über verschiedene Gegenstände gänzlich unverbundene oder auch allerlei widersprüchliche Gedanken machen können, die hinten und vorne nicht zusammenpassen? Freuds Drei-Instanzen-Lehre ist – wie bereits gezeigt – das beste Beispiel für die Existenz solcher Gedankenleistungen, die jeder Vorstellung von Logik und Schlüssigkeit geradezu Hohn sprechen. Und warum soll man eigentlich verrückten oder neurotischen Gedanken, deren immanente Logik in aller Regel durchaus nachvollziehbar ist, unbedingt einen höheren Sinn verleihen wollen, der sich nur dem Tiefenpsychologen erschließt, der seine Deutungen des Bewusstseins seiner Klientel als Ausdruckformen des Unbewussten in deren Seelenleben projiziert und sich die Berechtigung dafür durch die Fiktion einer »Lückenhaftigkeit« des Bewusstseins zu verschaffen sucht.

Abgesehen von der Ableitung der Existenz des unbewussten Denkens aus der angeblichen Lückenhaftigkeit des Bewusstseins ist auch die Kategorie des Unbewussten als solche in mehrfacher Hinsicht widersprüchlich. Da es nun einmal selbst nach Freud die Qualität des Bewusstseins ausmacht, dass ein Subjekt von den Objekten der Außenwelt weiß, sie fühlt oder über sie nachdenkt, ist ein »unbewusstes Bewusstsein« eine contradictio in adiecto. Ich soll fühlen, denken, vorstellen – ohne es zu merken. Doch was soll das für ein Gefühl sein, das nicht gefühlt, was soll das für ein Gedanke sein, der nicht gedacht wird? Im Übrigen ist die Zweiteilung des Seelenlebens in Bewusstsein und Unbewusstes eine tautologisch-negative Bestimmung. Ein Bereich – das Unbewusste – entbehrt der Eigenart, die dem anderen – dem Bewusstsein – zukommt.

Aufgrund dieser Verdoppelung des Bewusstseins in bewusste und unbewusste Akte, die konstruiert wurde, um die lebenslange Abhängigkeit des Willens vom ungewussten Wollen zu behaupten, sind weitere Ungereimtheiten vorprogrammiert. Überraschenderweise gibt es nämlich laut Freud gar keinen Unterschied hinsichtlich der Leistungen von Bewusstsein und Unbewusstem. Das Unbewusste ist und tut haargenau dasselbe wie das bewusste Denken, es stellt sich etwas vor, es will etwas und es trifft Entscheidungen, nur dass die Sache einmal bewusst und einmal unbewusst abläuft.

»Sie (unbewusste seelische Vorgänge, A.K.) können mit all den Kategorien beschrieben werden, die wir auf die bewussten Seelenakte anwenden, als Vorstellungen, Strebungen, Entschließungen u. dgl. Ja, von manchen dieser latenten Zustände müssen wir aussagen, sie unterscheiden sich von dem Bewussten eben nur durch den Wegfall des Bewusstseins.« (ebd.: 127)

Der Selbstwiderspruch der Konstruktion besteht darin, dass auf der Basis der Identität (der Leistungen) von Bewusstsein und Unbewussten jeder Grund für die gleichzeitige Existenz beider entfällt. Bei angenommener Existenz des Unbewussten wäre das Bewusstsein gänzlich überflüssig. Denn warum sollten die Menschen noch bewusst denken, wenn es ohnehin in ihnen schon unbewusst denkt und der unbewusste Wille ihnen die Entscheidung abnimmt, was sie denken und wollen sollen? Umgekehrt würde die Existenz des Bewussteins ein Unbewusstes erübrigen. Denn warum sollten sich Menschen mit Wille und Bewusstsein von ihrem Un- oder Unterbewusstsein kommandieren lassen, von dessen Befehlsgewalt sie überdies gar keine Kenntnis haben?

Und schließlich würde eben diese Eigenschaft des Unbewussten als dem Bewusstsein entzogene Instanz auch seine Entdeckung durch das Bewusstsein ausschließen und damit die Existenz der Freud'schen Lehre selber. Wenn die Qualität des Unbewussten nämlich gerade in seiner heimlichen Steuerung des Bewusstseins besteht, dann ist es dem Bewusstsein des Menschen verwehrt, das Wirken des Unbewussten wahrzunehmen, gleichgültig, ob es sich um den eigenen oder einen fremden Seelenhaushalt handelt. Von daher beinhaltet die Anwendung der Theorie des Unbewussten auf sich selbst bereits ihre Selbstwiderlegung. Oder sollte heimlich und unbewusst bei Freud dessen Unbewusstes selber die Feder geführt haben, als er seine Erkenntnisse über einen Gegenstand, den sein Bewusstsein eigentlich gar nicht kennen kann, zu Papier brachte?

Der aus der Doppelexistenz von Bewusstsein und Unbewusstem resultierende Widerspruch findet seine Fortsetzung in der Erklärung des Ursprunges des Unbewussten. Die Verdrängung, welche die verbotenen Regungen des ES in das Unbewusste abschiebt, soll nämlich nach Freuds bildhafter Vorstellung dergestalt erfolgen:

»Die roheste Vorstellung von diesen Systemen ist die für uns bequemste; es ist die räumliche. Wir setzen also das System des Unbewussten einem großen Vorraum gleich, in dem sich die seelischen Regungen wie Einzelwesen tummeln. An diesen Vorraum schließt sich ein zweiter, engerer, eine Art Salon, in welchem noch das Bewusstsein verweilt, (an). Aber an der Schwelle zwischen den beiden Räumlichkeiten waltet ein Wächter seines Amtes, der die einzelnen Seelenregungen mustert, zensuriert und sie nicht in den Salon einlässt, wenn sie sein Missfallen erregen. (...) Wenn sie sich im Vorraum bereits zur Schwelle (...) vorgedrängt haben und vom Wächter zurückgewiesen worden sind, dann sind sie bewusstseinsunfähig: wir heißen sie *verdrängt.*« (Freud 1980a: 293) Bei dieser Konstruktion stellt sich zwangsläufig die Frage, ob die Verdrängung durch den »Wächter« nun ein Werk des Bewussten oder des Unbewussten ist. Beide denkbaren Antwortvarianten sind mit unauflösbaren Widersprüchen verbunden. Wäre nämlich der Wächter ein Repräsentant des Unbewussten, hieße das, dass das Unbewusste, dessen Existenz ja erst noch erklärt werden sollte, bei seiner eigenen Entstehung mitwirkt. Eine seltsame Erklärung, in deren Rahmen das zu Erklärende und die Erklärung identisch sind, die Erklärung das zu Erklärende bereits voraussetzt. Bei Annahme der umgekehrten Prämisse, wonach die Ausschließung unerlaubter Seelenregungen aus dem Bewusstsein eine Leistung des Bewusstseins selber wäre, könnte es das vom Bewusstsein abgetrennte Eigenleben des Unbewussten aber gar nicht geben. Dann wüsste nämlich erstens das Bewusstsein von der Existenz seines Abspaltungsproduktes, und zweitens könnte das wissentliche Geschöpf des Bewusstseins nicht auch noch dem Bewusstsein ohne dessen Wissen seinen Inhalt vorgeben.

In solche Denkwidersprüche verwickelt man sich eben, wenn man unbedingt Wille und Bewusstsein deren Eigenständigkeit bestreiten und das Dogma der Abhängigkeit des Willens vom ungewussten Wollen unter Beweis stellen will.

Die Welt als Produkt verdrängter oder sublimierter sexueller Triebe

Ebenso willkürlich wie die Deduktion der Kategorie des Unbewussten ist die Bestimmung des Stoffes, aus dem das Unbewusste bestehen soll: aus einem Bündel verdrängter tabuisierter sexueller Triebregungen, denen die Entstehung neurotischer Störungen geschuldet sein soll. Recht erstaunlich mutet es an, was hier Freud alles unter dem Titel der frühkindlichen Sexualität den neuen Erdenbürgern als Motive unterstellt – vom Wunsch, mit der Mutter zu schlafen und den Vater als Nebenbuhler aus der Welt zu schaffen, über die sattsam bekannte Kastrationsangst bis hin zum Penisneid des Weibes – und für welche Phänomene er die verdrängten Triebregungen verantwortlich machen will.[23]

Hatte Freud seinen Erklärungsanspruch zunächst auf die Entstehung neurotischer Störungen beschränkt, so baut er seine Psychologie des Unbewussten später zu einer Weltanschauung aus, welche die Totalität aller menschlichen Zwecke und Werke als Ausdruck nicht bewältigter unbewusster Konflikte der sexuellen Entwicklung des Menschen ableitet. Was auch immer der Mensch so treiben möge, von Religion, Recht, Ethik und Staat über Kunst und Kultur, den Antisemitismus bis hin zum Geld – *die Gesamtheit* aller menschlichen Werke wird auf verdrängte oder sublimierte Sexualregungen zurückgeführt. Das heißt,

»dass Triebregungen, welche man nur als sexuelle im engeren wie im weiteren Sinn begreifen kann, eine ungemein große und bisher nie genug gewürdigte Rolle in der Verursachung der Nerven- und Geisteskrankheiten spielen. Ja noch mehr, dass dieselben sexuellen Regungen auch mit nicht zu unterschätzenden Beiträgen an den höchsten kulturellen, künstlerischen und sozialen Schöpfungen des Menschengeistes beteiligt sind«. (Freud 1980a: 48)

»Der Kastrationskomplex ist die tiefste Wurzel des Antisemitismus, denn schon in der Kinderstube hört der Knabe, dass dem Juden etwas

---

[23] Das Verhältnis zwischen der gänzlich unausgebildeten kindlichen Individualität und der ausgebildeten (a)moralischen Persönlichkeit des Erwachsenen wird durch die Konstruktion einer frühkindlichen Sexualität erfolgreich auf den Kopf gestellt. Am Beispiel des Sadismus: Diese sexuelle Perversion mit dem Inhalt, Lustgewinn daraus zu erzielen, dass man anderen Qualen zufügt, die das Resultat eines gedanklichen Entwicklungsprozesses, einer Reihe von verdrehten Schlüssen des Individuums bildet, wird hier als A-priori-Bedürfnis dem Kind in die triebstrukturelle Wiege gelegt. Und damit einem Wesen, dem es im Unterschied zum Erwachsenen weitestgehend an der Fähigkeit fehlt, Schlussfolgerungen zu ziehen, gedankliche Verknüpfungen herzustellen und derartige Übergänge zu vollziehen wie den zur negativen Moralität der sexuellen Perversion.

am Penis (...) abgeschnitten wird, und dies gibt ihm das Recht, den Juden zu verachten.« (Freud 1969a: 36, Fn. 2)

»Ebenso, dass eine der wichtigsten Äußerungen der umgebildeten Erotik aus dieser Quelle (der Analerotik, A.K.) in der Behandlung des Geldes vorliegt, welcher wertvolle Stoff im Laufe des Lebens das psychische Interesse an sich gezogen hat, das ursprünglich dem Kot, dem Produkt der Analzone gebührte.« (Freud 1969b: 188.)

Da mag sich der Mensch noch so sehr vorstellen, seine eigenen selbstgesetzten Zwecke zu verfolgen. Reine Einbildung: Ob er dem Gelderwerb nachgeht, ein Bild malt, eine Staatsverfassung konzipiert oder eine Abhandlung zur Kritik der Psychologie verfasst, letztendlicher Urheber aller seiner recht unterschiedlichen Aktivitäten ist nach Freud ein und dieselbe *Unterlassung*: die unterbliebene und auf Ersatzaktivitäten umgeleitete Verwirklichung seiner sexuellen Triebimpulse.[24]

Diese Bestimmung aller menschlichen Aktivitäten als Ersatzhandlung für unterdrückte (anal)erotische Begehren beinhaltet in zugespitzter Form die theoretische Willkür, welche die Freud'sche Theorie des Unbewussten kennzeichnet.

So basiert die »Rückführung« aller zweckbestimmten Taten des Menschen auf das eigentlich treibende Motiv der Befriedigung sexueller Triebregungen auf der Unterstellung der Libido als menschlicher Generalantriebskraft. Wenn der Mensch eigentlich immer nur sexuelle Befriedigung erstrebt, aber augenscheinlich ein ganzes Ensemble anderer Aktivitäten entwickelt, dann kann es sich definitionsgemäß bei diesen Aktivitäten nur um Ersatzhandlungen handeln. Schöner und grundsätzlicher und gegen jede sachliche Überprüfung immunisiert als

---

[24] Dieselbe Logik waltet unter umgekehrten politischen Vorzeichen bei Wilhelm Reichs Libidoökonomie, die bis zum heutigen Tage ihre Anhänger in Kreisen der verbliebenen »Spontis« der 68er-Generation hat. Im Rahmen seiner Charakteranalyse (1973: 255f.) gelingt es Reich, alle Phänomene des so genannten neurotischen Charakters von der »Autoritätssucht«, über die »Familitis«, die Kriminalität und »imperialistische Kriegsideologien« bis hin zum »Rassenhass« auf unbefriedigt gebliebene genitale Sexualität zurückzuführen. Dazu merkt Gröll (1991: 177) zutreffend an: »Zu solchem Blödsinn führt der völlige Verzicht auf die Erklärung von Gründen für das, was Subjekte tun, denken usw.«

Während der Konservative Freud die Unterdrückung der Sexualität für die notwendige Bedingung einer zivilisierten gesellschaftlichen Entwicklung erachtet, postuliert sein von ihm verstoßener Schüler Reich die von allen gesellschaftlichen Zwängen befreite Sexualität als Vorbedingung für eine soziale Revolution.

mittels dieser Logik der Ersatzhandlung lässt sich die Selbständigkeit von Wille und Bewusstsein gar nicht bestreiten.

Die Existenz der libidinösen Generaltriebkraft einmal unterstellt, fragt sich zunächst, warum aus einer Unterlassung überhaupt etwas folgen soll. Warum sollte man etwas anderes tun wollen, wenn der eigentliche Zweck nicht zu realisieren ist? Da müsste man schon neben und im Widerspruch zum libidinösen Generaltrieb ein generelles Kompensationsbedürfnis erfinden, das nach dem Motto verfährt: Wenn das eine nicht geht, was ich eigentlich und ausschließlich will, dann mach ich halt etwas anderes. Weiter stellt sich die Frage, wie dieser nur ein einziges Ziel kennende Trieb überhaupt auf etwas anderes umgesteuert werden kann, ja durch alle anderen Betätigungen ersetzbar ist, die rein gar nichts mit Sexualität zu tun haben. Da ist der Mensch immerzu und ausschließlich auf das eine gepolt und lässt sich zugleich auf eine ganze Welt von Ersatzhandlungen umlenken, sodass am Ende die Welt nur noch von Ersatzaktivitäten bevölkert ist.

Unter einem dem Leser bereits aus der Konstruktion der Verdrängung bekannten Selbstwiderspruch leidet auch die Erklärung der Funktionsmechanismen des Umlenkungsprozesses. Wer ist nämlich der Miturheber der Sublimation? Das Bewusstsein. Das heißt, derselbe bewusste Wille, der einerseits nur die abhängige Variable des Unbewussten sein soll, ist zugleich mit der sehr eigenständigen Regiefähigkeit begabt, die unbewussten Triebregungen je nach Bedarf zu unterdrücken, zu verdrängen oder im Interesse ihrer Sozialverträglichkeit in eine ganze Welt von Ersatzhandlungen umzusteuern. Womit sich die ganze Konstruktion in den Zirkel aufgelöst hätte, dass das Bewusstsein einerseits als Wirkung des Unbewussten existiert und andererseits zugleich als Kontroll- und Steuerungsinstanz über das Unbewusste fungiert, von dem es heimlich regiert wird.

Fragt sich abschließend nur noch, welchen libidinös-analen Triebregungen sich die Entstehung der Freud'schen Tiefenpsychologie verdankt. Oder sollte Freud seine eigene Theorie von deren Universalerklärungsanspruch ausnehmen wollen?

Weit davon entfernt, die immanenten Widersprüche der Freud'schen Theorie aufdecken zu können, gehen auch der Majorität der Vertreter der zeitgenössischen Psychologie die libidinöse Monokausalität und die sexuellen Abstrusitäten aus der tiefenpsychologischen Hinterwelt ein wenig zu weit. Bei der Beurteilung der allenthalben zu beobachtenden Distanzierung der Fachwelt von Freud, die sich schwerpunktmäßig an der Bezweifelung der Erklärungskraft des Ödipuskomplexes und des weiblichen Penisneides festmacht, ist freilich Vorsicht angesagt. Denn für die einen – wie namentlich die Vertreter der Kritischen Psychologie – gehen die einschlägigen Vorbehalte gegenüber der Betonung der frühkindlichen Sexualität mit der gleichzeitigen positiven Wertschätzung der tiefenpsychologischen Zentralkategorien wie dem Unbewussten, der Verdrängung, Abwehr, Projektion und Identifikation etc. einher. So wird im Rahmen der subjektwissenschaftlichen Reinterpretation psychoanalytischer Theorien das Freud'sche Spannungsverhältnis zwischen den unbewussten irrationalen Impulsen des ES und den verinnerlichten Normen und Schuldgefühlen des ÜBERICH durch einen inneren Konflikt ersetzt, der sein Material statt aus frühkindlichen Entwicklungsstörungen aus den gegenwärtigen Konflikten bezieht, denen der Mensch in der realen Welt von heute ausgesetzt ist. (Holzkamp 1995: 26ff., Osterkamp 1993)

Für die anderen bildet die Kritik am metapsychologisch-spekulativen Charakter der Freud'schen Theorie die willkommene Gelegenheit, ihren behavioristischen, entwicklungspsychologisch oder sonst wie gearteten Determinismus innerhalb der Konkurrenz der psychologischen Richtungen als theoretische Alternative zu propagieren.

Der Traum als Sitz des Unbewussten

ist ein Werk des vorausgesetzten theoretischen Konstruktes der Aufspaltung des Willens in bewusste und unbewusste Willensakte, welche das Verhältnis von Traum und Wachzustand auf den Kopf stellt: Dort, wo der Mensch zweckgerichtet handelt, wird die Existenz von Wille und Bewusstsein bestritten und sein Handeln auf dahinterliegende unbewusste Motive zurückgeführt. Umgekehrt soll dort, wo das zielorientierte Denken ausgeschaltet ist, der eigentliche Wille am Werk sein.

Während im wachen Zustand die Wahrnehmung der Realität durch den Willen, sie zu erkennen und auf dieser Grundlage zweckbestimmt zu handeln, systematisiert wird, ist der Traum umgekehrt die Abwesenheit des Willens, die Dinge in einen Zusammenhang zu bringen, sie sich im Wege des Denkens anzueignen. Deshalb sind die Vorstellungen im Traum ein chaotisches Neben- und Nacheinander: Die bestimmte Art des zweckgerichteten Umgangs mit den Gegenständen findet im Traum nicht statt. Was sich dort abspielt, ist eine willkürlich-zufällige Mixtur der Beziehung auf die vorgestellten Gegenstände, von Assoziationen, Ängsten, Erinnerungen, Wünschen, (Wunsch)vorstellungen etc.

Ausgerechnet dort, wo im Schlaf der Wille des Menschen zum logischen Verknüpfen nicht mehr wach ist, nur noch Restfunktionen des Verstandes tätig sind, beginnt für die Psychoanalyse die genuine Leistung des unbewussten Willens. Die Psychoanalyse erblickt gerade in dieser Sorte willkürlich-zufälliger »Verknüpfungen« eine bestimmte symbolische Systematik, die Aufschluss darüber geben soll, was Individuen in ihrem Handeln »eigentlich« wollen. Das ist das weite Feld der Traumdeutung. Weil das Denken der Menschen als selbständiges bestritten wird, ist der Traum für die Psychoanalyse von zentraler Bedeutung. Nicht die Rationalität der willentlichen Leistung, sondern die Irrationalität des Traumes, der die bewussten Zusammenhänge verzerrt, zusammenhanglos und unabsichtlich wiedergibt, weil der wache Verstand sie nicht zusammenfügt, ist der Ort des eigentlichen unbewussten Willens und damit zugleich ein Ausgangspunkt für die Therapierung des Willens per Bewusstwerdung des verdrängten Unbewussten.

Die gewöhnlich aus dem Reich der Träume präsentierten empirischen Belege für die Existenz des Unbewussten streiten bei Licht betrachtet für das glatte Gegenteil. Der Wunschtraum etwa eignet sich kaum als Beweismaterial für den unbewussten »eigentlichen« Willen. So ist die von den Comedian Harmonists besungene »Frau, die mir im Träume erscheint«, entweder Abbild dessen, was ich bereits im wachen Zustand begehre, oder zufällige Verknüpfung von Gegenstand und Wunsch. Und bei der Rückerinnerung an das Geträumte im Wachzustand würde es manchem nicht im Traume einfallen, den Trauminhalt wahr machen zu wollen, weil bei Tageslicht betrachtet die im Traum begehrte Frau überhaupt nicht mehr begehrenswert erscheint.

Der im Traum gefundene Stein des Weisen wird nicht etwa wegen, sondern trotz des Traumzustandes gefunden. Was hier stattfindet, ist die Fortsetzung des Denkens im Traum als Folge der Intensität der Beschäftigung mit einem Problem im wachen Zustand. Im Traume verfolge ich weiterhin den Gedanken, der mich bereits am Tage beschäftigte, wovon auch die Redeweise, wonach »der Gedanke mich sogar im Traum verfolgt«, Zeugnis ablegt. Die angeführten Belege aus der Welt der Träume beweisen also gerade nicht die Existenz eines dem Bewusstsein entzogenen unbewussten Willens, sondern umgekehrt die Alleinexistenz des bewussten Denkens und Wollens.

Der Freud'sche Versprecher

besitzt einen ähnlich negativen Beweiswert für die Existenz des Unbewussten. Hierbei handelt es sich um eine typische Fehlleistung des Verstandes des »moralischen bürgerlichen Subjektes«,[25] beruhend auf dem Spannungsverhältnis zwischen zwei gleichzeitig existierenden Willensinhalten. Das moralische Subjekt hat sich einerseits die angesagten gesellschaftlichen Wertmaßstäbe angeeignet und weiß darum, was sich nicht gehört und was man auf keinen Fall öffentlich von sich geben darf, beispielsweise ausländerfeindliche Sprüche.

Derselbe Mensch, der den gesellschaftlichen Anforderungen entsprechen will, ist aber zugleich nach wie vor im tiefsten Inneren seines Bewusstseins von der Wahrheit seiner diesbezüglichen ungehörigen (ausländerfeindlichen) Auffassungen überzeugt. Wenn ihm dann einmal bei unpassender Gelegenheit eine ausländerfeindliche Äußerung »herausrutscht«, dann macht sich nicht sein Unbewusstes geltend, sondern sein real existierendes bewusstes Urteil, das in Kollision gerät mit dem zugleich gefassten opportunistischen Zweck, seine äußere Handlungsweise mit den vorgegebenen, aber von ihm gar nicht geteilten gesellschaftlichen Anforderungen an die political correctness in Übereinstimmung zu bringen. Was hier also versagt, ist nicht die Kontrolle des ICH über ein ihm unbekanntes geheimes ES, das plötzlich und aus heiterem Himmel in die Wirklichkeit des Bewusstseins tritt, sondern die willentliche Kontrolle bezüglich des eigenen, gesellschaftlich verpönten Bewusstseinsinhaltes.

3. Die ideologischen Leistungen der Freud'schen Seelenlehre

Radikale Leugnung der gesellschaftlichen Schranken des Willens

Die ideologische Leistung der Freud'schen Seelenlehre besteht zunächst in der radikalen Leugnung der realen Schranken, denen die Menschen in der bürgerlichen Gesellschaft unterliegen. Die Verankerung der Normen und Werte der Gesellschaft im Seelenhaushalt, noch bevor der Mensch überhaupt Gelegenheit erhält, sich die Anforderungen der elterlichen und staatlichen Gewalt in Form eines Gewissens zu vergegenwärtigen und gute Gründe für seine Unterwerfung unter die gesellschaftlich gültigen Maßstäbe zu finden und zu akzeptieren, setzt linke

[25] Zur Funktionslogik desselben vgl. die gleichnamige Schrift von Gröll 1991.

Kritiker ein wenig ins Unrecht, die der Freud'schen Theorie eine unzureichende Berücksichtigung gesellschaftlicher Umstände vorwerfen. Es verhält sich genau umgekehrt. Mit der anthropologischen Verankerung der Anforderungen der (bürgerlichen) Realität in der Psyche ist nämlich deren Geltung prinzipiell außer Frage gestellt und jeder kritischen Befassung entzogen. Die Probleme, die der Mensch hat, weil er bei der Verfolgung seiner Interessen in der bürgerlichen Gesellschaft andauernd auf politökonomisch gesetzte Schranken stößt, welche ihm Verzicht und Selbstbeherrschung aufnötigen, sind damit in Probleme verwandelt, die der Mensch mit sich selber hat. Alle Probleme des Menschen mit der Welt sind erfolgreich auf psychische Funktionsstörungen zurückgeführt, die darin bestehen, dass das Verhältnis von ES, ICH und ÜBERICH gestört, das ICH zu schwach oder das ÜBERICH zu stark ausgeprägt ist und was es sonst noch an Beeinträchtigungen der seelischen Stabilität geben soll.

Wer sich diesen Schuh anzieht, ist dann sein ganzes Leben damit beschäftigt, statt die Welt am Maßstab seiner Interessen und Bedürfnisse zu messen und gegebenenfalls an der Aufhebung der gesellschaftlichen Beschränkungen zu arbeiten, die ihm das Leben schwer machen, sein inneres seelisches Gleichgewicht und damit zugleich die Übereinstimmung zwischen sich und der Welt (wieder-)herzustellen. Mit diesem Identitätsprogramm, das auf der Verlegung aller sozialen Gegensätze in die Psyche des Menschen beruht, alle Unzufriedenheit mit der Welt auf ein falsches Verhältnis des Menschen zu sich selbst zurückführt, ist Freud der Pionier der modernen Psychologie überhaupt, insbesondere ihrer praktischen psychotherapeutischen Abteilungen (mehr dazu in Kapitel 6).

Eine triebökonomische Neuauflage von Hobbes' Staatsableitung

Die gesellschaftsnützliche Leistung des psychoanalytischen Denkens reduziert sich jedoch keineswegs darauf, die realen gesellschaftlichen Schranken der Bedürfnisbefriedigung theoretisch um die Ecke zu bringen und die Menschheit Mores in Sachen Bedürfnisverzicht zu lehren. Vielmehr werden zugleich alle Einrichtungen der Gesellschaft, zuvörderst der Staat, als eine einzige Dienstleistung am Menschen legitimiert, dessen triebhafte Menschennatur mit ihren unbescheidenen und zerstörerischen Bedürfnissen in den Griff zu bekommen. Dieselben gesellschaftlichen Institutionen, die Freud zufolge ihre Existenz den (sublimierten) Triebregungen verdanken: der Nationalstaat, die (kapitalistische) Erwerbsarbeit,[26] sogar der Krieg erfahren im Lichte ihrer triebdomestizierenden Leistungen ihre generelle Heiligsprechung. Denn was würde wohl aus der Welt, wenn die »angeborene Neigung des Menschen zum ›Bösen‹, zur Aggression, Destruktion und damit auch zu Grausamkeit« (Freud 1974b: 248) nicht von der unwiderstehlichen Gewalt eines Leviathan bzw. von dessen im ÜBERICH verinnerlichten Anforderungen unterdrückt oder zumindest in gemeinschaftsverträgliche Bahnen gelenkt würde? Ausbeutung, Vergewaltigung, Raub und Mord würden die gewalttätige Realität der Gesellschaft bestimmen: »Homo homini lupus; wer hat nach allen Erfahrungen des Lebens und der Geschichte den Mut, diesen Satz zu bestreiten.« (Freud 1974b: 240) Denn ohne staatliche Bändigung seines Aggressionstriebes wäre der Mensch ja geneigt, seines Mitmenschen »Arbeitskraft ohne Entschädigung auszunützen, ihn ohne seine Einwilligung sexuell zu gebrauchen, sich in den Besitz seiner Habe zu setzen, ihn zu demütigen, ihm Schmerzen zuzufügen, zu martern und zu töten.« (ebd.) Und da hilft nur eines: die Existenz eines »Oberwolfes« namens Staat, der kraft seiner unwiderstehlichen überlegenen Gewalt zum Wohle aller die wölfische Menschennatur domestiziert. Dementsprechend erblickt Freud in der gefühlsmäßigen Identifikation der Untertanen mit der Staatsgewalt, mit seinen Worten gesprochen in den »Gefühlsbindungen« oder »Gemeinschaftsgefühlen«, die sich aus oder bei der Anerkennung der nationalen Interessengemeinschaft bildeten, das zentrale Instrument der Befriedung der aggressiven Raubtiernatur des Menschen:

[26] Eine ähnlich fragwürdige triebökonomische Würdigung wie die Staatsgewalt erfährt »die gemeine, jedermann zugängliche Berufsarbeit«. Denn »keine andere Technik der Lebensführung bindet den Einzelnen so fest an die Realität als die Betonung der Arbeit, die ihn wenigstens in ein Stück der Realität, in die menschliche Gemeinschaft sicher einfügt. Die Möglichkeit, ein starkes Ausmaß libidinöser Komponenten, narzisstische, aggressive und selbst erotische, auf die Berufsarbeit und auf die mit ihr verknüpften menschlichen Beziehungen zu verschieben, leiht ihr einen Wert, der hinter ihrer Unerlässlichkeit zur Behauptung und Rechtfertigung der Existenz in der Gesellschaft nicht zurücksteht«. (Freud 1974b: 211, Fn. 1) Sodass der in kapitalistischen Staaten über die Garantie des Eigentums, d.h. über den Ausschluss der Bevölkerungsmehrheit von den sachlichen Voraussetzungen und Resultaten der Reichtumsproduktion aufgeherrschte Zwang, sich um die Mehrung fremden Eigentums dienstbar machen zu müssen, nicht so sehr eine Dienstleistung an den Wirtschaftsunternehmen und dem staatlichen Garanten dieser Wirtschaftsordnung darstellt als vielmehr eine segensreiche Maßnahme erfolgreicher Triebregulierung. Da freut sich auch der moderne Pädagoge, der Arbeit und die Einübung von Arbeitsdisziplin schon immer für ein probates Erziehungsmittel gehalten hatte.

»Die Gemeinschaft muss permanent erhalten werden, sich organisieren, Vorschriften machen, die den gefürchteten Auflehnungen vorbeugen, Organe bestimmen, die über die Einhaltung der Vorschriften – Gesetze – wachen und die Ausführung der rechtmäßigen Gewaltakte besorgen. In der Anerkennung einer solchen Interessengemeinschaft stellen sich unter den Mitgliedern einer geeinigten Menschengruppe Gefühlsbindungen her, Gemeinschaftsgefühle, in denen ihre eigentliche Stärke beruht.

Damit, denke ich, ist alles Wesentliche bereits gegeben: die Überwindung der Gewalt durch Übertragung der Macht an eine größere Einheit, die durch Gefühlsbindungen ihrer Mitglieder zusammengehalten wird.« (Freud 1974c: 277)

Die psychologische Staatsableitung aus der Wolfsnatur des Menschen ist freilich – wie teilweise im Nachvollzug der Kategorien der Drei-Instanzenlehre bereits aufgezeigt – mit denselben Widersprüchen behaftet wie ihre politologische Vorlage bei Thomas Hobbes.

Erstens wäre zu fragen, wie auf der Grundlage der angenommenen Raubtiernatur des Menschen, der nichts kennt, als seinen Mitmenschen Böses zu wollen, die Bereitschaft entstehen sollte, sich selbst mittels der Schaffung einer überlegenen Gewalt domestizieren zu wollen? Freudianisch gesprochen: Wie sollte das rein triebhafte ES in der Lage sein, als sein eigenes Werk Kräfte hervorzubringen, die seinem angeborenen Raub- und Morddrang Einhalt gebieten?

Zweitens: Gesetzt den Fall, dass der Mensch schon die Einsicht in die Schädlichkeit seiner aggressiven Neigungen besitzen sollte, läge es da nicht näher, diese Neigungen gleich ad acta zu legen, statt dieselben durch die patriotische Identifikation mit der höheren Autorität der nationalen Interessengemeinschaft zu unterdrücken?

Drittens könnte die offenkundige Tatsache, dass mit der Kodifizierung eines Strafgesetzbuches Mord und Totschlag, Diebstahl und Vergewaltigung keineswegs von der gesellschaftlichen Tagesordnung verschwunden sind, sondern die allseits bekannten regelmäßigen Begleiterscheinungen der durch den Staat gesicherten friedlichen Zivilisation bilden, gewisse Zweifel an der Bestimmung des Staates als Verhinderungsmacht gewaltsam ausgetragener naturgegebener Gegensätze zwischen den Menschen stiften.

Der staatliche Oberwolf im triebdomestizierenden Schafspelz

Eine nähere Beschäftigung mit der gesellschaftlichen Natur dieser Konflikte würde vielmehr umgekehrt ans Licht bringen, dass die von Freud der Menschennatur zugeschriebenen, sich in Diebstahl und Mord, Vergewaltigung etc. betätigenden gesellschaftlichen Gegensätze von der Staatsgewalt selbst mit der Gewährleistung des Eigentums, der Lohnarbeit, der Familie, der Schule etc. erst in die Welt gesetzt worden sind. Denn ohne die staatliche Garantie der exklusiven privaten Verfügung über den gesellschaftlichen Reichtum, das heißt ohne die mittels der Staatsgewalt aufgeherrschte Trennung von eigentümlicher Verfügung und bedürfnisgerechter Nutzung, ohne den staatlichen Schutz des Geldes als Form des bürgerlichen Reichtums und damit Bedingung und Zielpunkt aller ökonomischen Aktivitäten des Bürgers, gäbe es keine Vermögens- und Eigentumskriminalität.[27] Warum auch sollte man seinen Mitmenschen berauben wollen, wenn man über alle Lebensgüter verfügt, derer man bedarf?

Beinhaltet diese rhetorische Frage aber nicht eine gänzlich unhaltbare Prämisse: Kann eine Gesellschaft wie die unsrige alles produzieren, was ihre Mitglieder benötigen? Der durch die Ideologien der Volkswirtschaftslehre verbildete bürgerliche Verstand jedenfalls sagt »unmöglich« und bringt an dieser Stelle in schöner Regelmäßigkeit als Gegenargument das Dogma der prinzipiellen Güterknappheit ins Spiel. Danach soll das Wirtschaften schlechthin und damit auch die kapitalistische Wirtschaftsweise durch das unlösbare Knappheitsproblem gekennzeichnet sein. Wegen des prinzipiell unaufhebbaren Widerspruches zwischen der Knappheit der Güter und der Unersättlichkeit der menschlichen Bedürfnisse sei deshalb ein gesellschaftlicher Zustand, in dem jeder über alles verfügt, was er benötigt, eine gänzlich irreale Vorstellung. Auf der Grundlage des fortwährenden, durch alle produktiven Anstrengungen nicht zu behebenden Mangels sei vielmehr eine rationale Verteilung und Verwaltung des notorischen Mangelzustandes knapper Ressourcen und Gebrauchsgüter angezeigt, welche gerade durch den Markt bzw. das staatliche Rechtsinstitut des Privateigentums geleistet werde. Das Eigentum ist demnach eine rationelle Form der Verwaltung ewiger Güterknappheit und der Staat wirkt als friedensstiftender Regulator der aus der Knappheit erwachsenden gesellschaftlichen Gegensätze.

---

[27] Zum Verhältnis von Staat, Recht und kapitalistischer Wirtschaftsordnung, das hier nur angerissen werden konnte, vgl. grundlegend: Krölls 2009.

Bei näherer Betrachtung handelt es sich um eine durch und durch ideologische Bestimmung. Die Basis-Behauptung eines den Kapitalismus kennzeichnenden naturwüchsigen quantitativen Missverhältnisses zwischen den Bedürfnissen der Bürger und den zu ihrer Befriedigung zur Verfügung stehenden stofflichen Mitteln entbehrt nämlich jeder sachlichen Grundlage. In einer Gesellschaft, welche ihren Charakter als *Reichtums*produktion in den mit allen Gegenständen des Bedürfnisses reichlich ausgestatteten Warenhäusern, mit »Nahrungsmittelbergen« und anderen unverkäuflichen Warenbergen unter Beweis stellt, in einer Gesellschaft, die systematisch ihre produktiven Kapazitäten zur Herstellung von Gebrauchsgütern erweitert, die mit immer weniger Einsatz von Arbeit immer größere Mengen von stofflichem Reichtum produziert und sich zudem einen gewaltigen Staatsapparat leistet, in einer solchen »Überflussgesellschaft« von »Güterknappheit« als Wesensmerkmal zu sprechen, offenbart ein erstaunliches Maß an Wirklichkeitsfremdheit. Angesichts der real existierenden Güterfülle widerlegt sich das Dogma der prinzipiellen Güterknappheit unmittelbar an der praktischen Überprüfung, welche Güter in welchem Umfange, in dem sie zur Befriedigung von Bedürfnissen benötigt werden, nicht zur Verfügung stehen. Der praktische Vergleich zwischen den real vorhandenen Konsum- und Produktionsgütern und den Bedürfnissen der Gesellschaftsmitglieder verweist vielmehr auf die in der kapitalistischen Gesellschaft wirklich existierende Knappheit: den durch die Knappheit des Geldes in den Händen der abhängig Beschäftigten exekutierten Ausschluss von den Gegenständen des Bedürfnisses, also eine »Knappheit«, die weder einer Eigenschaft der Güter noch einem allgemeinen Dilemma des Wirtschaftens geschuldet ist, sondern sich als Resultat des staatlich sanktionierten Prinzips der privaten Verfügung über den gesellschaftlichen Produktionsprozess darstellt. Wobei wir wieder bei der Ausgangsthese des staatlich garantierten Privateigentums als Ursache der Interessengegensätze angelangt wären, mit denen Raub und Totschlag auf die Agenda der Gesellschaft gesetzt sind. Wäre nämlich die Bevölkerungsmehrheit nicht kraft staatlicher Gewalt vom gesellschaftlichen Reichtum ausgeschlossen, würde nicht nur eine Minorität von Produktionsmittelbesitzern zum Zwecke der Vermehrung ihres Reichtums, sondern würde die Gesamtheit der Gesellschaftsmitglieder gemäß ihren Bedürfnissen über den gesellschaftlichen Reichtumsgewinnungsprozess und damit auch über die nützlichen Lebensgüter verfügen, dann würde glatt der Literaturgattung des Kriminalromans der

Stoff für ihre spannend-blutigen Balladen ausgehen. Denn einen generellen technisch-sachlichen Mangel an Gebrauchsgütern, aus dem – bis zu Gewalttätigkeiten ausartende – Gegensätze zwischen den Bürgern entspringen könnten, welche die staatliche Ordnungsmacht mittels ihrer überlegenen Gewalt zu regulieren hätte, gibt es im Kapitalismus aus den ausführlich dargelegten Gründen nun wahrlich nicht.[28]

Und wie das staatliche Rechtsinstitut des Eigentums den Diebstahl nicht verhindert, sondern die Gründe für ihn erst hervorbringt, verhält es sich auch mit den mit der bürgerlichen Familie verbundenen Erscheinungsformen privater Gewalttätigkeit. Die mitunter recht unfriedlichen Verkehrsformen des bürgerlichen Familienlebens verweisen nämlich darauf, dass in den Funktionen, die der staatliche Schutzherr dieser Einrichtung zugewiesen hat, und den Bedingungen ihrer Erfüllung nachhaltige Motive für derartige Taten hausen. Die staatliche Benutzung der Gefühlsbindung zwischen den Geschlechtern für die Installierung einer lebenslangen ehelichen Pflichtengemeinschaft auf der Grundlage der Lohnarbeiterarmut, die neben der wechselseitigen Versorgung die ehrenvolle Aufgabe der Aufzucht und Erziehung des staatsbürgerlichen Nachwuchses beinhaltet, birgt nämlich so einigen Zünd- oder Konfliktstoff für den Ausbruch familiärer Gewalt – angefangen vom ewigen Streit um die Verwendung des immer zu knappen Haushaltsgeldes bis hin zur Auseinandersetzung um die ordnungsgemäße Erfüllung der sonstigen ehelichen Pflichten, die nicht selten im Wege der eigenständigen gewaltsamen Vollstreckung der von staatswegen verliehenen diesbezüglichen Rechte entschieden wird. Die vom Staat zur eigenen Entlastung den Eltern überantwortete Gewalt gegenüber dem Nachwuchs eröffnet darüber hinaus die den Zwecken des staatlichen Lizenzgebers zuwiderlaufende Möglichkeit der Nicht- oder Schlechterfüllung der elterlichen (Erziehungs)pflichten bzw. des nachhaltigen Missbrauchs der verliehenen Befugnisse, die ihren Niederschlag in den Arbeitsnachweisen der Jugendämter und der Organe der Strafjustiz finden.

---

[28] Ebenso fiktiv ist die andere Seite des angeblichen Spannungsverhältnisses in Gestalt der »unersättlichen Bedürfnisse«. Denn jedes Bedürfnis hat seinen Inhalt und sein Maß. Zur Bebilderung des Menschen als Gierschlund muss man schon die Vorstellung bemühen, der Mensch sei ein Fass ohne Boden und würde ungeachtet, ob es ihm schmeckt oder nicht, bei freier Verfügung über das Gebrauchsgut Bier hektoliterweise den Gerstensaft in sich hineinschütten. Doch spätestens beim 26. Glas ist auch für den notorischen Trinker mal Schluss. Was bürgerlichen Ökonomen nicht alles einfällt, um den Zwang zur Einschränkung als Konsequenz der Natur menschlicher Bedürfnisse auszugeben.

Weiter: Ohne die systematische Durchsetzung des vom Staat der Schule vorgegebenen Zweckes namens Selektion wären auch Vorkommnisse wie der Fall »Erfurt« kaum denkbar. Und der von Freud zitierte Versuch, Arbeiter um ihren Lohn zu bringen, setzt immer noch die Existenz eines gesellschaftlichen Verhältnisses gegensätzlicher Interessen von »Ausbeutern« und »Ausgebeuteten« voraus, das weder vom Himmel herabgefallen ist noch ohne die tatkräftige Garantie der Staatsmacht auch nur eine einzige Minute Bestand haben könnte.

Zur Destruktion der zivilisatorischen Rolle staatlich-gesellschaftlicher Einrichtungen als Verhinderungs- und Kontrollmacht der Gewaltanwendung unter den ihrer Natur nach gewaltbereiten Menschen möge dieser Kurzdurchgang durch die einschlägigen Institutionen der bürgerlichen Gesellschaft ausreichen. Damit ist hinreichend unter Beweis gestellt, dass dieselben Instanzen, denen von Freud die Qualität der Gewaltverhinderung zugesprochen wird, selber maßgeblich an der Entstehung all der Konflikte beteiligt sind, die sie ihrer nachträglichen herrschaftlichen Regulierung unterwerfen.

Die triebökonomische Legitimation des Krieges

Zu würdigen ist abschließend noch die triebökonomische Spitzenleistung Freuds in Sachen Staatslegitimation. Sein im Namen einer rationalen Triebregulierung gesungenes allgemeines Loblied auf die guten Werke von Staat und Gesellschaft als Verhinderungsinstanz der Ausbrüche der aggressiven Menschennatur macht nämlich selbst vor der systematischen Ausländerfeindlichkeit nicht halt, die im Rahmen der Vorbereitung und Führung kriegerischer Auseinandersetzungen von den beteiligten Staaten organisiert wird. Auch wenn es ihm schwerfällt, möchte Freud dem Krieg als Vater aller Dinge eine zumindest bedingte Eignung als Gewaltverhinderungsprogramm nicht absprechen:

»So paradox es klingt, man muss doch zugestehen, der Krieg wäre kein ungeeignetes Mittel zur Herstellung des ersehnten ›ewigen‹ Friedens, weil er imstande ist, jene großen Einheiten zu schaffen, innerhalb deren eine starke Zentralgewalt weitere Kriege unmöglich macht. Aber er taugt doch nicht dazu, denn die Erfolge der Eroberung sind in der Regel nicht dauerhaft.« (Freud 1974c: 279)

Die triebökonomisch-gesundheitsdienlichen Leistungen, die Freud dem Kriege zuspricht, lassen die gewalttätige Sache des Krieges jedoch gleich in einem versöhnlicheren Licht erscheinen. Diese »wohltuend-triebentlastende« und damit letztlich gemeinschaftsförderlich-sozialintegrative Funktion von Kriegen hatte Freud 1932 in einem an Albert Einstein unter dem Titel »Warum Krieg?« gerichteten Brief wie folgt beschrieben:

»Der Todestrieb wird zum Destruktionstrieb, indem er mit Hilfe besonderer Organe nach außen, gegen die Objekte, gewendet wird. Das Lebewesen bewahrt sozusagen sein eigenes Leben dadurch, dass es fremdes zerstört. Ein Anteil des Todestriebes verbleibt aber im Innern des Lebewesens tätig (...). Wir haben sogar die Ketzerei begangen, die Entstehung unseres Gewissens durch eine solche Wendung der Aggression nach innen zu erklären. Sie merken, (...) (e)s ist direkt ungesund, während die Wendung dieser Triebkräfte zur Destruktion in der Außenwelt das Lebewesen entlastet, wohltuend wirken muss.« (Freud 1974c: 282)[29]

Die aggressionstheoretische Ableitung des Krieges aus der gewalttätigen Menschennatur liefert die diesbezügliche apologetische Spitzenleistung der Konstruktion eines idealen Entsprechungsverhältnisses zwischen Mensch und Gesellschaft, mittels derer die Beziehung zwischen konkurrierenden Nationalstaaten und ihrer Bevölkerung als Material gewalttätiger staatlicher Interessenauseinandersetzungen erfolgreich auf den Kopf gestellt wird. Gemäß dieser Sichtweise sind es nicht die Staaten, die im nationalen Ernstfall aufgrund der von ihnen in die Welt gesetzten Kriegsgründe ihre von ihnen bewaffneten und zuvor erfolgreich mit den entsprechenden Feindbildern versorgten Bürger aufeinander loslassen. Sondern in der Betätigung dieser staatlich angeordneten Form militanter Ausländerfeindlichkeit findet der Bürger eine willkommene Gelegenheit, seinen natürlichen Hang zur Gewaltausübung praktisch zu betätigen.[30]

---

[29] Vgl. auch die folgende ergänzende Passage: »Dass die menschlichen Großindividuen, die Völker und Staaten, die sittlichen Beschränkungen gegeneinander fallen lassen, wurde ihnen (den Soldaten) zur begreiflichen Anregung, sich für eine Weile dem bestehenden Drucke der Kultur zu entziehen und ihren zurückgehaltenen Trieben vorübergehend Befriedigung zu gönnen. Dabei geschah ihrer relativen Sittlichkeit innerhalb ihres Volkstumes wahrscheinlich kein Abbruch.« (Freud 1974a: 44f.) Man mag von der pazifistischen Kriegskritik von Sigmund Freud halten, was man will. Seine Einwände gegen den Krieg können jedenfalls nicht aus seiner psychoanalytischen Theorie stammen. Diese trieft angesichts der dem Krieg attestierten triebökonomischen Leistungen geradezu von Verständnis für staatliche Schlachtfelder.

[30] Derselben affirmativen Logik der Deduktion des Krieges aus der negativen Menschennatur, diesmal der spezifischen Menschennatur von Politikern, gehorcht die zeitgenössische, von progressiven Psychologen entwickelte Erklärungsvariante, die der Öffentlichkeit wieder einmal anlässlich des zweiten Krieges der USA gegen den Irak

Da nach Freud der Grund des Krieges im Aggressionstrieb liegt und ein gewisses Maß an Abfuhr aggressiver Triebenergie geradezu förderlich für das seelische Wohlbefinden ist, weil anderenfalls sich zuviel krankmachende Aggression nach innen gegen das eigene Ich wendet, kann aus triebökonomischen Gründen gegen eine derartige Ablenkung des Aggressionstriebes auf den äußeren Feind nichts eingewendet werden. Jedenfalls solange nicht, wie noch keine weltweite Zentralgewalt existiert, auf die sich dann das natürliche Gemeinschaftsgefühl der Menschen beziehen kann. So lautet die von Gröll (1991: 167) mit trefflicher Ironie nachgezeichnete triebökonomische Laudatio des Krieges durch Freud.

Weit davon entfernt, durch staatlich produzierte Leichenberge an seiner Bestimmung des Nationalstaates als humanitär-kultureller Dompteur der unfriedlichen Menschennatur irre zu werden, gelingt es also Freud, seinen irreversibel guten Glauben an die friedensstiftende Potenz des Nationalstaates durch die Berufung auf den triebökonomischen Nutzen des Krieges für den Seelenhaushalt der Untertanen zu bewahren.

Und zumindest eine gewisse Originalität ist dieser Version der Verhimmelung des Staates als fürsorglicher psychohygienischer Dienstleister am Menschen nicht abzusprechen. Während der staatliche Kriegsherr und dessen politologische Ideologieproduzenten die souveräne Benutzung von Leib, Leben sowie Hab und Gut der Bürger vonseiten der Staatsgewalt zur Durchsetzung staatlicher Kriegszwecke gemeinhin als Maßnahme zum Schutze seiner Bürger vor der Gewalt des auswärtigen Staates auszugeben pflegen,[31] erfindet die Tiefenpsychologie ein

---

dargeboten wurde, so bspw. Richter 2003. Wer einen maßgeblichen Grund für die amerikanische Weltordnungspolitik in der psychopathologischen Verfassung des damaligen US-Präsidenten G.W. Bush, in dessen Minderwertigkeitskomplexen, Machtbesessenheit oder Verfolgungswahn erblicken will, stellt der Politik selber und deren Anliegen indirekt einen Freispruch erster Klasse aus. Mit der Ableitung des Inhaltes der Politik aus der negativen Subjektivität der Staatsrepräsentanten erhält die real existierende Politik den Charakter der Abweichung von den eigentlichen, auf Kriegsverhinderung gerichteten Zwecken der politischen Macht. An den Zwecken der demokratischen Herrschaft kann es jedenfalls niemals liegen, dass zur weltweiten Präventiv-Verteidigung des Regimes von freedom und democracy Kriege gegen sogenannte Schurkenstaaten auf die politische Agenda gesetzt werden.

[31] Diese Basisideologie des Krieges hat ihre Widerlegung bereits durch Hegel (1976: § 324) erfahren: »Diese Bestimmung, mit welcher das Interesse und das Recht der Einzelnen als ein verschwindendes Moment gesetzt ist, ist zugleich *das Positive,* nämlich ihrer nicht zufälligen und veränderlichen, sondern *an und für sich seienden* Individua-

Dienstverhältnis spezifisch triebökonomischer Art, das im Kriege seine Betätigung erfährt.

Einmal also schützt der Staat seine Bürger vor dem Feind, ein anderes Mal vor der unkontrollierten Auslebung ihrer Aggressionen, wenn er diese in gemeinschaftsdienlich-patriotischer Weise auf den auswärtigen Feind ablenkt. So oder so bewahrheitet sich selbst im Kriegsfalle, dass die Staatsgewalt ihren obersten Daseinszweck in der Pazifizierung der unfriedlichen Menschennatur besitzt.

So weit das Urteil über die theoretischen Leistungen der Freudianischen Psychoanalyse, die zugleich die psychologische Basis des Psychomarxismus der Frankfurter Schule bildet, der im folgenden Kapitel abgehandelt werden soll.

---

lität. Dies Verhältnis und die Anerkennung desselben ist daher ihre substantielle Pflicht – die Pflicht, durch Gefahr und Aufopferung ihres Eigentums und Lebens, ohnehin ihres Meinens und alles dessen, was von selbst in dem Umfange des Lebens begriffen ist, diese substantielle Individualität, die Unabhängigkeit und Souveränität des Staats zu erhalten.

Es gibt eine sehr schiefe Berechnung, wenn bei der Forderung dieser Aufopferung der Staat nur als bürgerliche Gesellschaft und als sein Endzweck nur die *Sicherung des Lebens und Eigentums* der Individuen betrachtet wird; denn diese Sicherheit wird nicht durch die Aufopferung dessen erreicht, was *gesichert* werden soll; im Gegenteil.«

Kapitel 3
Die Kritische Theorie des Subjekts: Ein triebökonomisches Produkt des Frankfurter Psychomarxismus

1. Das Untersuchungsprogramm: Auf der Suche nach dem verloren gegangenen subjektiven Faktor[32]

Bis zum heutigen Tag erfreuen sich die Forschungsberichte des Frankfurter Instituts für Sozialforschung über den »autoritären Charakter« anhaltender Beliebtheit nicht nur in Kreisen progressiver Sozialwissenschaftler, sondern auch im Feuilleton der bürgerlichen Presse. Davon zeugt u.a. eine noch 1995 erschienene Neuauflage von Theodor W. Adornos gleichnamigen Studien, basierend auf der psychoanalytischen Interpretation der Ergebnisse einer Mitte der 1940er Jahre durchgeführten empirischen Untersuchung des faschistischen Potenzials innerhalb der US-Bevölkerung. Die durchaus rationell anmutende Fragestellung der Autoren der Frankfurter Schule war darauf gerichtet, eine Erklärung dafür zu finden, warum sich die »unterdrückten Volksmassen« bereitwillig in den Dienst der ökonomischen und politischen Vorhaben des deutschen Faschismus gestellt haben, obwohl es für die Mitglieder der arbeitenden Klasse weder für eine Mitwirkung im Kriegs- und Arbeitsdienst noch für eine Beteiligung am staatlich organisierten Judenmord gute Gründe gab.[33] Warum also betätigen sich überwältigende Teile der

---

[32] Die Überschrift lehnt sich an den Titel der Schrift von Rudolph (1992) an, die eine höchst lesenswerte Kritik an den Basistheoremen der Kritischen Theorie bietet.

[33] Die (implizite) Fragestellung »Wie konnte es (bloß) dazu kommen?« hat streng genommen nicht den Charakter einer unvoreingenommenen Frage nach den Gründen des Faschismus. Wer so fragt, hat vielmehr die Antwort bereits weitgehend vorweggenommen. Mit der Frage wird der Sachverhalt in einen Bereich außerhalb der menschlichen Vorstellung gerückt, wird der Faschismus als »anormaler« politischer Abweichungstatbestand definiert, der sich recht eigentlich aufgrund seiner »Unbegreifbarkeit« einer rationalen Beurteilung mittels der Maßstäbe entzieht, die gemeinhin für politische Sachverhalte gelten. Genau diesem Muster folgt die »Erklärung« Adornos, der auf die Befassung mit den Inhalten des politischen Bewusstseins der Mitmacher keine Zeile verschwendet und stattdessen den Grund für die aktive Teilnahme der Untertanen an der fa-

Bevölkerung als Parteigänger eines nationalen Programms der Entfaltung der Macht des Staates und des kapitalistischen Eigentums, das im Widerspruch zu ihren objektiven Interessen steht?

Das auf dieser Differenz zwischen objektiver Interessenlage und subjektivem Mitmacherbewusstsein beruhende psychoanalytische Untersuchungsprogramm der Frankfurter Schule[34] speist sich aus der Unzufriedenheit mit der Antwort, die ein zur damaligen Zeit vorherrschender deterministisch fehlverstandener Marxismus auf diese Frage zu geben scheint. Die Vertreter der Kritischen Theorie haben nämlich im Einklang mit den marxistischen Parteien der Weimarer Republik die von Marx gegebene politökonomische Erklärung des Kapitalismus, die Erklärung der Sachzwänge, in die der normale Mensch durch Eigentum, Recht und Geld gesetzt ist, missverstanden als Zwangsläufigkeit der freiwilligen Unterwerfung der Betroffenen unter diese Zwänge. Sie haben den Marxschen Satz »Das gesellschaftliche Sein bestimmt das Bewusstsein« ungefähr so aufgefasst, als würden die ökonomischen Verhältnisse automatisch das der jeweiligen Interessenlage entsprechende Bewusstsein der Bürger hervorbringen. Gegenüber diesem vorgefundenen Zerrbild des Marxismus – der Gleichsetzung von Klassenlage und Klassenbewusstsein – haben sie zu Recht eingewandt, dass bei der Bildung des faschistischen Untertanenbewusstseins das Subjekt doch selber eine tragende Rolle spielen müsse. Weil die Bildung des Massenbewusstseins als Eigenleistung der Subjekte jedoch vom ökonomistisch-deterministischen Marxismus negiert werde, sei es angezeigt, dieses Versäumnis durch die Berücksichtigung des sogenannten subjektiven Faktors zu beheben.

Die Studie »unterstellt, dass die Menschen im allgemeinen dazu neigen, diejenigen politischen und sozialen Programme zu akzeptieren, die ihrer Meinung nach den eigenen wirtschaftlichen Interessen dienen. Welcher Art diese Interessen sind, hängt im einzelnen Fall von der in wirtschaftlichen und soziologischen Kategorien zu bestimmenden Po-

---

schistischen Herrschaft in die »irrationalen« Abgründe der Menschenseele verpflanzt. Diese Erklärungsweise des Faschismus von unten ergänzt sich aufs Vortrefflichste mit der üblichen Ableitung der faschistischen Herrschaft aus der verbrecherisch-verrückten Menschennatur des Führers. Damit steht a priori fest, dass der Faschismus als psychopathologischer Tatbestand nichts mit den politischen und ökonomischen Zwecken bürgerlicher Herrschaft zu tun haben kann.

[34] Inhaltlich weitgehend identische triebpsychologische Erklärungsansätze, auf die Adorno streckenweise explizit Bezug nimmt, finden sich bei Horkheimer (1968: 284) und Fromm (1980: 146, 156, 174ff.).

sition des Individuums in der Gesellschaft ab (...) Zugleich wurde jedoch in Betracht gezogen, dass wirtschaftliche Motive nicht die beherrschende und entscheidende Rolle für das Individuum spielen mögen, die ihnen zumeist beigelegt wird. (...) Um zu erklären, warum Personen mit gleichem sozioökonomischem Status so häufig verschiedenen Ideologien und solche mit verschiedenem Status so häufig gleichartigen Ideologien anhängen, müssen andere als rein wirtschaftliche Bedürfnisse zugrunde gelegt werden.« (Adorno 1973: 10f.)

Die Art und Weise freilich, wie die Subjekte und ihre individuellen Beweggründe der Befürwortung des Faschismus im Rahmen der Theorie des subjektiven Faktors vorkommen, ist von einer höchst eigenartigen Beschaffenheit. Die Inhalte des faschistischen Bewusstseins spielen nämlich im Prinzip für dessen Erklärung gar keine Rolle. Denn weil es keinen Zusammenhang zwischen der objektiven Klassenlage und dem faschistischen Bewusstsein geben soll, sondern die »Anfälligkeit« für faschistisches Gedankengut offensichtlich ziemlich klassenübergreifend verbreitet ist, hat Adorno sowohl die gesellschaftlichen Verhältnisse selbst als auch die politischen Urteile und Standpunkte, welche die Subjekte in ihren unterschiedlichen sozialökonomischen Positionen zum System der bürgerlichen Gesellschaft und zur Programmatik des Faschismus hegen und pflegen, als relativ unerheblich für die angestrebte Ermittlung der subjektiven Gründe des Erfolges der faschistischen Ideologie erachtet.

Gemäß der vorausgesetzten deterministischen Logik, »wenn die Ökonomie als ausschlaggebende Ursache ausscheidet, welche Determinante kommt dann in Betracht?«, halten sie vielmehr Ausschau nach alternativen tieferen Gründen für die Bildung des faschistischen Mitmacherbewusstseins und finden diese in den Abgründen des Seelenlebens: dem »autoritären Charakter«. So stoßen sie auf die Freudianische Psychologie und bedienen sich ihres Seelenapparats. Nicht die kapitalistische Ökonomie, sondern die menschliche Triebstruktur sei der entscheidende Faktor, der den Willen zum Mitmachen beim faschistischen Untertanen erzeuge bzw. zumindest die Entstehung faschistischen Massenbewusstseins entscheidend begünstige (S. 1) – so die zentrale Botschaft der Theorie der autoritären Persönlichkeit, der nunmehr in ihren Einzelheiten nachgestiegen werden soll.

2. Die Psychologik der autoritären Persönlichkeit

Eine wegweisend falsche deterministische Fragestellung

Die Entfaltung der Theorie des autoritären Charakters folgt streng dem in Kapitel 1 dieser Abhandlung vorgestellten Rezeptbuch der psychologischen Erklärungsweise. Sie beginnt dementsprechend mit der allgemeinen Aufgabenstellung, den »potentiellen Faschismus zu diagnostizieren und seine Determinanten zu ergründen« (S. 2), und einem daraus abgeleiteten Bündel von Fragestellungen, welche die Forschungsrichtung und deren Resultate weitestgehend vorwegnehmen:

»Wenn es ein potentiell faschistisches Individuum gibt, wie sieht es genau betrachtet aus? Wie kommt antidemokratisches Denken zustande? Welche Kräfte im Individuum sind es, die sein Denken strukturieren? (...) welches sind ihre Determinanten, wie der Gang ihrer Entwicklung? (...) Wie kommt es, dass bestimmte Personen solche Ideen akzeptieren, andere aber nicht?« (S. 2f.)

In der Aufgabenstellung, »die Determinanten des potentiellen Faschismus zu ergründen«, begegnet uns wieder die altbekannte deterministische Logik. Dieser zufolge sind die Gedanken der Anhänger faschistischer Ideologien recht betrachtet kein Resultat des Gebrauches ihres Verstandes, sondern Faschismus ist als Potenz oder Disposition im Individuum angelegt, der potenziell faschistische Inhalt des Denkens wird von »Kräften im Individuum« »strukturiert«. Aus dieser Prämisse der Determination faschistischen Denkens folgt, dass eine nähere Befassung mit den politischen Willensäußerungen sowie den Taten der Vertreter faschistischer Ideen zur Erklärung des Phänomens nichts Entscheidendes beitragen kann. Adorno und seinen Mitautoren liegt es deshalb auch völlig fern, zur Erklärung der Anziehungskraft faschistischer Programme die geistigen Leistungen der Mitmacher und Sympathisanten unter die Lupe zu nehmen, etwa der nahe liegenden Frage nachzugehen, welchen (ideellen) Nutzen sich die Staatsbürger als Teilhaber an den Erfolgen eines Dritten Reiches versprochen haben, aufgrund welcher Kalkulationen sie die politischen Standpunkte des Faschismus geteilt haben, welche Berührungspunkte der faschistische mit dem demokratischen Untertanen-Nationalismus aufweist usw.[35]

Die Inhalte des faschistischen Bewusstseins spielen bei Adorno lediglich insofern eine Rolle, als aus der »Irrationalität« faschistischer Ideo-

[35] Dazu Gutte/Huisken 1997.

logien, insbesondere antisemitischer Vorurteile, die Schlussfolgerung gezogen wird auf das Walten einer inneren Determinante, deren Wirkkraft sich die Existenz antisemitischer Einstellungen verdanken soll:

»Die objektive Situation des Individuums kommt als Ursprung solcher Irrationalität kaum in Frage; besser sieht man sich dort um, wo die Psychologie bereits die Quelle von Träumen, Phantasien und Fehlinterpretationen der Welt gefunden hat – in den verborgenen Bedürfnissen der Charakterstruktur.« (S. 12)

Nun soll ja nicht bestritten werden, dass die faschistische Ideologie eine ganze Ansammlung gedanklicher Widersprüche beinhaltet. Sie bewerkstelligt es bekanntlich beispielsweise, unter dem Stichwort der Verschwörung des Weltjudentums so gegensätzliche Kräfte wie das Finanzkapital und den Bolschewismus zu versammeln. Auch das von Adorno präsentierte Interviewmaterial liefert höchst aussagekräftige Beispiele für den sonderbaren Inhalt der Gedankenwelt von (potenziellen) Faschisten. Dass insbesondere die antisemitischen Vorurteile einen absoluten »Widerspruch zwischen Urteil und Erfahrung« (S. 139) beinhalten, ist selbstevident. Nur: Lässt sich aus diesen Befunden ableiten, dass deshalb der Grund für den Antisemitismus in »psychologischen Determinanten« zu suchen sei?

Der Übergang von der Eigenschaftsbestimmung des Erklärungsgegenstandes – der Existenz als irrationell titulierter faschistischer Ideologien in den Köpfen der Menschen – auf deren Herkunft aus »starken psychischen Impulsen« (S. 139) ist alles andere als zwingend. Wie kommt eigentlich Adorno darauf, dem Bewusstsein die Fähigkeit abzusprechen, unvernünftige bis verrückte Urteile bilden zu können, sich Zwecke zu setzen (wie beispielsweise für »Deutschlands Ehre« sein Leben als Soldat aufzuopfern), die auch bei oberflächlichster Betrachtung für ihn äußerst schädlich sind? Anders gefragt, aus welchen Gründen sollen derartige Gedanken eigentlich nicht Gegenstand von Wille und Bewusstsein sein können, sondern durch das Unbewusste erzeugte »Fehlinterpretationen der Welt«?

Was soll beispielsweise den genuin politischen Gedanken, die Befreiung der Nation von Volksschädlingen als eine unumgängliche Notstandsmaßnahme zur Rettung von Volk und Staat zu propagieren, derart disqualifizieren, dass dieser das Prädikat eines eigenständigen Urteils nicht verdienen soll?

Abgesehen davon ist auch die Begründung für die irrationelle Qualität, die Adorno der faschistischen Ideologie, namentlich den judenfeindlichen Stereotypen zuschreibt, von eigentümlicher Natur. Adorno zufolge ergibt sich nämlich die »Irrationalität« besagter Ideologien aus deren antidemokratischem Inhalt. Der politische Standpunkt, die Welt aus der Sicht des nationalen Interesses zu betrachten und unnütze bis schädliche Elemente im Inneren des eigenen Volkskörpers zu entdecken (Ausländer, Asylbewerber, Obdachlose, Roma und Sinti, Kommunisten etc.), ist jedoch auch dem politischen Leben der Demokratie gar nicht so fremd, die Adorno als rationelles Gegenmodell zur faschistischen Irrationalität vorstellig macht. Dasselbe gilt für den allgemeinen Glauben an das segensreiche Wirken eines mächtigen Staates und starker politischer Führerpersönlichkeiten oder für die Ideologie der Volksgemeinschaft oder des Gemeinwohls, hinter der anerkanntermaßen die egoistischen Partikularinteressen zurückzustecken haben. Oder kommt die Irrationalität erst ins Spiel, wenn die barbarisch-staatsterroristischen Konsequenzen des nationalen Standpunktes in Gestalt der Einrichtung von Vernichtungslagern gezogen werden? Wer die Sinnlosigkeit von Leichenbergen zuvörderst erst im KZ entdeckt, der muss sich fragen lassen, ob er dem massenweisen Opfertod auf demokratischen Schlachtfeldern eine relative Rationalität zusprechen möchte.

Auch die Berufung auf die eklatante Kluft zwischen dem antisemitischen Urteil und der Erfahrung hilft Adorno in diesem Zusammenhang nicht weiter. Diese Argumentation lebt von der Unterstellung, dass »eigentlich« die Bildung politischer Urteile auf der Erfahrung und dem Bedürfnis der Individuen beruhen würde, sich ihre Erfahrungen rationell erklären zu wollen. Die Empirie antisemitischer und ausländerfeindlicher Vorstellungen belehrt den unbefangenen Betrachter jedoch eines anderen. Bei der Bildung solcher »Vorurteile« waltet als vorab feststehendes Erklärungsmodell ein vorausgesetzter nationaler Standpunkt, der sich völlig frei davon gemacht hat, die Kompatibilität seiner Urteile mit der Welt zu überprüfen. Diese A-priori-Position begründet sich nicht aus den Argumenten, die sie zu ihrer Untermauerung anführt, sondern diese Argumente sind das relativ beliebige austauschbare Belegmaterial für den vorausgesetzten nationalistischen Standpunkt. Dies lässt sich anschaulich am gewöhnlichen Verlauf von Diskussionen mit Ausländerfeinden demonstrieren. Kaum, dass man ihnen gegenüber mühevoll die Sache mit dem »Arbeitsplatzraub« widerlegt hat, folgen mit einem großen »Aber« die fremdländischen Kulturgewohnheiten, die das Leben mit Ausländern so schwer machen, nach Widerlegung dieser die nächste ausländerfeindliche Stereotype usw.

Als Zwischenfazit ist also festzuhalten, dass die beiden von Adorno dafür ins Feld geführten Argumente, sich zur Erklärung des faschistischen Massenbewusstseins vom Bewusstsein selber ab-, stattdessen der kunstvoll konstruierten Psychostruktur der Massen zuzuwenden und »die Empfänglichkeit des Individuums für solche Ideologien in erster Linie als abhängige Variable von psychologischen Bedürfnissen« (S. 3) bestimmen zu wollen, bereits im Ausgangspunkt den Tatbestand der systematischen Irreführung erfüllen. Denn weder lässt sich aus der fehlenden Determinationskraft der objektiven Klassenlage ein hinreichend begründeter Schluss auf die entscheidende Maßgeblichkeit psychischer Wirkkräfte bei der Bildung faschistischen Massenbewusstseins ziehen, noch verweist die »antidemokratische Irrationalität« faschistischer Ideologien auf den Ursprung ihrer Akzeptanz aus tieferen seelischen Quellen.

Das Bewusstsein als Manifestation charakterlicher Verhaltenspotenziale

Unbeschadet dieser Einwände nimmt die weitere Beweisführung ihren gewohnt zirkulären Gang. Die innere Determinante, die Adorno als Ursache der Attraktivität politischer Ideologien im Allgemeinen und der faschistischen Ideologie im Besonderen ausfindig gemacht haben will, – die Charakterstruktur – weist nämlich inhaltlich die gleichen Bestimmungen auf wie der Erklärungsgegenstand selber. Mit dem kleinen Unterschied, dass die Determinante mit dem Namen hinter dem Verhalten liegender (Charakter)Kräfte versehen ist:

»Nach unserer Theorie ist der Charakter eine mehr oder weniger beständige Organisation von Kräften im Individuum, die in den verschiedenen Situationen dessen Reaktionen und damit weitgehend das konsistente Verhalten (…) bestimmen. So konsistent das Verhalten jedoch sein mag, es ist nicht Charakterstruktur; der Charakter liegt *hinter* dem Verhalten und *im* Individuum.« (S. 6)

Welches Verhalten man an den Tag legt, welcher Ideologie jemand so anhängt, ist danach der Verfassung der jeweiligen Charakterstruktur geschuldet, einem Ensemble von inneren »Charakterkräften« (Trieben, Wünschen, emotionalen Impulsen, S. 7), das mit der Bestimmung versehen ist, das jeweilige Verhalten hervorbringen zu können. Während umgekehrt die Existenz der Verhaltensdisposition namens Charakterstruktur sich wiederum damit beweist, dass sie sich im äußeren Verhalten manifestiert. Womit auch sonst. Und wenn sich die charakterliche Disposition nicht in entsprechenden Verhaltensweisen niederschlägt, tut das der Beweiskraft des tautologischen Zirkels von Disposition und Verhalten auch keinen Abbruch.

Denn »die Kräfte im Charakter sind nicht Reaktionen, sondern *Reaktionspotential,* ob ein Potential offenen Ausdruck findet oder nicht, hängt nicht nur von der gegebenen Situation ab, sondern auch von Verhaltenspotentialen, die in Opposition zu jenem stehen«. (S. 6)

Das Mehr-Determinantenmodell aus konfligierenden inneren Kräften und äußeren gesellschaftlichen Bedingungen (S. 8f.) liefert somit den jeder sachlichen Überprüfung entzogenen, hochgradig flexiblen Universalschlüssel zur Erklärung von Bewusstseinslage und Verhaltensweisen der Individuen, wie auch immer diese beschaffen sein mögen. Das Modell erklärt den Antisemitismus gleichermaßen wie sein Gegenteil. Im Falle von offener Judenfeindlichkeit waren dieser Logik zufolge die entgegenstehenden demokratischen Verhaltenspotenziale zu schwach ausgebildet oder die gesellschaftlichen Verhältnisse antisemitisch dominiert. Die Abwesenheit antisemitischer Einstellungen in Teilen der Gesellschaft würde sich umgekehrt aus alternativen Kräfteverhältnissen in diesem Dreiecksverhältnis erklären nach dem Motto: Gute demokratische Charakteranteile dominieren faschistisch-antisemitische Verhaltenspotenziale und faschistoide gesellschaftliche Bedingungen.

Der autoritäre Charakter als Funktionsbedingung des Faschismus

Gesamtgesellschaftlich freilich müssen die faschistisch-antisemitischen Potenziale innerhalb des Kräfteparallelogramms vorherrschend gewesen sein. Denn ohne den autoritären Charakter, jene Kombination aus »angstvoller Unterwerfung« und »aktiver Kooperation«, hätte der Faschismus nicht funktionieren können. Jedenfalls nicht im Rahmen der funktionalen Logik dieser Ableitung des autoritären Charakters als Erfolgsbedingung des Faschismus:

»Faschismus muss, um als politische Bewegung erfolgreich zu sein, eine Massenbasis haben. Er muss nicht nur die angstvolle Unterwerfung, sondern auch die aktive Kooperation der großen Mehrheit des Volkes sichern. Da er durch seine bloße Natur Wenige auf Kosten der Mehrheit begünstigt, kann er nicht gut verkünden, die Situation der Mehrheit ihren wirklichen Interessen entsprechend verbessern zu wollen. Er muss deshalb in erster Linie an emotionale Bedürfnisse – oft die primitivsten und irrationalsten Wünsche und Ängste – appellieren und nicht an das rationale Selbstinteresse.« (S. 13)

Derartige emotionale Bedürfnisse und »primitivste und irrationalste Wünsche und Ängste«, die sich die faschistische Propaganda so erfolgreich zu Nutze gemacht haben soll, kennzeichnen den autoritären oder sadomasochistischen Charakter, den Adorno und Horkheimer in Anlehnung an die Freud'sche Psychopathologie konstruiert haben. Dessen Bestimmung soll darin bestehen, die »soziale Anpassung« an die – sprich: die Unterwerfung des Bürgers unter die – staatliche Autorität zu organisieren. Die triebökonomisch bewerkstelligte Erzeugung der absoluten Korrespondenz zwischen den Funktionsnotwendigkeiten der faschistischen Herrschaft und dem Untertanenbewusstsein der Bürger ist Gegenstand des nachstehend abgedruckten ausführlichen Zitates:

»Nach Horkheimers Theorie (...) geht äußere gesellschaftliche Repression mit innerer Verdrängung von Triebregungen zusammen. Um die ›Internalisierung‹ des gesellschaftlichen Zwanges zu erreichen, (...) nimmt dessen Haltung gegenüber der Autorität und ihrer psychologischen Instanz, dem Über-Ich, einen psychologischen Zug an. Das Individuum kann die eigene soziale Anpassung nur vollbringen, wenn es an Gehorsam und Unterordnung Gefallen findet; die sadomasochistische Triebstruktur ist daher beides, Bedingung und Resultat gesellschaftlicher Anpassung. In unserer Gesellschaftsform finden sadistische so gut wie masochistische Neigungen Befriedigung. Bei der spezifischen Lösung des Ödipuskomplexes, welche die Struktur des hier besprochenen Syndroms bestimmt, werden solche Befriedigungen in Charakterzüge umgesetzt. (...) Der resultierende Hass gegen den Vater wird durch Reaktionsbildung in Liebe umgewandelt. Diese Transformation bringt eine besondere Art von Über-Ich hervor. Die schwierigste Aufgabe des Individuums in seiner frühen Entwicklung, Hass in Liebe umzuwandeln, gelingt niemals vollständig. In der Psychodynamik des ›autoritären Charakters‹ wird die frühere Aggressivität zum Teil absorbiert und schlägt in Masochismus um, zum Teil bleibt sie als Sadismus zurück, der sich ein Ventil sucht in denjenigen, mit denen das Individuum sich nicht identifiziert: in der Fremdgruppe also.« (S. 323)

Die vierteilige Argumentationsabfolge lautet wie folgt:

1. Herrschaft erfordert die Anpassung der Herrschaftsunterworfenen an die gesellschaftlichen Zwänge.
2. Die Anpassung unter die Autorität setzt voraus, dass der Untertan an Gehorsam und Unterordnung Gefallen findet.
3. Die Bildung dieses Unterwürfigkeitsbedürfnisses ist das Ergebnis eines Transformationsprozesses, der die ursprüngliche Hass- in das

glatte Gegenteil einer Liebesbeziehung des Untertanen zur Autorität umwandelt.

4. Weil aber der Umwandlungsprozess in masochistische Unterwürfigkeit nicht vollständig gelingt, reagiert sich die Restaggression als Sadismus an Fremdgruppen (namentlich Juden) ab.

Die Bildung des autoritären Charakters als Organisator der Untertänigkeit der Massen lässt sich nicht ohne eine Reihe elementarer gedanklicher Fehlleistungen bewerkstelligen. Und diese Fehlerkette beginnt mit zwei falschen (sozialwissenschaftlichen) Abstraktionen, mit denen das Verhältnis zwischen der faschistischen Herrschaft und deren dienstbaren Bürgern als Entsprechungsverhältnis zwischen Autorität und Gehorsam gefasst wird.

Die Bestimmung des Staates als Autorität oder Gewalt erfordert nämlich zunächst die systematische Abstraktion von allen Bestimmungen, die das spezifische Verhältnis zwischen dem bürgerlichen Staat und seinen Staatsbürgern kennzeichnen. Das sind aufseiten der Obrigkeit die ökonomischen und politischen Ziele der Herrschaft, ihre Erfolgsmaßstäbe und ihre Herrschaftsmittel und auf der Seite der Untertanen deren Stellung innerhalb des Herrschaftssystems und die auf dieser Stellung beruhenden Kalkulationen im Umgang mit der Staatsgewalt. In der falschen Abstraktion einer Autorität oder Herrschaft »als solcher« sind jedoch alle diese Bestimmungen ausgeblendet, die das Wesen gerade der bürgerlichen Herrschaft ausmachen, wie umgekehrt in den Kategorien »Unterordnung« und »Gehorsam« lediglich das von allen Inhalten der Herrschaftsbeziehung bereinigte Moment der Herrschaftsunterworfenheit festgehalten ist.

Der Zweck einer Herrschaft besteht jedoch nicht darin, Gehorsam bei ihren Untertanen zu erzeugen, wie umgekehrt die Tätigkeit der Untertanen nicht darin besteht, ihre Unterwerfung unter die Obrigkeit zu organisieren. Vielmehr ist die Organisation der Herrschaftsunterworfenheit, die Herstellung der (staatsbürgerlichen) Botmäßigkeit das Mittel der Herrschaft, ihre Untertanen für die Verwirklichung ihrer spezifischen Herrschaftszwecke einzuspannen.

Dass es im Kapitalismus welcher Spielart auch immer um die Vermehrung des Geldreichtums und die Stärkung der Staatsmacht geht, dürfte auch dem Kapitalismuskritiker Adorno, der die Redeweise von der Herrschaft des Tauschwerts ständig im Munde geführt hat, nicht gänzlich unbekannt gewesen sein. Ebenso wenig, wie der vom Staat durch Recht und Eigentum organisierte »stumme Zwang der ökonomischen Verhältnisse« ganz freiheitlich die praktische Botmäßigkeit der Bürger herstellt. Der Kapitalismus – und das gilt auch für dessen faschistische Variante – beruht nicht einfach auf dem Prinzip von Befehl und Gehorsam, er löst sich nicht umstandslos in Kriegs- und Arbeitsdienst auf. Weder in der bürgerlichen Demokratie noch im Faschismus wurden die Lohnarbeiter durch staatliches Kommando in die Fabrik getrieben. Sie sind vielmehr dem marktwirtschaftlichen Sachzwang des Eigentums ausgeliefert.

Das heißt: Wenn sie ihren Lebensunterhalt bestreiten wollen, dann müssen sie für fremde Zwecke, sprich: die Vermehrung des Reichtums von Fabrikbesitzern und Geschäftsleuten, arbeiten wollen. Dies deshalb, weil sich die sachlichen Voraussetzungen wie die Resultate der Produktion in der ausschließenden Verfügungsgewalt von Privatunternehmen befinden, welche die Gegenstände des Bedürfnisses dem eigentumslosen Rest der Menschheit nur unter der Bedingung zu überlassen pflegen, dass ihr Bedürfnis nach profitlicher Versilberung ihrer Warenberge befriedigt wird. Und an Geld kommt der normale Mensch eben nur, wenn er sich bei denen verdingt, welche als die Herren der Wirtschaft Arbeitsplätze mit möglichst wenig Lohn und viel Leistung anzubieten haben.

Auch dieser eigentümliche politökonomische Grundtatbestand der Marktwirtschaft dürfte Adorno durchaus geläufig gewesen sein. Nur liegt ihm nichts ferner, als daraus zu folgern, dass für die praktische Botmäßigkeit der Massen die staatlich eingerichtete Zwingkraft eines Erpressungsverhältnisses namens kapitalistisches Eigentum verantwortlich sein könnte. Und zwar dergestalt, dass die eigentumslosen Untertanen aus der Alternativlosigkeit der ihnen aufgeherrschten politökonomischen Lage den Schluss ziehen, die ihnen vorgegebenen Einrichtungen der Gesellschaft, das Geld, die Lohnarbeit, den Sozialstaat etc. als Mittel ihrer individuellen Wohlfahrt zu begreifen, und darüber auch zum theoretischen Parteigänger der Staatsgewalt werden, welche die allgemeine Bedingung ihrer Existenz bildet. Auf der Grundlage der ihnen aufgezwungenen lebenslangen Abhängigkeit von den Konjunkturen des Kapitalwachstums betrachten sie die Erlaubnis, ihre Dienste am kapitalistischen Eigentum leisten zu dürfen, als das höchste Gut und erteilen in der (demokratischen) Wahl dem Staat, der ihnen diese lebenslange Abhängigkeit beschert, ihre Zustimmung. Mit einem Wort: Die Erfolgstory bürgerlicher Herrschaftsverhältnisse politischer und ökonomischer Art besteht gerade darin, dass diese Herrschaftsform auf der Anerkennung und Benutzung des freien Willens der Beherrschten beruht, die sich selber fälschlicherweise als die Herren ihrer Lebensgestaltung begreifen.

In der Psychologik Adornos freilich stellt sich dieser Sachverhalt ein wenig anders dar. Die theoretische und praktische Parteinahme der Herrschaftsunterworfenen für ihre Herrschaft ist nicht die Konsequenz von nationalistischen Berechnungen der Bürger, welche die staatliche Herrschaft, der sie unterliegen, als positive Bedingung für ihre eigenen Zwecke begreifen und sich deswegen erfolgreich für die herrschaftlichen Zwecke mobilisieren lassen. Die »Internalisierung« der herrschaftlichen Anforderungen an den Bürger ist bei Adorno nicht eine Leistung des falschen Bewusstseins, eine Übersetzung der negativen Abhängigkeit von Staat und Kapital in das eigene Interesse. Die Praktizierung staatsbürgerlicher Loyalität ist vielmehr die Befriedigung einer spezifischen psychologischen Bedürfnislage des mit einem autoritären Charakter ausgestatteten Bürgers, der »an Gehorsam und Unterordnung Gefallen findet.« In der »autoritären Unterwürfigkeit« verwirklicht sich die »masochistische Komponente des Autoritarismus«. (S. 50)

Das heißt, wenn der Untertan in Fabrik oder Büro schuftet, seine Steuern zahlt, im Kriegsdienst Kopf und Kragen für sein Vaterland riskiert und seiner politischen Führung zujubelt, dann alles nur, weil es sein tiefstes seelisches Anliegen ist, von seiner Herrschaft unterdrückt zu werden.

Die Bildung dieses Unterwürfigkeitsbedürfnisses als unbewusst ablaufender Transformationsprozess einer ursprünglichen Hassbeziehung des Untertanen zur Autorität in das glatte Gegenteil eines Liebesverhältnisses geht nicht ohne die üblichen Ungereimtheiten ab, die mit dem Freud'schen Kategoriensystem verbunden sind. Einmal abgesehen davon, dass der – natürlich wieder durch den Ödipuskomplex bedingte – antiautoritär-rebellische Ausgangspunkt einer Gegnerschaft des Individuums zur (staatlichen) Autorität eine reine Unterstellung bildet, ist es schlichtweg unerfindlich, wie »unterschwellige feindselige und rebellische Impulse durch Furcht im Zaum gehalten (...) im Individuum zu einem Übermaß an Ehrfurcht, Gehorsam, Dankbarkeit und ähnlichem« gegenüber der Autorität führen können sollen. (S. 50) Warum sollte ausgerechnet die Furcht vor der Obrigkeit, die um die Gegnerschaft zu ihr weiß und Gründe kennt, sich vor deren Gewalt zu ängstigen, das Individuum dazu bewegen, sich nicht länger zu fürchten und sich stattdessen mit der Autorität zu identifizieren, gar eine libidinöse Beziehung zu der Herrschaft aufzunehmen, zu der man zuvor noch feindliche Gefühle hegte? Und das Ganze auch noch unbewusst.[36]

3. Antisemitismus: Ein Beitrag zur Psychohygiene?

Wie gut, dass dieser Prozess der Absorption der früheren Aggressivität gegenüber der Obrigkeit und deren Verwandlung in die masochistische Pflege der Untertänigkeit nur unvollständig gelingt und ein Sadismus zurückbleibt, »der sich ein Ventil sucht in denjenigen, mit denen das Individuum sich nicht identifiziert«. Die sadistische Komponente des autoritären Charakters braucht es nämlich, um Antisemitismus und Hass gegen anderweitige Minoritäten psychodynamisch als »autoritäre Aggression« erklären zu können (S. 50):

»Man könnte sagen, dass in der autoritären Aggression die ursprünglich durch die Autoritäten der Eigengruppe erweckte und gegen sie gerichtete Feindseligkeit auf die Fremdgruppen *verdrängt* wird (...) (D)er Theorie der Verdrängung zufolge *muss* der Autoritäre seine Aggression aus innerer Notwendigkeit gegen die Fremdgruppe richten. Er muss es, weniger aus Unwissenheit in bezug auf die Ursache seiner Frustration, als vielmehr seiner psychischen Unfähigkeit zufolge, Autoritäten der eigenen Gruppe anzugreifen.« (S. 51f.)

Bereits im Ausgangspunkt der Konstruktion bleibt unverständlich, warum der besagte Umwandlungsprozess nicht vollständig gelingen und ein Restbestand an antiautoritärer Aggression zurückbleiben soll. Die Existenz eines derartigen unbewussten Absorptionsmechanismus einmal unterstellt – aus welchen Gründen sollte dieser selektiv wirken?

Unbeschadet seiner immanenten Ungereimtheiten besteht die zentrale ideologische Leistung des Konstruktes darin, die Mitwirkung des

---

[36] Der an dieser Stelle gelegentlich geübte Hinweis auf das »Stockholm-Syndrom« kann nicht verfangen. Der *Bewusstseinsbildungs*prozess, der sich im Verlaufe der Geiselnahme bei den Geiseln in deren Verhältnis zu den Geiselnehmern vollzogen und sich zum Schluss in einer gewissen Sympathie der Opfer für die Motive der Täter der RAF geäußert hat, bildet bereits im Ansatz keinen Beleg für die Existenz eines *unbewusst* wirkenden Transformationsmechanismus der Metamorphose von Hass- in Liebesbeziehungen. Wer sich die Sache erklären will, müsste wie immer den Einschätzungen, Kalkulationen und den gedanklichen Übergängen der Geiseln nachsteigen, die diese im Laufe ihrer Haft entwickelt haben, hätte also mit Phänomenen von Willen und Bewusstsein zu tun.

Untertanen an der Verfolgung und Ausrottung der Juden und anderer Minoritäten psychodynamisch gesehen als eine verkappte unterschwellige Widerstandshandlung gegen die staatlichen Autoritäten erscheinen zu lassen, welche die Verfolgungsmaßnahmen anordnen. Autoritäre Aggression ist also eigentlich ein antiautoritärer Akt, der zwar einerseits mit dem kleinen Mangel behaftet ist, sich gegen die falschen Adressaten zu wenden, andererseits wegen seiner »inneren Notwendigkeit« doch letztlich irgendwie entschuldbar ist. Wenn sich nämlich die Aggression wegen der »psychischen Unfähigkeit« der Individuen nicht gegen den »richtigen« Adressaten richten kann, muss sie sich ein »Ersatzobjekt« suchen. Denn zu einer anständigen Aggression gehört nun einmal deren Entladung und die braucht »Ventile«, mittels derer die Aggressionsabfuhr erfolgen kann. Alles andere würde – dies hatte uns schon Altmeister Freud bei seiner Erklärung des Krieges aus der aggressiven Menschennatur gelehrt – eine Gefährdung der Stabilität des Gleichgewichts der psychischen Kräfte darstellen.

An dieses triebdynamische Konstrukt Freuds knüpft Adorno in seiner Begründung der seelenhaushälterischen Funktion des Judenhasses nahtlos an:

»Die psychische Dynamik, die nach dem antisemitischen Ventil ›verlangt‹ – das ist im wesentlichen die Ambivalenz autoritärer und rebellischer Neigungen.« (S. 110)

Und falls diesem Verlangen nicht stattgegeben wird, droht Adorno zufolge gar der Eintritt einer Psychose:

»Das Konzept dieses Kapitels geht von der allgemeinen Annahme aus, dass die – weitgehend unbewusste – Feindschaft, die aus Versagung und Repression resultiert und sozial vom eigentlichen Objekt abgewandt wird, ein Ersatzobjekt *braucht*, durch das sie einen realistischen Aspekt für das Subjekt gewinnt, das radikaleren Äußerungen eines gestörten Kontaktes mit der Realität, d.h. einer Psychose, ausweichen muss.« (S. 108)

Wenig trostreich erscheint es, dass die Begründung der seelenhaushälterischen Funktionalität des Antisemitismus jeder sachlichen Grundlage entbehrt. Die Redeweise von der »unbewussten Feindschaft« einmal stehen gelassen. Denn zumindest Adornos Variante unbewusster Feindschaft scheint ja immer noch zu wissen, warum sie sich gegen wen richtet: hier nämlich die Autorität. Warum aber sollte sich die auf einen bestimmten Gegner bezogene Aggressivität eigentlich damit zufrieden geben, auf ein Ersatzobjekt umgeleitet zu werden? Und wieso sollte das durch mangelnden Realitätsbezug gekennzeichnete Subjekt ausgerechnet auf den Juden als »Ersatzobjekt« kommen?

Die nahe liegende Erklärung für den im Volk weit verbreiteten Judenhass, dass die Mitmacher die politischen Urteile ihrer Obrigkeit über die Juden als auszurottende »Schädlinge« am deutschen Volkskörper geteilt haben, dass ihrem nationalistischem Bewusstsein die faschistische Judenhetze eingeleuchtet hat, kommt für Adorno natürlich nicht in Betracht. Denn erstens ist der Judenhass ja »zum großen Teil unbewusst«, eine Folge »unbewussten Vernichtungswillens« (S. 108), und zweitens nur eine Ersatzhandlung für die eigentlich den Autoritäten geltende Feindschaft. Stattdessen schließt Adorno aus der Faktizität des Judenhasses zurück auf dessen Funktionalität für den Seelenhaushalt des Menschen nach der Devise: Wenn die Menschen Judenhass gehegt haben, dann wird das ihre Psyche wohl auch benötigt haben:

»Das heißt nicht, dass Juden Hass auf sich ziehen *müssen* oder dass eine unabwendbare historische Notwendigkeit sie eher als andere zum idealen Angriffsziel sozialer Aggressivität macht. Es genügt, dass sie diese Funktion im psychischen Haushalt vieler Individuen erfüllen *können*.« (S. 108)

Der Mensch braucht Antisemitismus, weil andernfalls eine psychotische Störung droht – kaum zu glauben, aber leider wahr – auf diese Aussage läuft die Erklärung des Judenhasses durch einen vom Nationalsozialismus vertriebenen jüdischen Kritiker des Faschismus hinaus.

»Die Fremdheit der Juden scheint die handlichste Formel zu sein, mit der Entfremdung der Gesellschaft fertig zu werden. Den Juden die Schuld an allen bestehenden Übeln zuzuschieben, mag die Dunkelheit der Realität erhellen wie ein Scheinwerfer, der rasche und umfassende Orientierung gewährt.« (S. 124)

Im Lichte der von Adorno entdeckten nützlichen Beiträge des Judenhasses für den Seelenhaushalt in Gestalt der Bewahrung vor Orientierungslosigkeit – das Individuum wüsste ja glatt nicht mehr, wem es anstelle seiner Herrschaft die Verantwortlichkeit für die erlittene Repression und Triebversagung in die Schuhe schieben könnte – sowie der Reduzierung gesellschaftlicher Entfremdung stellt sich abschließend die Frage, was man vom triebpsychologischen Standpunkt aus eigentlich noch gegen Konzentrationslager einwenden sollte. Gemäß der Sichtweise der Psychologik des subjektiven Faktors scheint es sich wohl recht eigentlich um Sanatorien zu handeln, die der geschundenen Menschenseele der faschistischen Schergen die Gelegenheit zur gesundheitsförderlichen Triebabfuhr bzw. zur gemeinschaftsidentifikatorischen Sinnstiftung gegeben haben.

4. Die affirmative Generalleistung der Theorie des autoritären Charakters: Der Faschismus als Dienstleistung am seelischen Untertanenbedürfnis

Die Theorie des autoritären Charakters ist die psychoanalytische Konstruktion eines idealen Herrschaftsverhältnisses, in deren Rahmen die Subjektivität des faschistischen Untertanen darin besteht, das Anforderungsprofil der Herrschaft auf Untertänigkeit zu erfüllen. Die Quintessenz der Theorie besteht darin, unter vollständiger Abstraktion vom Inhalt staatlicher und ökonomischer Herrschaft im Kapitalismus, insbesondere von den Kalkulationen und Berechnungen der Untertanen, die sich als Lohnarbeiter, Steuerzahler usw. den ihnen vorgegebenen Lebensverhältnissen anpassen, die theoretische und praktische Loyalität der Bürger erklären zu wollen durch die Annahme eines psychischen Regelmechanismus namens autoritärer Charakterstruktur, der qua Internalisierung die geforderte Unterwerfung bewerkstelligt. Der passgenau auf die Bedürfnisse der Herrschaft zugeschnittene untertänig-masochistische Massencharakter ist zum einen die Funktionsbedingung des Faschismus. Zum anderen wird umgekehrt die Existenz der Obrigkeit als Erfüllung der verborgenen seelischen Bedürfnisse des Menschen vorstellig gemacht. War die Botmäßigkeit zunächst als reiner, aus Furcht vor der Autorität gespeister Unterwerfungsakt des Individuums gefasst, der sich aus den Notwendigkeiten der Herrschaft ergab, kommt als zusätzliche Bestimmung ins Spiel, dass die hingebungsvolle Unterordnung unter die Herrschaft zugleich den tiefsten Wünschen und Regungen der Menschenseele entspricht. Die aus den Notwendigkeiten der Herrschaft abgeleitete Unterordnungsbereitschaft des Bürgers wird also ergänzt durch ein seelisches Dienstverhältnis der Herrschaft am Untertanen. Die Herrschaft befriedigt dadurch, dass sie den Menschen Gelegenheit gibt, sich als Untertanen zu betätigen, zugleich auch deren psychische Notdurft, welche die sadistische Entladung ihrer Aggressivität am Ersatzobjekt der Juden einschließt. Wo angesichts dieser überaus harmonischen Lovestory zwischen der Herrschaft und ihren Untertanen eigentlich der Gegensatz zwischen der autoritären Herrschaft und den Bürgern geblieben ist, der immerhin noch am Ausgangspunkt der Erklärung des faschistischen Massenbewusstseins gestanden hatte, wagt man da gar nicht mehr zu fragen.

Und diese triebökonomische Konstruktion einer von der Gesellschaft erzeugten autoritären Charakterstruktur, die den Menschen mit allen Qualitäten des idealen Untertanen ausstattet, die »Bedingung und Resultat gesellschaftlicher Anpassung« (S. 323) zugleich ist, versteht sich als kritische Korrektur des ökonomischen Determinismus, der dem Marxismus zu Eigen sein soll. Das also soll der subjektive Faktor sein: der sadomasochistische Untertanencharakter als gesellschaftliche Naturbestimmung der bürgerlichen Subjektivität, die mit Hilfe der Freud'schen Psychologie in den Abgründen der menschlichen Seele verankert ist.

Kapitel 4
Skinner: Psychologie im Dienste der Steuerung des unbotmäßigen Staatsbürgerverhaltens

1. Der Behaviorismus als Gegenstand der humanistischen Feindbildpflege

Vertreter konkurrierender psychologischer Richtungen beziehen sich auf eine merkwürdig negative Weise auf die behavioristische Verhaltenstheorie. Ihre grundsätzliche Distanzierung vom Reiz-Reaktions-Modell erfolgt nicht etwa über eine sachliche Widerlegung der behavioristischen Theorie, die Erschütterung der Beweiskraft ihrer Argumentation. Der wissenschaftliche Streit wird vielmehr auf der vorgelagerten Ebene der Konkurrenz um das adäquate Menschenbild ausgetragen. Der Tenor der einschlägigen Stellungnahmen insbesondere aus der humanistischen Psychologie fasst sich darin zusammen, dass der radikale Behaviorismus mit seinen Konditionierungsmechanismen den Menschen seiner moralischen Autonomie und Verantwortung beraube, ihn zum instinktgesteuerten Tier herabwürdige, kurzum: seiner Wissenschaft ein unangemessenes Bild des Menschen zugrunde lege.

Die humanistischen Warnungen vor der praktischen Anwendung der behavioristischen Theorie beruhen freilich auf der impliziten Annahme, dass der Mensch tatsächlich gemäß dem Reiz-Reaktions-Modell funktionieren würde, d.h. sein Verhalten unabhängig von seinem Willen durch die Anordnung entsprechender Stimuli in die erwünschte Richtung gesteuert werden könnte. Würden die humanistischen Bedenkenträger nicht selber an die (zumindest begrenzte) Wirksamkeit der Konditionierung glauben, wäre ihr vehementer Einspruch gegen den als menschenunwürdige Manipulationswissenschaft titulierten Behaviorismus kaum verständlich.

Nun ist zwar einerseits nicht zu bestreiten, dass die behavioristische Verhaltensforschung den Menschen theoretisch in ein Tier, in ein Reiz-Reaktions-Bündel verwandelt, dem sie dann mittels ihrer Konditionierungs-Rezepte das erwünschte Verhalten zu entlocken trachtet. Aber wer sagt denn andererseits, dass die Benutzung des Wissens um den

Instinkt, mit dem sich Tiere bestimmte Verhaltensweisen andressieren lassen, dem Verhaltensforscher zugleich die praktische Handhabe verleiht, das menschliche Handeln zu manipulieren. Dann müsste der Mensch tatsächlich als Wesen ohne eigenen Willen gebaut sein.

2. Die tautologische Konstruktion eines Reiz-Reaktions-Mechanismus

Nicht einmal Burrhus Frederic Skinner selbst jedoch will die Nichtexistenz von Wille und Bewusstsein, von Interessen und Neigungen behauptet haben:

»Der Einwand gegen innere Zustände besteht nicht darin, dass diese etwa nicht existierten, sondern darin, dass sie für eine funktionale Analyse nicht relevant sind.« (Skinner 1973: 41)

Er definiert vielmehr den Willen als Störfaktor der Verwirklichung seines erkenntnisleitenden Interesses einfach als »irrelevant« weg. Weil die Annahme eines freien Willens die postulierte gesetzmäßige Determination des Handelns durch »vorausgegangene Bedingungen« vereiteln und damit die intendierte »Verhaltensprognose und -kontrolle unmöglich« machen würde, muss konsequenterweise die menschliche Subjektivität theoretisch eliminiert werden. Würde man nämlich die Existenz eines »inneren Willens« anerkennen, dann wäre das Verhalten ja nicht durch die Welt der äußeren Bedingungen oder Reize programmierbar:

»Wir können die Methoden der Wissenschaft nicht auf einen Gegenstand anwenden, von dem anzunehmen ist, dass er sich willkürlich verhält.« (ebd.: 16)

Skinner macht also nicht das geringste Geheimnis daraus, dass die von ihm entwickelte Verhaltenstheorie nichts anderes ist als die theoretische Übersetzung seines vor jeder erkennenden Befassung mit den Taten des Menschen propagierten Programms der Verhaltenskontrolle und -steuerung. Dieses praktische Interesse des Wissenschaftlers an der Entdeckung von Hebeln und Stellschrauben, mittels derer das Handeln der Menschen in die gesellschaftlich gewünschten Bahnen gelenkt werden kann, bildet die explizite inhaltliche Leitschnur seiner Theoriebildung:

»Die Wissenschaft beschreibt nicht nur, sie sagt vorher. Sie befasst sich nicht nur mit der Vergangenheit, sondern auch mit der Zukunft.

Doch auch die Vorhersage ist nicht der letzte Schluss: In dem Maß, wie relevante Bedingungen geändert oder, anders ausgedrückt, kontrolliert werden können, kann auch die Zukunft kontrolliert und gesteuert werden.« (ebd.: 16)

Weil Skinner das Handeln der Menschen der gesellschaftlichen Kontrolle unterwerfen will, definiert er sich seinen Untersuchungsgegenstand – das Verhalten – so zurecht, dass es durch äußere Einflüsse gesteuert und deshalb auch steuerbar ist.

»Sie (die Determination) widerspricht der seit langem überlieferten Ansicht, dass der Mensch ein frei Wirkender sei, dessen Verhalten ein Ergebnis nicht von unterscheidbaren, vorausgegangenen Bedingungen, sondern von spontanen inneren Richtungsänderungen ist. Maßgebende philosophische Vorstellungen über die menschliche Natur anerkennen einen ›inneren Willen‹, der mit der Kraft ausgestattet ist, in kausale Beziehungen einzugreifen, einen ›Willen‹, der Verhaltensprognose und -kontrolle unmöglich macht.« (ebd.)

Entsprechend seinem vorausgesetzten Interesse der Herstellung kausaler Zusammenhänge zwischen Umwelteinflüssen und menschlichen Aktivitäten bestimmt Skinner so – unter Ausschaltung der störenden Dazwischenkunft von Wille und Bewusstsein – jedwedes Handeln als »abhängige Variable«, das heißt als zwangsläufiges Resultat der Wirkung äußerer Bedingungen:

»Die externen Variablen, von denen Verhalten eine Funktion ist, ermöglichen, was man eine kausale oder funktionale Analyse nennen kann. (...) Das (Verhalten) ist unsere abhängige Variable – die Wirkung, für die wir die Ursache finden müssen. Unsere unabhängigen Variablen – die Ursachen des Verhaltens – sind die äußeren Bedingungen, von denen das Verhalten eine Funktion ist. Relationen zwischen beiden (...) sind die Gesetze einer Wissenschaft.« (ebd.: 42)

Mittels dieses Definitionsaktes sind Umwelt und Verhalten als Verhältnis von Ursache und Wirkung, von Reiz und Reaktion in eine tautologisch-zirkuläre Beziehung miteinander gesetzt, in welcher sich die beiden Seiten wechselseitig durch einander bestimmen. Die Eigenschaftsbestimmung des Verhaltens besteht darin, durch die Umwelt hervorgebracht zu sein, während umgekehrt die Umwelt dadurch gekennzeichnet ist, dass sie das Verhalten erzeugt.

Der auf diese zirkuläre Weise konstruierte Reiz-Reaktions-Apparat – als reines Vollstreckungsorgan der Vorgaben der äußeren Welt bestimmt – wäre aber auf der Grundlage der Modellannahmen gar nicht zu den Leistungen fähig, die Skinner ihm zuspricht. Völlig rätselhaft erscheint es, wie bei der vorausgesetzten Beschaffenheit des Reaktionsorgans eine bestimmte unabhängige Variable eine bestimmte Handlung überhaupt auslösen können soll. Denn dem Reaktionsorgan fehlt es auf der Grundlage seiner Definition als »Mann ohne Eigenschaften« an allen Voraussetzungen, überhaupt auf die Welt der Umwelteinflüsse reagieren zu können. Die Blackbox verfügt über keinerlei Maßstäbe, aus denen sich ergibt, auf welchen Reiz in welcher Weise reagiert werden soll. Die »inneren Zustände«, d.h. die Interessen, Neigungen etc., mit denen sich der Mensch auf die äußere Welt bezieht, nach deren Maßgabe er bestimmte Reize als reizvoll empfindet, andere jedoch nicht, sollen ja laut der Modellprämisse für die Art und Weise seiner reaktiven Bezugnahme auf die äußeren Bedingungen gänzlich unerheblich sein. Umgekehrt soll das konkrete zweckbestimmte Handeln ja erst als zwangsläufiges Resultat der äußeren Reize auf die Welt kommen. Eben dieses gänzlich kriterienlose Reaktionsorgan, das einerseits alle seine Bestimmungen aus seiner Umwelt bezieht, also als gänzlich unbestimmtes Wirkungspotenzial bestimmt ist, soll jedoch Skinner zufolge andererseits in der Lage sein, auf bestimmte äußere Reize gesetzmäßig bestimmte konkrete Verhaltensweisen zu emittieren.

Nicht zufällig streiten die von verhaltenswissenschaftlich orientierten Psychologen für den Beleg des Reiz-Reaktions-Automatismus angeführten einschlägigen Beispiele für das glatte Gegenteil ihres Beweisanliegens. Wenn Skinner & Co. hier auf jedermann bekannte Zusammenhänge zwischen äußeren Bedingungen und spezifischen Reaktionsweisen Bezug nehmen wie auf das Beispiel der angeblich »verhaltensauslösenden« roten Ampel, so rekurrieren sie bei Licht betrachtet auf Zusammenhänge, die im Widerspruch zu ihrer Behauptung gestiftet werden durch Wille und Bewusstsein, durch den berechnenden Bezug des Menschen auf die ihm vorausgesetzten äußeren Bedingungen. Dass sich die Verkehrsteilnehmer in aller Regel an Verkehrszeichen halten, setzt nämlich erstens voraus, dass sie um deren Bedeutung wissen und sie zweitens die Befolgung der Verkehrsregeln für einen Akt der Vernunft halten oder aber der drohenden Konsequenz der Ahndung von Zuwiderhandlungen durch die Hüter von Gesetz und Ordnung entgehen wollen.

Der Reaktionsunfähigkeit des Reaktionsorgans entspricht die Unfähigkeit der Reize, von sich aus – ohne die Zwischenschaltung von Wille und Bewusstsein – Handlungen auslösen zu können. Denn nach Eingeständnis der Verhaltensforscher kann an den Stimuli selbst gar keine konditionierende Qualität festgestellt werden. Die wirkungserzeugende Qualität der Reize soll sich vielmehr erst im Resultat, das heißt an ihrer Wirkung beweisen:

»Das Kriterium (ob etwas ein diskriminativer Stimulus ist oder nicht) ist nur, ob der Stimulus irgendeine Wirkung auf unser Verhalten hat.« (ebd.: 122)

Wenn sich aber an keinem Reiz selbst feststellen lässt, warum und auf welche Weise dieser in der Lage ist, eine bestimmte Reaktionsweise zu erzeugen, dann lässt sich auch kein bestimmter Reiz identifizieren, der eine bestimmte Verhaltensweise hervorgerufen haben soll. Am Beispiel der Ampel: Woher will Skinner wissen, dass es ausgerechnet das rote Ampellicht war, welches die Verkehrsteilnehmer davon abgehalten hat, die Straße zu überqueren, und nicht etwa ein anderer Umwelteinfluss wie beispielsweise die Wetterlage, wenn er gar nicht anzugeben vermag, aufgrund welcher Qualitäten denn die Ampel ihre verkehrsregulierende Wirkung zu entfalten vermag?

3. Das selbstkonstruierte Reizchaosproblem und seine Lösung: die Verstärker

Skinner selbst hat – allerdings auf reichlich verquere Weise – die Entdeckung gemacht, dass sein Reiz-Reaktions-Apparat gar nicht in der Lage ist, seiner Funktion zu entsprechen und selektiv bestimmte Verhaltensweisen zu produzieren:

»Würde alles Verhalten mit gleicher Wahrscheinlichkeit bei allen Anlässen auftreten, wäre das Ergebnis ein Chaos. Es ist ganz offensichtlich vorteilhaft, dass eine Reaktion nur dann stattfindet, wenn sie wahrscheinlich verstärkt wird.« (ebd. S. 108)

Wenn nämlich definitionsgemäß für menschliches Handeln das Wirken von Umwelteinflüssen verantwortlich ist, dann müsste laut Skinner der Mensch eigentlich zur gleichen Zeit ebenso viele Reaktionsweisen emittieren, wie Umwelteinflüsse auf ihn einwirken. Das Ergebnis wäre ein einziges Chaos. Da aber augenscheinlich in der Welt kein Verhaltens-Chaos herrscht, dieses Chaos Skinners reiztheoretischen Annahmen zufolge aber eigentlich herrschen müsste, stellt sich die Frage: Wie lässt sich dieses Ergebnis vermeiden, ohne das Reiz-Reaktionsmodell über Bord werfen zu müssen? Die Antwort auf dieses von Skinner selbst erzeugte Problem lautet: Indem man zwischen den Reizen eine Unterscheidung nach ihrer wirkungserzeugenden Qualität vornimmt. Das Handlungschaos wird dann theorieimmanent durchaus folgerichtig nicht etwa durch eine Auswahlentscheidung des Menschen vermieden, welchem Reiz aus der Reizflut der Außenwelt er folgen will. Sondern die Reize erweisen dem Menschen den Gefallen, sich selber in verhaltensauslösende und nicht verhaltensauslösende Reize aufzuspalten, sodass das Reaktionsorgan im Ergebnis immer nur einer einzigen verhaltenssteuernden Anordnung unterliegt. Es sollen also zwei Klassen von Stimuli existieren: Die einen, die als »Verstärker« das Verhalten erzeugen, die anderen, die sich in Sachen Verhaltensauslösung abstinent oder vornehm zurückhaltend verhalten. Die Frage, auf welchen Eigenschaften der Reize denn deren behauptete unterschiedliche Wirkungsqualität beruhe, woran man namentlich einen verstärkenden Reiz erkennen könne, beantwortet Skinner in bewährt tautologischer Manier. Verstärker erkennt man als Verstärker an ihrer verstärkenden Wirkung:

»Trotzdem wird gewöhnlich angenommen, Verstärker könnten unabhängig von ihrem Effekt auf einen bestimmten Organismus erkannt werden. So wie wir den Begriff hier benutzen, besteht jedoch das einzig definierende Merkmal eines verstärkenden Stimulus darin, dass er verstärkt.« (ebd.: 76)

Zum Beweis dafür, dass das Verhalten auf das Wirken eines verstärkenden Reizes zurückzuführen sei, bedienen sich verhaltenswissenschaftliche Psychologen wiederum des schon im Ansatz beweisuntauglichen Verfahrens der Korrelationsstatistik:

»Die einzige Möglichkeit, um herauszufinden, ob ein gegebener Vorgang einen gegebenen Organismus unter gegebenen Bedingungen verstärkt oder nicht, ist die des direkten Tests. Wir beobachten die Häufigkeit einer ausgewählten Reaktion, lassen den Vorgang auf sie einwirken und verfolgen dann jede Veränderung der Häufigkeit. Tritt eine solche Veränderung ein, so klassifizieren wir den Vorgang seinem Effekt nach und unter den gegebenen Bedingungen als verstärkend für den Organismus.« (ebd.: 76)

Das gehäufte gemeinsame oder aufeinanderfolgende Auftreten zweier Ereignisse erlaubt nämlich keinen Schluss auf ein Ursache-Wirkungs-Verhältnis. Oder werden Störche dadurch zur Ursache von Geburten, dass sie in einer den Regeln der Signifikanz gehorchenden Häufigkeit »im Zusammenhang« von Geburten beobachtet werden?

4. Die Steuerungslogik der operanten Konditionierung

In der Kategorie des Verstärkers vollzieht sich zugleich der Übergang von der Verhaltensprognose zur Verhaltenssteuerung. Das Steuerungsideal der operanten Konditionierung formuliert sich dahingehend, die Auftretenswahrscheinlichkeit einer Reaktion erhöhen oder reduzieren zu können durch die systematische Verknüpfung des Verhaltens mit positiven (Belohnung) oder negativen Konsequenzen (Bestrafung). Zukünftiges Verhalten, insbesondere Verhaltensänderungen, sollen durch die Manipulation der Folgen oder Auswirkungen des vorangegangenen Verhaltens herbeigeführt werden:

»Folgt ein Reiz in kontingenter Weise auf eine Reaktion und nimmt mit der Zeit deren Auftretenswahrscheinlichkeit zu, so ist er ein positiver Verstärker (...) Jeder Reiz, der – wenn er vermieden oder entfernt oder in der Intensität reduziert wird – mit der Zeit die Auftretenswahrscheinlichkeit einer Reaktion ansteigen lässt, ist ein negativer Verstärker.«

Umgekehrt ist Bestrafung »die Verabreichung eines aversiven Reizes nach einer Reaktion. Analog zur positiven und negativen Verstärkung kann man auch positive und negative Bestrafung definieren. Folgt ein aversiver Reiz auf ein Verhalten, wird dieses Ereignis als positive Bestrafung bezeichnet. Folgt auf ein Verhalten die Entfernung eines angenehmen Reizes, nennt man dieses Ereignis eine negative Bestrafung.« (Zimbardo/Gerrig 1999: 219f.)

Mit dem Wechsel von der klassischen zur Sekundärkonditionierung zieht Skinner seine bisherige Behauptung, wonach das Verhalten durch Umweltreize hervorgebracht werde, selbst aus dem Verkehr. Denn nun soll es ja nicht mehr das rote Ampellicht sein, das die Verkehrsteilnehmer zum Anhalten an der Straßenkreuzung bewegt, sondern die Verhängung des Bußgeldes, die einer Nichtbeachtung des Verkehrszeichens mit kontingenter Regelmäßigkeit auf dem Fuße folgt.

Die verhaltenswissenschaftliche Logik, die zur Bebilderung der Wirksamkeit der operanten Konditionierung die Strafe als Produzentin des regelkonformen Verhaltens, den Lohn als Stimulus für den Response der Verrichtung abhängiger Arbeit, die Schulnote als Erzeugerin von Lernverhalten zitiert, macht sich hier missbräuchlich die in der Gesellschaft real existierenden Herrschafts- und Erpressungsverhältnisse – die Strafgewalt des Staates, die Zwingkraft des Privateigentums oder die Selektionsmacht der Schule – zunutze. Ausgerechnet die Resultate des berechnenden Umgangs des Menschen mit den ihm vorausgesetzten gesellschaftlichen Zwängen, die willentliche Unterwerfung unter die Direktiven gesellschaftlicher Herrschaft sollen als Belege für die Existenz eines idealen unausweichlichen Entsprechungsverhältnisses zwischen den Subjekten und den Anforderungen der Welt fungieren. Wenn behavioristische Psychologen vom »Vermeidungsverhalten« reden, ist nicht der antizipatorisch-kalkulierende Bezug des Menschen im Hinblick auf die drohenden negativen Konsequenzen seines Tuns gemeint, sondern die Betätigung einer quasiautomatischen Selbststeuerungspotenz zur Verhaltenskonformität. Die Anpassung an die Anforderungen der Welt ist die in ihm selbst in Form eines Reiz-Reaktionsapparats in seinem »Organismus« angelegte Naturbestimmung des Menschen.

5. Das verhaltenswissenschaftliche Ideal der Selbstkontrolle

Der Verhaltensforschung selbst ist nun freilich nicht entgangen, dass sie andauernd das Walten eines zwecksetzenden berechnenden Willens unterstellt, dessen Existenz qua ihrer eigenen Modellkonstruktion definitiv ausgeschlossen ist. Diese Entdeckung bildet für sie freilich keinen Grund, ihr Modell in Zweifel zu ziehen, sondern hat sie vielmehr zu Anstrengungen bewegt, den konstatierten Mangel durch Einbau des Willens in das Reiz-Reaktionsmodell beheben zu wollen:

»Trotzdem scheint der Einzelne in erheblichem Maße sein Schicksal selbst zu bestimmen. Die Einzelperson ›wählt‹ zwischen Alternativen des Handelns, sie ›durchdenkt‹ ein Problem, während sie von der relevanten Umwelt isoliert ist, und sie sorgt für ihre Gesundheit und ihre Stellung in der Gesellschaft, indem sie ›Selbstkontrolle‹ ausübt (...) Allerdings brauchen wir deshalb nicht unser Programm aufzugeben. Wenn ein Mensch sich selbst kontrolliert, sich zu einer bestimmten Verhaltensweise entschließt, die Lösung eines Problems ausarbeitet, (…) *verhält* er sich. Er kontrolliert und steuert sich selbst, ebenso wie er das Verhalten einer anderen Person steuern würde – durch Manipulation von Variablen, deren Funktion das Verhalten ist.« (Skinner 1973: 214)

Dieser Rettungsversuch ist freilich mit einer Reihe neuer Ungereimtheiten verbunden. Zunächst einmal kann es die bezeichnenderweise in Anführungsstriche gesetzten Sachverhalte im Rahmen der Logik des

Reiz-Reaktions-Modells gar nicht geben: den reizfreien Raum und den von seiner reizenden Umwelt isolierten Menschen, der sich frei von deren Vorgaben eigenständig Gedanken über die Welt macht und Alternativen des Handelns abwägt. Denn laut Skinner ist doch alles Verhalten Reaktion auf Umweltreize. Jetzt aber soll der Mensch zugleich in der Lage sein, unabhängig von der Wirkkraft der Reize zu urteilen und zu handeln.

Die von Skinner präsentierte Lösung des Problems, wie der Mensch sowohl als passives Reaktionsorgan der Umweltbedingungen als auch als Steuerungssubjekt über die Welt der Reize Regie führen kann, heißt »der selbstkontrollierte Mensch« und treibt die Widersprüchlichkeit der Konstruktion auf die Spitze. Der Mensch, ursprünglich als reines Vollzugsorgan der auf ihn einwirkenden Umweltreize gefasst, soll nun zugleich als Entscheidungsinstanz fungieren, ob und von welchen Reizen er sich steuern lässt und von welchen nicht. Wenn aber der Mensch letztendlich die Entscheidung trifft, von welchen Umwelteinflüssen er sich bestimmen lässt, dann lässt er sich überhaupt nicht bestimmen, dann ist sein Verhalten nicht die abhängige Variable des Wirkens der Reizwelt, sondern dann bestimmt er selbst die Inhalte seines Tuns.

Für den Verhaltenswissenschaftler ist dies freilich kein Widerspruch. Eine derartige widersprüchliche Identität des Menschen als abhängiger Variable der Umwelt und frei entscheidendem Handlungssubjekt existiert nur auf der Basis des verhaltenswissenschaftlichen Ideals eines Übereinstimmungsverhältnisses zwischen dem Menschen und seiner äußeren Welt, in dem die äußere Determination des handelnden Subjekts mit seinem Willen zur Anpassung an die Welt zusammenfällt.

Im Zuge der verhaltenswissenschaftlichen Konstruktion dieses Entsprechungsverhältnisses wird das wirkliche Verhältnis zwischen den sanktionsbewehrten Anforderungen der sozialen Welt und den Subjekten, die diesen herrschaftlichen Ansprüchen unterliegen, gründlich auf den Kopf gestellt. Die gesellschaftlichen Zwecke, denen die Bürger entsprechen sollen, tauchen nämlich in der Optik der Verhaltenswissenschaft als verstärkende Stimuli auf, um den quasinatürlichen »Willen« der Individuen nach anpassender Orientierung zu bedienen. Die wirklichen Zwecke also, nach denen sich die Menschen richten müssen, treten auf als Einrichtungen, welche dafür sorgen, dass das Ideal des Verhaltenswissenschaftlers vom reibungslos-gesetzmäßigen Funktionieren des Staatsbürgerwillens aufgeht. So gesehen ist die Unterwerfung unter die Imperative der Staatsgewalt letztlich das Ergebnis einer Verstärkerauswahl der Bürger. Die Staatsgewalt, das Erziehungswesen, die Berufswelt, Familie und Kultur etc., deren verhaltenssteuernde Leistungen Skinner (1973: 307ff.) einer kritischen Würdigung unterzieht, bilden im Prinzip überaus hilfreiche Umweltreize, die das Reiz-Reaktionsbündel Mensch einfach benötigt, um adäquat sozialkonform reagieren zu können. Insgesamt ist dies eine genial-affirmative Weise, die herrschaftliche Existenz des Staates und der von ihm unterhaltenen Institutionen der Gesellschaft gedanklich um die Ecke zu bringen.

Abschließend stellt sich nur noch die Frage, worin sich das behavioristische Ideal der »Selbstkontrolle« via Verstärkerauswahl eigentlich von den Vorstellungen seiner Gegner aus der humanistischen Psychologie unterscheidet, welche die selbstbestimmte Anpassung des Menschen an die Welt als Verwirklichung seiner Entfaltungsfreiheit propagieren. Eine genauere Antwort auf diese Frage gibt Kapitel 6.2.

6. Exkurs: Das Stichwort Manipulation

Mit der Widerlegung der behavioristischen Theorie werden sich freilich diejenigen nicht zufrieden geben, die ganz losgelöst vom verhaltenswissenschaftlichen Reiz-Reaktions-Schema der Auffassung sind, dass es den Tatbestand der Manipulation gibt. Manipulation in dem Sinne, dass Denken und Handeln der Menschen unabhängig von Willen und Bewusstsein der Betroffenen der heimlichen Steuerung durch fremde, insbesondere politische oder wirtschaftliche Mächte unterliege. Diese Auffassung erfreut sich eines hohen Verbreitungsgrades nicht nur im Bereich der Gesellschaftswissenschaften. Die Warnmeldung »Vorsicht vor Manipulation« gehört geradezu zum Standardrepertoire eines »mündigen« Staatsbürgers. Soziologen, Kommunikationswissenschaftler und Medienexperten, selbstredend auch Psychologen, wollen in den verschiedensten Bereichen des gesellschaftlichen Lebens Sachverhalte entdeckt haben, die sich nur durch die Wirkung von Manipulations-Mechanismen erklären lassen sollen.

Als Standardbeispiel einer derartigen Fremdsteuerung diente in Zeiten der 68er-Studentenbewegung die angebliche Meinungsmanipulation durch die Springerpresse. Die Erfolge des Nationalsozialismus beruhen nach Auffassung von Wilhelm Reich (1933/1974) auf der gelungenen Manipulation des Volkes durch die Verwendung solcher Symbole wie des Hakenkreuzes, das den geheimen, unbewussten sexuellen

Sehnsüchten der unterdrückten Volksmassen Ausdruck verliehen haben soll. Zeitgenössische Anhänger der Manipulationsthese halten es eher mit dem Hinweis auf die unbestreitbaren Verführungskräfte der Werbung, welche die Menschen zu Kaufentscheidungen veranlasse, die im Widerspruch zu ihrem »eigentlichen« Willen stünden.

Zum Beispiel Werbung: Dass Wirtschaftsunternehmen Werbung zum Zwecke der Verkaufsförderung einsetzen und die Massenmedien die Meinung ihrer geneigten Leser bilden wollen, ist die eine Sache. Ob und wie diese Absicht verwirklicht wird, steht jedoch auf einem ganz anderen Blatt. Auch wenn die Experten der Werbepsychologie selber an die manipulative Wirkkraft ihrer Kampagnen glauben mögen – wie kann der Wille auf einen bestimmten Inhalt festgelegt werden unter gleichzeitiger Umgehung des Willens? Die Werbung kann vielmehr die beabsichtigte Wirkung nur entfalten, weil und wenn sich die werte Kundschaft die ihr präsentierten Argumente für ihre Kaufentscheidung einleuchten lässt. Entweder bedient die Werbung für ein Produkt die ohnehin bei den Individuen bereits vorhandenen Bedürfnisse und gibt ihnen eine Entscheidungshilfe, für welches Produkt sie ihre immer zu knappe Kaufkraft verwenden sollen. Oder dem Konsumenten wird eine neue, bislang unbekannte Form des Genusses oder der Bedürfnisbefriedigung vorgestellt, auf die er sich vom Standpunkt seiner Konsuminteressen positiv bezieht. Oder aber die Werbung reflektiert erfolgreich auf die »interessierte Dummheit« des Konsumenten, der den Werbeversprechen allzu gerne Glauben schenkt und deshalb das einschlägige Rasierwasser erwirbt, das einem die in Aussicht gestellten Erfolge in der Damenwelt bescheren soll.

Alle Formen der Kunden-Reaktion auf die Werbung aber sind Akte von Willen und Bewusstsein. »König« Kunde trifft die Entscheidung, auf die Befriedigung welcher Bedürfnisse er verzichten will, immer noch selber. Keine Spur davon, dass die Konsumenten durch ihnen nicht bekannte, ihrem Willen und Bewusstsein entzogene, manipulative Antriebe bestimmt würden, die sie unwissentlich dazu bewegen würden, etwas zu kaufen, was sie gar nicht begehren.

Es fragt sich im Übrigen auch, woran man das Walten manipulativer Einflüsse überhaupt erkennen können will. So werden von den Anhängern der Öko-Szene mit Vorliebe so genannte künstliche Bedürfnisse als Produkt der Manipulation an den moralischen Pranger gestellt. Der Verzehr von Müsli, der Gebrauch von phosphat- und parfümfreien Waschmitteln oder die Fortbewegung per Drahtesel soll demgemäß zu den

»natürlichen« Bedürfnissen rechnen, während Konsumtion oder Gebrauch von Kaviar, Weichspülern und Autos zu den »künstlich erweckten« Bedürfnissen gezählt werden. »Natürlich« im eigentlichen Sinne ist keines der genannten Produkte. In welchem Falle also soll Manipulation vorliegen? Das hängt eben ganz vom Standpunkt des Betrachters ab. Ein Yuppie wird Luxus zum natürlichsten Bedürfnis des Menschen überhaupt erklären und verächtlich auf die seiner Meinung nach ideologisch manipulierten Öko-Verzichtsideologie-Jünger herabblicken. Umgekehrt, umgekehrt. Ob also Manipulation vorliegt, entscheidet sich nicht an einem objektiven Inhalt einer Auffassung oder eines Verhaltens, sondern an der definitorischen Willkür desjenigen, der diesen Vorwurf erhebt, der seine (Geschmacks-)Urteile zur Messlatte der Bewertung des fremden, missbilligten Verhaltens erhebt.

Ebenso wenig haltbar ist die Behauptung der angeblichen Meinungsmanipulation durch die Presse. Die Übernahme der von der Presse präsentierten Einschätzungen der Weltenläufte setzt nämlich immer noch voraus, dass die Leserschaft die dargebotenen Argumente überzeugend findet und sie sich geistig zu eigen macht. Wer im WM-Sommer 2006 den Anregungen der deutschen Presse folgte, den nationalen Anspruch auf Sieg der deutschen Fußballnationalmannschaft durch seinen Beitrag zu einem schwarz-rot-goldenen Fahnenmeer zu unterstreichen, der muss bereits zuvor den Standpunkt des Stolzes auf die Erfolge der Nation teilen, als deren ideeller Nutznießer er sich fälschlicherweise begreift. Wer unter dem Eindruck der seinerzeit von den Organen der Springerpresse verbreiteten Pogromstimmung gegen die Anführer der Studentenbewegung dem Attentat auf Rudi Dutschke mehr oder weniger »klammheimlich« applaudierte, der handelte in voller Übereinstimmung mit den Negativurteilen der Springerpresse über die Studentenbewegung und deren politische Ziele.

Dass die Springerpresse das reaktionäre Massenbewusstsein nicht erzeugt, sondern »lediglich« bestärkend bedient hat, konnte und wollte der Studentenbewegung natürlich auf der Grundlage der unterstellten antikapitalistischen Einheit von Volk und Bewegung nicht in den Sinn kommen. Der an die Presse adressierte Manipulationsvorwurf stand hier ganz im Dienste der Pflege des guten Glaubens der Bewegung an die »eigentlich« herrschende Überstimmung ihrer politischen Ziele mit denen der deutschen Bevölkerung. Die Bewegung konstatierte die offenkundige Differenz, um sie mittels der Manipulationsdiagnose in Abrede zu stellen. Wenn das westdeutsche Volk der Bildzeitungsleser mehrheitlich den US-Militäreinsatz in Vietnam unterstütze und die Hetze der Springerpresse gegen die Führer der Studentenbewegung derartigen Anklang finde, dann könne dies nur daran liegen, dass der Volkswille in die manipulativen Fänge der Gegenseite geraten sei.

Die Erhebung des Manipulationsvorwurfs enthält im Übrigen bereits seine Selbstwiderlegung. Wer die Springerpresse dafür verantwortlich machen will, dass ein Großteil der westdeutschen Bevölkerung den US-Krieg in Vietnam befürwortet hat, präsentiert sich unfreiwillig als das leuchtende Gegenbeispiel für eine von Manipulationen freie Meinungsbildung. Man selbst ist ja offensichtlich der Meinungsmanipulation nicht aufgesessen und hat sich ein unbeeinflusstes alternatives Urteil über den in Rede stehenden politischen Sachverhalt gebildet. Dieselbe Freiheit der Beurteilung, das Gelesene zu akzeptieren oder zu verwerfen, diese oder eine andere Schlussfolgerung aus ein und derselben Presseberichterstattung zu ziehen, die Freiheit also, die man sich selber nimmt, will man den Lesern der Bildzeitung jedoch nicht zugestehen. Diese sollen ohne Gebrauch ihres prüfenden und beurteilenden Verstandes der Macht der Manipulation unterlegen sein.

Eben darin liegt der immanente Argumentationswiderspruch des Manipulationstheoretikers, sich von seiner eigenen Theorie ausnehmen zu wollen, im Unterschied zum Rest der Menschheit über ein elitäres Bewusstsein der Fremdbestimmung des Willens zu verfügen, das es ihm erlaubt, Manipulationstatbestände aufzudecken, bei anderen, versteht sich. Das ist aber auf der Grundlage seiner eigenen Theorie gar nicht möglich. Gäbe es nämlich die dem Bewusstsein verborgene heimliche Fremdsteuerung des Willens, wäre sie für niemanden zu entdecken, weil ausnahmslos alle und damit auch der Verfechter der Manipulationstheorie der Manipulation unterliegen würden. Und was ist mit den manipulierenden Mächten selber? Das Denken anderer steuern zu können, setzt notwendigerweise voraus, dass man selber gegenüber der Wirkkraft der Manipulation immun ist. Wo kommen solche manipulationsresistent-autonomen Steuerungs-Subjekte her, wenn doch die Bewusstseinslage aller durch Fremdsteuerung beherrscht ist? Auch auf diese Frage muss die Manipulationstheorie notwendigerweise eine Antwort schuldig bleiben.

Logisch gesehen ist der manipulierte Mensch eben eine praktische Unmöglichkeit. Die Theorie behauptet die Existenz einer Persönlichkeit, die einerseits mit Willen und Bewusstsein ausgestattet ist, ansonsten bräuchte und könnte der Mensch gar nicht manipuliert werden. Zugleich wird derselben Persönlichkeit jedoch andererseits die Existenz von Wille und Bewusstsein – weil fremdgesteuert – abgesprochen.

Im Falle der 68er-Protestbewegung hatte immerhin der Inhalt der öffentlichen Meinung noch eine entscheidende Rolle gespielt. Die Presseberichterstattung wurde gerade wegen ihrer politischen Urteile und deren angeblicher schädlicher Wirkung auf das politische Bewusstsein der Bevölkerung angegriffen. Inzwischen hat sich das »Argument Manipulation« zu einem Standpunkt weiterentwickelt, der sich gänzlich von der Beurteilung dessen, was gesagt wird, freigemacht hat. Die Erhebung des inhaltslosen Generalverdachtes der Manipulation fungiert als Waffe in der Auseinandersetzung mit »Andersdenkenden«, die bereits im Ausgangspunkt jeden Streit in der Sache verhindert. Der im Namen der »Fremdbestimmtheit« gegen andere gerichtete Manipulationsvorwurf hat den Charakter eines sachlich unbegründeten Abweichungsverdiktes von der aus Sicht des Anklägers gebotenen Denk- oder Handlungsweise. Die missbilligte Auffassung wird nicht kritisiert, sondern als eigentlich gar nicht existent zurückgewiesen, weil sie angeblich nicht auf einer eigenständigen Willensbildung beruhe und deshalb eine inhaltliche Befassung nicht verdiene.

Der von der Betrachtung des Inhaltes losgelöste Maßstab – selbstbestimmt = gut und fremdbestimmt = schlecht – ist aber zur Beurteilung eines Gedankens oder einer Handlung gänzlich ungeeignet. Denn ein objektiv schlechtes Anliegen wird nicht dadurch besser, dass es ganz selbstbestimmt verfolgt wird. Wenn die Politik mittels Hartz IV ganz souverän und selbstbestimmt die Langzeitarbeitslosen auf ein neues Armutsniveau setzt, dann vermag das an der negativen Qualität dieses Aktes kein Jota zu ändern. Und umgekehrt verdienen fremdbestimmte Handlungen nicht unbesehen ein Negativprädikat. Manchmal ist Fremdbestimmung geradezu ein Segen, beispielsweise wenn Kinder daran gehindert werden, bei »Rot« die Straße zu überqueren.

Die Waffe des Manipulationsverdiktes entfaltet ihre ideologische Produktivität insbesondere gegenüber solchen politischen oder weltanschaulichen Positionen, die aus dem Rahmen der herrschenden Auffassungen herausfallen. Mitglieder von missliebigen Gruppierungen, die als religiöse Sekten oder als unerwünschte Parteienkonkurrenz eingestuft worden sind, werden so behandelt, als hätten sie sich einer Gehirnwäsche unterzogen, als würden und könnten sie gar nicht wissen, welche Ideen sie eigentlich so im Kopfe haben. Ihnen wird im Ausgangspunkt jedes eigenständige Bewusstsein abgesprochen. Nie haben sie aufgrund ihrer selbständigen Urteilsbildung rechtsradikalen Parteien ihre Stimme gegeben, sondern sie sollen das Opfer der Verführung von politischen Rattenfängern sein, ganz genauso wie die durch erfolgreiche Meinungsmanipulation von ihrer eigentlichen gesellschaftskritisch-antikapitalistischen Position abgebrachte Bevölkerung der BRD.

So vereint am Ende die Manipulationsthese die kritische Studentenschaft der 68er-Generation mit den modernen Kammerjägern der Demokratie. Sowohl die von den kritischen Studenten diagnostizierte Konformität des Massenbewusstseins als auch ihr Gegenteil, die Abweichung geächteter Minoritäten von der herrschaftlich angesagten politischen Orientierung, sollen das Werk gelungener Manipulation sein. Erstaunlich, was eine falsche Theorie des Willens alles so leistet.

Kapitel 5
Sozialpsychologische Fehlerklärungen der Ausländerfeindlichkeit

1. Ausländerfeindlichkeit in der Ex-DDR

Beginnen wir mit einer spezifischen Erklärungsvariante zu diesem Thema, das – wie die jüngste politische Auseinandersetzung um die Vorfälle in Potsdam belegt – nach wie vor im Mittelpunkt des Interesses nicht nur der wissenschaftlichen Öffentlichkeit steht: der Erklärung der in den neuen Bundesländern herrschenden (gewalttätigen) Ausländerfeindlichkeit aus den als »repressiv-autoritär« titulierten gesellschaftlichen Verhältnissen der Ex-DDR.

Der einschlägige Forschungsstand ist von C. Wergin wie folgt zusammengefasst worden:

»Nach den Erkenntnissen des Hallenser Psychotherapeuten Maaz und den Untersuchungen von Alice Miller kann der in der DDR erlebte Autoritarismus und das z.T. gesellschaftlich erzeugte Mangelmilieu durch zu frühe Kindestagesbetreuung zu einem gewissen Härteideal und ggf. zu nach außen gekehrter Aggression als Kompensation für zu früh erfahrenes Leiden führen.« (Wergin 1993: 78ff.)

Im Ausgangspunkt der Erklärung begegnen wir wieder dem gewohnheitsmäßig praktizierten Desinteresse der Psychologie gegenüber dem Inhalt der Gedanken und Taten, die den Erklärungsgegenstand dieser Wissenschaft bilden. Dementsprechend findet eine Auseinandersetzung mit rechtsextremem, ausländerfeindlichem Gedankengut nicht einmal in Spurenelementen statt.[37] Eine derartige Befassung mit der Sache selbst hätte freilich möglicherweise zu dem Resultat geführt, dass der Grund für die verstärkte Ausländerfeindlichkeit in den neuen Bundesländern weniger in den Sozialisationsbedingungen der früheren DDR als vielmehr im Nationalismus der neu rekrutierten Bundesbürger zu suchen wäre, einem staatsbürgerlichen Nationalismus, der die Anwesenheit von

[37] Zur Argumentationslogik und apologetischen Leistung der einschlägigen Erklärungsmuster vgl. Becker 1993.

Ausländern auf deutschem Boden und deren Ausstattung mit staatsbürgerlichen Rechten wie der Teilnahme am Arbeits- und Wohnungsmarkt, des Arbeitslosenunterstützungs-, Sozialhilfe- und Kindergeldbezuges als elementare Fürsorgepflichtverletzung des deutschen Nationalstaates gegenüber seiner einheimischen Stamm-Mannschaft begreift. Und sich daran macht, das in seinen Augen verletzte staatsbürgerliche Privileg, wonach Deutschland den Deutschen gehört und er das bevorzugte Objekt der Versorgung mit (sozialstaatlichen) Wohltaten wie Arbeitsplätzen, Wohnungen, Sozialhilfe etc. zu bilden hat, mittels selbsttätiger Privatgewalt wiederherzustellen. Dabei wäre freilich zutage getreten, dass in dieser durch die rechtsradikalen Ausländerfeinde von unten in Szene gesetzten Befreiung Deutschlands von unerwünschten Ausländern im Kern nur die allgemeinen ausländerpolitischen Leitsätze aller demokratischen Regierungen vollstreckt werden sollten, welche unter den einschlägigen Losungen »Das Boot ist voll« oder »Deutschland ist kein Einwanderungsland« sowie der generellen Klassifizierung von Flüchtlingen als Wirtschaftsasylanten propagiert worden waren. Zum Vorschein wäre auch die maßgebliche Differenz zwischen dem geachteten und dem geächteten Nationalismus gekommen. Diese besteht darin, dass die rechtsradikale Ausländerfeindlichkeit sich am staatlichen Gewalt- und Entscheidungsmonopol (in Sachen Ausländerpolitik) vergeht und sich mit ihrer undifferenzierten Ausländerfeindlichkeit, die jeden Ausländer als Parasiten am deutschen Volkskörper begreift, in gewissem Widerspruch befindet zur offiziellen Ausländerpolitik, die trennscharf zwischen nützlichen und nicht nützlichen Ausländern zu unterscheiden weiß. Nein, einen Zusammenhang zwischen der offiziellen Politik des bundesdeutschen Nationalstaates und der Ausländerfeindlichkeit seiner Bürger aufdecken zu wollen, liegt der sozialpsychologischen Erklärung vollständig fern. Sie stuft vielmehr im Einklang mit der offiziellen Politik die rechtsradikale Ausländerfeindlichkeit als gemäß ihren politischen und moralischen Maßstäben fraglos zu verurteilenden Unrechtstatbestand ein, um sich dann unter der Fragestellung »Wo kommt das her, was eigentlich nicht sein darf?« auf die Suche nach den Ursachen des unerwünschten ausländerfeindlichen Verhaltens zu begeben. Und dabei wird sie fündig in den gesellschaftlichen Verhältnissen der Ex-DDR.

Inhaltlich lässt sich der behauptete Zusammenhang durch zwei Fragen leicht aus den Angeln heben. Warum eigentlich soll aus früher erlebter Unterdrückung ausgerechnet Gewaltbereitschaft gegen andere folgen? Läge da eine prinzipielle Absage an die Gewalt nicht weitaus näher? Denn die leidvolle Erfahrung mit persönlich erlittener Gewalt könnte einen doch lehren, solche Methoden bei der Erziehung der eigenen Kinder oder allgemein im gesellschaftlichen Verkehr aus dem Spiel zu lassen. Von der behaupteten Folge der Aggression gegen andere aus erlittener Frustration also nicht die geringste Spur. Unterstellt man aber einmal eine derartige aus Leiderfahrung geborene Gewaltbereitschaft, stellt sich die Frage, warum denn die Gewalt sich ausgerechnet gegen die Ausländer wendet, die mit der früher geübten Unterdrückung nun wirklich nichts zu tun haben, und sich nicht vielmehr gegen das repressiv-autoritäre System der DDR und dessen Repräsentanten richtet.

Die zitierten Autoren und ihre Anhängerschaft freilich würden ihre Auffassung durch diese Gegenargumente keineswegs für widerlegt halten und unter Berufung auf den doppelten Potenzialis ihrer Aussage »Der Autoritarismus (...) *kann gegebenenfalls* dazu führen« einwenden, dass ein *zwangsläufiger* Zusammenhang zwischen Ex-DDR-Sozialisation und Ausländerfeindlichkeit auch gar nicht behauptet worden sei. Sondern nur ein *möglicher.*

Die Berufung auf die Kategorie der lediglich potenziellen oder bedingten Wirkung ist aber ein gänzlich untauglicher Einwand, der unfreiwillig dem behaupteten Kausalzusammenhang den Boden entzieht. Denn die Autoren wollen ja immer noch behauptet haben, dass die DDR-Erziehung mit welcher Intensität auch immer als Produktivkraft bei der Entstehung von Ausländerfeindlichkeit wirksam sei. Wenn aber ein und dieselbe Ursache in der Lage ist, alle möglichen Konsequenzen zu bewirken, das heißt ein bestimmtes Verhalten und zugleich dessen Gegenteil hervorzubringen, demnach die gesellschaftlichen Verhältnisse der Ex-DDR sowohl zu Ausländerfeindlichkeit als auch zu Ausländerfreundlichkeit »führen können«, dann führen sie im Endergebnis zu gar nichts. Und damit erweist sich der vorgebliche Ursache-Wirkungszusammenhang als reine psychologische Fiktion. Verbliebe als letzter Rettungsanker noch der schöpferische Rekurs auf das Basisdogma der Geschichtswissenschaft, wonach prinzipiell der Grund für aktuelle gesellschaftliche oder politische Ereignisse in der Vergangenheit zu suchen sei. Die Rezeptur dieses hier von der sozialpsychologischen Zunft aufgegriffenen Beweisverfahrens ist ebenso simpel wie universell verwendbar. Wenn die zeitliche Aufeinanderfolge zweier Ereignisse einen zwischen ihnen bestehenden Kausalzusammenhang zu stiften vermag, dann lassen sich auf beliebige Weise als negativ eingestufte gesellschaftliche Tatbestände miteinander in Verbindung bringen.

In dieser Logik lässt sich auch der inhaltlich entgegengesetzte Zusammenhang »beweisen«, wonach Ausländerfeindlichkeit nicht auf autoritärer, sondern umgekehrt auf antiautoritärer oder permissiver Erziehung (durch die Pädagogik der 68er-Generation) gründet. So soll nach der Einschätzung von Kurt Biedenkopf, dem ehemaligen Ministerpräsidenten von Sachsen, die Attraktivität rechtsradikaler Ideen bei Jugendlichen darauf beruhen, dass die einschlägigen Organisationen erfolgreich das Bedürfnis der Jugendlichen nach »strenger Disziplin« bedienen würden:

»Wir haben große Schwierigkeiten gehabt in den siebziger Jahren und auch in den achtziger Jahren, das Wort ›Erziehung‹ auch nur in den Mund zu nehmen. Wir haben ein Klima der Beliebigkeit geschaffen. Wir haben die jungen Leute mit ihrer Autonomie überfordert. Wir haben ihnen zu wenig Widerstand geleistet. Erziehung ist auch Widerstand leisten, an dem man wachsen kann. Wir haben sie sich selbst überlassen, und sie suchen nach Halt. Und sie sind deshalb in hohem Maße verführbar, wenn jemand kommt und ihnen diesen Halt in Form von Kameradschaften (...) und anderen Zusammenschlüssen mit strenger Disziplin bietet.« (Biedenkopf am 13.2.2005 bei Sabine Christiansen, zit. n. Gloël/Gützlaff 2005: 33)

Auffällig ist bei beiden, sich wechselseitig ausschließenden Erklärungsvarianten des Rechtsradikalismus als Produkt der Erziehung, dass die weltanschaulichen und politischen Inhalte der Erziehung im Rahmen dieser Erklärung gar nicht vorkommen. Gänzlich unabhängig davon wird die rechtsradikale Orientierung der Jugendlichen als Folge eines Erziehungs*stiles* abgeleitet; das eine Mal aus einem Übermaß an, das andere Mal aus einem Mangel an autoritär-repressiver Erziehung.

Die Rolle der autoritären DDR-Erziehung als Bildnerin eines aufgestauten »Aggressionspotenzials«, das sich dann gegen die Ausländer entlädt, nimmt im Rahmen von Biedenkopfs Konstruktion ein unbefriedigt gebliebenes natürliches Bedürfnis der Jugendlichen nach Strenge und Disziplin ein, das seine verspätete Erfüllung im autoritären Ordnungsrahmen rechtsradikaler Kameradschaften findet.

Sachlich betrachtet spricht also rein gar nichts für die Existenz des behaupteten Zusammenhanges zwischen der Art und Weise der Erziehung und der Ausbildung ausländerfeindlicher Einstellungen. Das gilt sowohl für die angestrengten Bemühungen der Deduktion rechtsradikaler Überzeugungen aus einem Defizit an pädagogischer Autorität als auch für die gegenteilige Behauptung. Maaz und Alice Müller waren jeden am Erklärungsgegenstand geführten Beweis dafür schuldig geblieben, dass, warum und auf welche Weise die Strukturen der DDR-Gesellschaft als ihr Produkt Ausländerfeindlichkeit hätten erzeugen sollen. Die Schlagkraft des Beweises speist sich dementsprechend auch weniger aus den angeführten Beweismitteln als vielmehr aus dem politischen Interesse am Resultat der dem Prinzip der freien Willkür gehorchenden Beweisführung. Passt die Erklärung in die angesagte politische Feindbildpflege, dann entdecken auch Psychologen zuweilen die Maßgeblichkeit gesellschaftlicher Verhältnisse für die Erklärung gesellschaftlicher Phänomene, jedenfalls dann, wenn negativ beurteilte politische Erscheinungen dem ehemaligen Systemfeind in die Schuhe geschoben werden können.

2. Die Erkenntnisse der Vorurteilsforschung: gleichnamige Vorurteile als Grund der Ausländerfeindlichkeit

Alternative sozialpsychologische Begründungen der Ausländerfeindlichkeit kommen zwar ohne derartige politische Feindschaftserklärungen aus. Um ihre Erklärungs- und Legitimationsleistungen ist es freilich auch nicht besser bestellt, wie die nachfolgend behandelte klassische Variante der Erklärung der Ausländerfeindlichkeit zeigen wird.[38] Nach dieser weit verbreiteten Auffassung, wie sie beispielsweise von Ostermann/Nicklas (1982: 19) vertreten wird, soll Ausländerfeindlichkeit auf äußerst hartnäckigen gleichnamigen Vorurteilen beruhen.

»Die Eigenschaft von Vorurteilen, nur sehr schwer durch neue Erfahrungen veränderbar zu sein, deutet darauf hin, dass es Kräfte im Menschen geben muss, die sich der Auflösung der Vorurteile widersetzen. Woher kommt dieser Widerstand des Menschen, seine Vorurteile aufzugeben? Die Vermutung liegt nahe, dass sie für die Psyche des vorurteilsbehafteten Menschen spezifische Funktionen haben.«

Die Argumentationsführung besteht darin, dass aus einer behaupteten Eigenschaft von Vorurteilen – »Vorurteile sind korrekturresistent«

[38] Die folgende Darstellung einschließlich der Auswahl der besprochenen Zitate lehnt sich an die Analyse an, die F. Huisken in seinem Buch Ausländerfreunde (1987: 104ff.) vorgelegt hat. Es werden freilich ohne Anspruch auf Vollständigkeit lediglich die zentralen Fehler behandelt, welche die Autoren bei der Erklärung der Ausländerfeindlichkeit begehen. Zur Auseinandersetzung mit den gängigen sozialwissenschaftlichen Erklärungen der Ausländerfeindlichkeit sei verwiesen auf Gloël/Gützlaff 2005.

– die Existenz einer inneren Kraft im Menschen abgeleitet wird, sich der Auflösung von Vorurteilen zu widersetzen. Weil die Menschen ungern von ihren Vorurteilen lassen und sie auch durch Erfahrungen nur schwer davon abgebracht werden können, muss es im Menschen eine Kraft geben, die sich dem Abbau von Vorurteilen widersetzt, abgekürzt eine Vorurteilsabbauverhinderungskraft. Und die vorurteilsbehafteten Menschen halten auch deswegen so hartnäckig an ihren Vorurteilen fest, weil die Vorurteile einen Nutzen für ihre Psyche haben.

Der Ausgangspunkt der Erklärung ist wie üblicherweise in der Psychologie dadurch gekennzeichnet, dass eine nähere Befassung mit dem Inhalt der ausländerfeindlichen Urteile auch nicht im Ansatz stattfindet. Denn dann hätte man sich mit dem Wahrheitsgehalt der These auseinandersetzen müssen, wonach die Ausländer den deutschen Arbeitnehmern die Arbeitsplätze und Wohnungen wegnehmen, und dann wären einige Klarstellungen über die ökonomischen Gesetzmäßigkeiten des Arbeits- und Wohnungsmarktes an der Tagesordnung gewesen. Das aber ist ganz und gar nicht die Sache der Psychologie. Denn dann hätte sie möglicherweise den Grund der ausländerfeindlichen Vorurteile aufgefunden in interessierten nationalistischen Fehlerklärungen deutscher Staatsbürger in Sachen kapitalistischer Marktwirtschaft und der Rolle, die der normale Mensch im marktwirtschaftlichen Leben spielt. Das heißt, sie hätte den Grund der Ausländerfeindlichkeit im Denken und Urteilen der Ausländerfeinde selber gefunden. Doch dann wäre man schwerlich noch bei inneren seelischen Kräften gelandet, die für das ausländerfeindliche Denken verantwortlich sein sollen. Denn das Programm der sozialpsychologischen Erklärungsweise besteht ja umgekehrt erklärtermaßen in der Suche nach einem tieferen, außerhalb von Wille und Bewusstsein angesiedelten Grund für die Existenz der von ihr als negativ definierten ausländerfeindlichen Vorurteile. In zielstrebiger Konsequenz führt dementsprechend der Argumentationsweg vom Gegenstand weg zum Seelenhaushalt des Menschen, wo der Urgrund der ausländerfeindlichen Vorurteile liegen soll. Diese Abkehr vom Gegenstand leistet hier eine dem Gegenstand zugeschriebene Eigenschaft in Gestalt der angeblichen Korrekturresistenz von Vorurteilen gegenüber Erfahrungen.

Diese Ausgangsbehauptung, wonach Vorurteile die Eigenschaft haben sollen, gegenüber (neuen) Erfahrungen korrekturresistent zu sein, hält jedoch einer näheren Überprüfung nicht stand. Diese Aussage unterstellt nämlich die prinzipielle Möglichkeit der Korrektur von Vorurteilen mittels sinnlicher Erfahrungen. Doch die sinnliche Erfahrung besitzt keine von den bereits vorhandenen Urteilen getrennte, erkenntnisstiftende Qualität. Vielmehr beurteilt der Mensch die äußere Welt, mit der er konfrontiert ist, zunächst einmal im Lichte der Auffassungen und Deutungen, die er über die Welt bereits besitzt. Durch sinnliche Erfahrungen allein lernt man deshalb auch gar nichts. Auch die mehrfache Teilnahme an einem Kriege beispielsweise macht niemanden, selbst Kriegsversehrte nicht, automatisch zu Kriegsgegnern. Nationalistische Kriegsteilnehmer leiten daraus höchstens die gesellschaftliche Verpflichtung zur Würdigung ihres Opfers für das Gemeinwesen ab bzw. pflegen ihren patriotischen Stolz auf den erbrachten Dienst an der Nation. Die Erfahrung ist also überhaupt kein Lehrmeister. Erfahrungen macht man den ganzen Tag. Entscheidend ist, wie man sie sich erklärt, beispielsweise den Krieg und die Rolle, die der einfache Bürger darin als Manövriermasse vaterländischer Zwecke spielt. Und wenn man sich anlässlich des Krieges die Sache einmal ordentlich erklärt, die Gründe ermittelt, die Nationen zur Durchsetzung ihrer Interessen über Leichen gehen lässt, und seine Bereitschaft zur Mitwirkung an derartigen Veranstaltungen aufkündigt, dann ist nicht der Krieg, sondern dann ist das Subjekt selbst der Lehrmeister. Dieses nimmt also aufgrund einer richtigen Erklärung seiner Erfahrungen Abstand von seinen bisherigen Fehlurteilen. Der Krieg ist also Anlass und Gegenstand seiner Urteilsbildung, aber nicht Produzent seines neu gewonnenen Urteiles. Der Befund, dass sich Fehlurteile mittels Erfahrung verändern könnten, entbehrt somit einer tragfähigen Grundlage. Fehlurteile lassen sich vielmehr nur durch die Kritik und (Selbst-)Korrektur des falschen Urteils aus der Welt schaffen. Ebenso wie die Bildung eines Urteiles ist die Korrektur und Änderung desselben eine genuine theoretische Eigenleistung des urteilenden Subjektes.

Mit der Berufung auf die angebliche Revisionsfeindlichkeit des Vorurteils gegenüber neuen Erfahrungen lässt sich also die Existenz besagter Vorurteilsabbauverhinderungskraft nicht beweisen, weil es den behaupteten Zusammenhang zwischen Vorurteil und Erfahrung ohnehin nicht gibt. Ganz abgesehen davon, dass selbst bei einer so unterstellten Eigenschaft des Vorurteils der Schluss auf die behauptete psychische Kraft ohnehin nicht zwingend wäre. Denn mindestens genauso plausibel wäre die Alternativerklärung, dass die Menschen eben deshalb so hartnäckig an ihren Vorurteilen festhalten, weil sie ihre Urteile beispielsweise über Ausländer für richtig erachten und ihnen ihre praktischen Erfahrungen ständig neue Nahrung für ihre vorab feststehenden theoretischen Befunde geben. Wenn erst einmal feststeht, dass Ausländer kriminell sind, dann ist jede Straftat eines Ausländers ein Beleg für diesen A-priori-Befund.

Mit der Widerlegung sowohl der Prämisse der Beweisführung als auch der Stichhaltigkeit der Schlussfolgerung, die aus dieser Prämisse gezogen wird, könnte man streng genommen die Auseinandersetzung mit dieser sozialpsychologischen Erklärungsvariante der Ausländerfeindlichkeit bereits an dieser Stelle beenden. Inhalt und Wirkungsweise dieser als »Determinante« entdeckten »Vorurteilsabbauverhinderungskraft« bilden jedoch ein geradezu exemplarisches Anwendungsbeispiel für die Konstruktionsprinzipien der psychologischen Erklärungsweise des zirkulären Determinismus, die in Kapitel 1 vorgestellt wurden. Und deshalb soll die Betrachtung der Eigentümlichkeiten dieser »Vorurteilsabbauverhinderungskraft«, welche für die hartnäckige Existenz von Vorurteilen verantwortlich zeichnen soll, noch ein wenig fortgesetzt werden.

Die erste Eigentümlichkeit besteht wie üblich bei psychologischen Erklärungsmustern darin, dass das zu erklärende Phänomen den gleichen Inhalt besitzt wie die Erklärung, die dafür angeboten wird. Die zu erklärende Sache unterscheidet sich von der Erklärung lediglich darin, dass die als Erklärung fungierende Determinante mit dem Attribut der »Kraft« versehen ist, das zu erklärende Verhalten als seine Wirkung zu erzeugen. Am konkreten Beispiel gesprochen: Dass Menschen so schwer von ihren Vorurteilen lassen, soll seine Ursache darin haben, dass in ihrer Psyche eine gleichnamige Kraft waltet, die sich der Auflösung von Vorteilen widersetzt. In Kurzform: Vorurteile baut man nicht ab, weil das die Vorurteilsabbauverhinderungskraft nicht zulässt.

Wenn dies aber stimmen würde, hätte die kritische Vorurteilsforschung ihr selbstgesetztes politisches Programm, einen aufklärerischen Beitrag zum Abbau von Vorurteilen zu leisten, selber für unrealisierbar erklärt. Denn beim unbedingten Wirken der aufgefundenen Vorurteilsabbauverhinderungskraft gäbe es für den vorurteilsbehafteten Menschen nicht die geringste Veranlassung, sein Vorurteil abzulegen. Zumal – dazu noch später – das Vorurteil darüber hinaus auch noch von Nutzen für seinen Inhaber sein soll. Und der Vorurteilsforscher müsste aufgrund seiner Forschungsergebnisse resigniert die Hände in den Schoß legen, weil man seinem eigenen Befund zufolge angesichts dieser Kraft an der Existenz von Vorurteilen eh nichts ändern könnte.

Den Ausweg aus diesem Dilemma bildet die (implizite) Annahme einer gleichzeitig existierenden gegenläufigen Tendenz, und zwar in Gestalt der Fähigkeit des vorurteilsbehafteten Menschen, von seinen Vorurteilen auch Abstand nehmen zu können. Die prinzipielle Möglichkeit eines derartigen Vorurteilsabbaus auf der Grundlage einer gegenläufigen Kraft hatten die Autoren deshalb bereits eingangs des Zitates im Attribut der »schweren« und damit nicht unmöglichen Veränderbarkeit der Vorurteile vorsorglich in ihre Argumentation eingebaut.

Eine derartige Doppelnatur gegenläufiger Kräfte, die Verankerung eines Kampfes zweier Linien im Menschen ist – wie dem Leser bereits bekannt – das gemeinsame Konstruktionsprinzip einer Vielzahl psychologischer, nicht nur psychoanalytischer Erklärungen. Der unbestreitbare Vorteil dieses sich gegen jede »Falsifizierung« immunisierenden »Beweisverfahrens« besteht darin, jedwedes menschliche Verhalten wie auch dessen Gegenteil aus dem vorausgesetzten Kräfteverhältnis gegenläufiger Tendenzen so erklären zu können, dass in Anwendung der zirkulären Dialektik von Kraft und Äußerung die Wirksamkeit der siegreichen Kraft durch die positive bzw. negative Realität des Vorurteils verifiziert wird.

Am konkreten Beispiel der Erklärung ausländerfeindlicher Urteile: Hier belegt die Existenz der Ausländerfeindlichkeit selbst die überlegene Wirkkraft der in der ausländerfeindlichen Psyche agierenden Vorurteilsabbauverhinderungskraft gemäß der kruden Logik: Wenn jemand ausländerfeindliche Urteile äußert, dann muss das doch wohl die Wirkung davon sein, dass die diesbezüglichen gleichnamigen Kräfte im Menschen dominant sind. Das gegenteilige Phänomen, die Abwesenheit von Ausländerfeindlichkeit, erklärt sich dann umgekehrt daraus, dass bei diesem Menschenschlag die Kraft zum Abbau von Vorurteilen stärker ausgeprägt war als ihr innerer Gegner. Wobei nicht unterschlagen werden soll, dass die Suche nach Gründen des Fehlens von Ausländerfeindlichkeit, das heißt die Suche nach der Erklärung einer Sache, die gar nicht existiert, wissenschaftslogisch eine etwas absurde Veranstaltung darstellt. Die »an sich« falsche Frage, warum jemand *keine* ausländerfeindlichen Urteile hegt, wird freilich durchaus sinnvoll auf der Basis der Unterstellung, dass eigentlich eine ausländerfeindliche Neigung in jedem von uns schlummert. Ein derartiger rassistischer Beweis der ausländerfeindlichen Gesinnung als Bestandteil der psychologischen Naturausstattung des Menschen ist freilich trotz aller Anstrengungen (ethno)psychoanalytisch orientierter Autoren bislang noch nicht geglückt.[39] Und es steht auch kaum zu erwarten, dass die Abteilung Hirnforschung eines Tages in den grauen Zellen so etwas wie eine Ausländerfeindlichkeit erzeugende Vorurteilsabbauverhinderungskraft entdecken wird.

Für die Macht oder Hartnäckigkeit des Vorurteils führen die Vorurteilsforscher neben der Vorurteilsabbauverhinderungskraft noch einen zusätzlichen Beweis ins Feld, den Nutzen nämlich, den ein Vorurteil für die Psyche des vorurteilsbehafteten Menschen haben soll. Und mit dieser Behauptung der positiven Funktion von Vorurteilen entziehen sie ihrer eigenen Erfindung einer Vorurteilsabbauverhinderungskraft selbst den Boden unter den Füßen. Denn bei angenommener Existenz guter Gründe für die Pflege von Vorurteilen wäre eine derartige (zusätzliche) Kraft, die den Menschen daran hindert, von seinen Vorurteilen Abstand zu nehmen, so überflüssig wie ein Kropf. Im Rahmen der immanenten Logik des Zitates würde der Mensch doch schon aus ureigenem Interesse dafür sorgen, dass die so nützlichen Vorurteile nicht aufgegeben werden. Und aus dem gleichen Grunde wäre der Vorurteilsabbauverhinderungskraft zugleich auch ihr Antipode abhandengekommen. Denn woraus sollte sich denn angesichts der positiven Leistungen des Vorurteils für die menschliche Psyche noch die gegenteilige Tendenz begründen, von seinen Vorurteilen abzulassen?

Für die Autoren dürfte es freilich nur einen schwachen Trost darstellen, dass die von ihnen den Vorurteilen zugeschriebenen nützlichen Funktionen sich bei näherer Betrachtung als ebenso haltlos erweisen wie die Konstruktion des Menschenbildes der widerstreitenden seelischen Kräfte. Die Funktion von Vorurteilen wird von ihnen wie folgt bestimmt:

»Als eine wesentliche Funktion (von Vorurteilen, Einfügung durch A. K.) wäre zu nennen die Abwehr von Unsicherheit und Angst. Der für

[39] Zu den vorbereitenden tiefenpsychologischen Anstrengungen von Freud (1974b: 239), die sich im Krieg betätigende Ausländerfeindlichkeit des Untertanen aus einem quasi natürlichen Fremdenhass abzuleiten, merkt Gröll (1991: 163) zutreffend an: »Dieser Blödsinn würde sofort verständlich, wenn statt von einem ominösen Fremden, z.B. von einem Feind aufgrund einer gegenseitigen nationalen Feindschaftserklärung die Rede wäre und von einer Verpflichtung der Untertanen hüben wie drüben, der anderen Seite zu schaden. Aus psychoanalytischer Sicht schade ich anderen aus Gründen der Triebentlastung, was auch der Dümmste nicht so recht glauben könnte, wenn er sich nicht ohnehin als Staatsbürger das Feindbild zu eigen, zu seiner Sache gemacht hätte – die grundlegende Transformationsleistung des moralischen Subjektes als freier Staatsuntertan, für die Souveränität seiner Nation mit einzustehn.«

den einzelnen immer schwerer zu durchdringende gesellschaftliche Zusammenhang, die Isolierung und die Unfähigkeit, durch eigene Handlung Sicherheit zu gewinnen, lässt die Menschen zu illusionären Mitteln greifen, die daraus erwachsende Angst zu beschwichtigen. Diese Angst ist die Ursache für die ›Intoleranz und Vieldeutigkeit‹ und das ›Bedürfnis nach subjektiver Gewissheit‹. Wenn schon die Welt ein undurchdringlicher Dschungel ist, so sollen wenigstens die Interpretationsmuster einfach und klar sein. Es soll feststehen, wer Freund und wer Feind ist.« (ebd.: 20)

Danach besteht die positive Funktion der Vorurteile in der Abwehr von Unsicherheit und Angst. Ausgangspunkt der Konstruktion ist der orientierungslose Mensch, der die gesellschaftlichen Abläufe und Mechanismen nicht durchschaut und aufgrund seines mangelnden Durchblickes Angst und Unsicherheit entwickelt. Und für die Beseitigung derselben sollen die (ausländerfeindlichen) Vorurteile sorgen.

Buchstäblich an den Haaren herbeigezogen erscheint es, die sehr dezidierte politische Orientierung von Ausländerfeinden als Überwindungsform ihres Gegenteiles, der ursprünglichen Orientierungslosigkeit, vorstellig machen zu wollen. Dem psychologisch verbildeten Verstand ist diese Denkfigur freilich nur allzu gebräuchlich: Selbstsicherheit verweist auf Unsicherheit und Angst, die Unterordnung unter die faschistische Herrschaft ist recht verstanden als Transformation einer Hassbeziehung in ein Liebesverhältnis zu deuten (Adorno, Horkheimer). Die einschlägigen Beispiele für diese systematische Unlogik ließen sich beliebig fortführen.

Im vorliegenden Falle der angeblichen Metamorphose von Orientierungslosigkeit in ausländerfeindliche Orientierung richten sich die Einwände bereits gegen den Ausgangspunkt der Konstruktion: die durch nichts begründete Annahme der ursprünglichen Orientierungslosigkeit des späteren Ausländerhassers. Gibt es diesen Tatbestand der Orientierungslosigkeit tatsächlich? In der Realität laufen die Menschen doch bekanntlich mit sehr festen Auffassungen über Gott und die Welt herum. Ausländerfeinde beispielsweise sind der tiefen Überzeugung, dass ihnen die Türken die Arbeitsplätze wegnehmen, Deutschland eigentlich den Deutschen gehört usw.

Oder ist mit dem Befund der Orientierungslosigkeit nur ein Abweichungsverdikt ausgesprochen, wonach der damit belegte Mensch nicht über die spezifische politische Orientierung verfügt, die der Autor für richtig und geboten hält?

Von der Fiktivität des Ausgangspunktes der Orientierungslosigkeit einmal abgesehen, stellt sich die Frage, wie dem so konstruierten Menschen ausgerechnet die Aneignung und Pflege von ausländerfeindlichen Vorurteilen zu Sicherheit und Beseitigung von Furcht und Angst verhelfen soll.

Ich möchte behaupten, dass dies ein Ding der Unmöglichkeit ist, gleichgültig, ob der Mensch, der die Fehlurteile hegt, um die Falschheit seiner Urteile weiß oder nicht.

Variante 1: Wenn der Mensch darum weiß, dass es sich bei den ausländerfeindlichen Urteilen um Fehlurteile handelt, dann verhindert dieses Wissen von vornherein die Möglichkeit der angeblichen Leistung des Vorurteils als Orientierungshilfe in der undurchschaubaren Welt. Wie sollen denn *gewusst falsche* Erklärungen der Welt dem geplagten orientierungslosen Menschen plötzlich dazu verhelfen, theoretische Sicherheit zu gewinnen, sich die Welt zu erklären und sich in dieser zurechtzufinden, wenn der Mensch doch selber weiß, dass die angebliche Orientierungshilfe gar nichts taugt?

Bei Variante 2 – der Mensch ist von der Wahrheit seiner ausländerfeindlichen Urteile überzeugt – kann das ebenso wenig funktionieren. Wie soll die Klarheit über den erfundenen Feind Sicherheit stiften? Wenn man zu der »Einsicht« gelangt ist, dass einem die Ausländer die Arbeitsplätze wegnehmen, dann dürfte im Gegenteil diese »Erkenntnis« die ursprüngliche Angst nur noch verstärken. Denn dann kennt man Millionen von potenziellen Arbeitsplatzdieben, vor deren Machenschaften sich der gute deutsche Arbeitsmann schützen muss.

Wie man es auch dreht und wendet, die angebliche nützliche Funktion von Vorurteilen für den Seelenhaushalt des Menschen in Sachen gesellschaftlicher Orientierungshilfe stimmt hinten und vorne nicht.

Offenbar trauen die Autoren der Überzeugungskraft ihrer eigenen Argumentation auch nicht so ganz, wenn sie im nächsten Atemzug einen weiteren, gänzlich andersartigen psychologischen Nutzen der Pflege des ausländerfeindlichen Vorurteils präsentieren:

»Der Gewinn, den ein geteiltes Vorurteil abwirft, liegt darin, dass wir im konformen Verhalten mit der Gruppe auch ihre spezifische Erleichterung mitgenießen dürfen. Wir dürfen mit den Wölfen heulen, wir dürfen nach Vorurteilen agieren, mithandeln und unsere eigene innere Triebspannung damit erleichtern. Die Ablenkung der Triebspannung nach außen, auf Minoritätsgruppen, ist gleichsam der ökonomische Trick zur Erhaltung des Gruppengleichgewichts.« (ebd.: 21)

Die von den Autoren gelieferte Begründung des vorgeblichen seelenhaushälterischen Gewinnes aus der Vorurteilspflege liefert wiederum vorzügliches Anschauungsmaterial für den ominösen Kampf widerstreitender Kräfte, den insbesondere psychoanalytisch inspirierte Theorien der Natur des Menschen zu implantieren pflegen, um daraus in zielstrebiger Willkür jedes gewünschte Ergebnis ableiten zu können.

Als spezieller Repräsentant des psychologischen Menschenbildes der widersprüchlichen Menschennatur fungiert in der vorliegenden Erklärung die Kategorie der Triebspannung. Zeichnete sich die bisherige Konstruktion eines Kampfes zweier Linien wenigstens noch dadurch aus, dass die konfligierenden Kräfte mit einem konkreten Inhalt versehen waren – Abbau versus Festhalten an Vorurteilen –, wird mit der Kategorie der Triebspannung die Gegensätzlichkeit menschlicher Triebkräfte pur eingeführt. Der Mensch ist dadurch bestimmt, dass (Hoch-)Spannung in ihm herrscht, wobei die naheliegende Frage, welche Triebe denn da warum spannen sollen, mit diesem Konstrukt der Triebspannung für neben der Sache liegend erklärt worden ist.

Die Konstruktion eines Spannungsverhältnisses als solches ohne Angabe des Inhaltes der gegensätzlichen Kräfte ist aber wissenschaftstheoretisch gesehen eine haltlose Kategorie. Denn ein Spannungsverhältnis unterstellt denknotwendig die Existenz konkreter benennbarer Interessen, Zwecke oder Kräfte, die miteinander im Widerstreit liegen. Nur aus dem Inhalt dieser Interessen kann sich ihr gegensätzliches oder gespanntes Verhältnis zueinander begründen. Aus der inhaltlichen Bestimmung der Kräfte ergibt sich, dass und warum das eine Interesse die Verwirklichung des anderen ausschließt, behindert oder hemmt.

Dieser prinzipielle Einwand gegen die (Un)logik psychologischer Kategorienbildung in Sachen »Triebspannung« ficht die Vertreter dieser Disziplin freilich nicht im Mindesten an. Im Gegenteil: Das gänzlich haltlose Bild des Menschen als Gegensatzbündel ist nämlich kunstvoll daraufhin konstruiert, dass die innere Spannung nach außen abgelenkt werden soll.

Eine Pseudonotwendigkeit der Entladung der Spannung, die ihre scheinbare Plausibilität aus der unbegründeten Anleihe bei naturwissenschaftlichen Erklärungen der Elektrizität bezieht. Denn aus der Logik ihrer eigenen Argumentation ergibt sich nicht, warum derselbe Mensch, als Gegensatzbündel ganz und gar bestimmt von inneren Kräften, die miteinander im Streit liegen und unbenannt bleiben, sich über seine eigene triebgespannte Natur erhebend, nun auf den Ausgleich der Spannungen verfallen sollte. Und warum diese Entlastung dann ausgerechnet auf diese Weise der Hege und Pflege ausländerfeindlicher Vorurteile erfolgen soll, ist auch alles andere als einleuchtend. Warum greift er nicht stattdessen zur Flasche oder zum Kokain? Warum müssen es Minderheiten sein, an denen der triebgespannte Mensch seine seelischen Lockerungsübungen vollzieht, und wenn schon Minderheiten die Opfer sein sollen, warum ausgerechnet Ausländer? Warum nicht zur Abwechslung einmal Generäle, Wirtschaftskapitäne, Politiker oder andere soziale Charaktere?

Zur Lösung des hausgemachten Grundwiderspruchs »müssen« die Autoren an dieser Stelle folglich eine neue gegenläufige Kraft ins Spiel bringen, welche die Rolle des Widerparts gegenüber der grundsätzlich spannungsgeladenen Menschennatur übernimmt und auf den Ausgleich der Spannung mittels Entladung derselben drängt. Die ganze Veranstaltung der Triebablenkung (auf die Ausländer) findet den Vorurteilsforschern zufolge nämlich nur wegen des Gruppengleichgewichts statt, nach dem sich der triebgespannte Mensch so sehr sehnen soll. Und mit dieser Konstruktion ist die widersprüchliche Doppelnatur des Menschen, der als rein triebgespanntes Wesen zwischenzeitlich seine positive Seite abgelegt hatte, auf einer höheren Ebene glücklich wiederhergestellt. Der gleiche Mensch, der in unbändigen inneren Widersprüchen befangen ist, soll zugleich von der Sehnsucht nach Gruppengleichgewicht und Harmonie erfüllt sein. Und dieses Urbedürfnis nach friedlicher Harmonie befriedigt er dann ausgerechnet in der Produktion ziemlich disharmonischer ausländerfeindlicher Vorurteile.

Brechen wir an dieser Stelle die Auseinandersetzung mit diesem Zitat ab und lassen die zahlreichen weiteren Ungereimtheiten der Argumentation auf sich beruhen, um zur spezifischen legitimatorischen Leistung der Konstruktion zu kommen. Denn diese ist wiederum ein Musterbeispiel für die überragende affirmative Kraft psychologischer Erklärungen.

Die übliche Generalabsolution des Menschen, der nicht selbst, sondern dessen innere psychische Gegensätze letztendlich verantwortlich zeichnen sollen für seine wenig menschenfreundlichen Taten, wird ergänzt durch einen prinzipiellen Freispruch der Gesellschaft hinsichtlich der in ihr existierenden und ausgetragenen Gegensätze. Wenn sich nämlich alle Konflikte zwischen den Menschen den antagonistischen Kräften in ihrer verqueren triebgespannten Psyche verdanken, dann kann der Grund besagter Gegensätze prinzipiell nicht in der Gesellschaft liegen. Die Menschen geraten nicht etwa aneinander, weil die Welt (etwa durch die sozialökonomischen Interessengegensätze zwischen Arbeitgebern und Arbeitnehmern, Vermietern und Mietern etc.) so organisiert ist, dass die Interessenverfolgung der einen zwangsläufig mit der der anderen kollidiert bzw. weil sie das Material der Austragung staatlicher Interessengegensätze bilden. Sondern die Konflikte kommen in dieser Optik erst aufgrund der Bedürfnisse der nach Ausgleich ringenden verspannten menschlichen Psyche in die Welt. Nationalstolz, jenes selbstbewusste Bekenntnis des staatsbürgerlichen Untertanen zu dem Nationalkollektiv, dem er kraft staatlicher Definitionsgewalt angehört und den es ohne die Existenz von Nationalstaaten, welche die Unterscheidung zwischen In- und Ausländern erst produzieren, überhaupt nicht geben würde, erscheint ebenso als ein originäres voraussetzungsloses Werk der menschlichen Seelennatur wie die patriotische, ausländerfeindliche Pflichterfüllung im Kriegsfalle. Kriege gründen demzufolge nicht auf den Gegensätzen der Staaten, sondern in der Betätigung der staatlich angeordneten systematischen Ausländerfeindlichkeit findet der patriotisch gesinnte Bürger seinen Seelenfrieden. Altmeister Freud und seine Erfindung des Destruktionstriebes lassen grüßen.

Was sollten denn Vorurteilsforscher angesichts dieser von ihnen selbst konstatierten nützlichen Funktionen der Ausländerfeindlichkeit für die Seelenhygiene eigentlich noch gegen die Ausländerfeindlichkeit haben?

3. Fazit

Gleichgültig, ob nun die angebliche seelenhaushälterische Funktion ausländerfeindlicher Vorurteile oder eine tiefenpsychologisch-xenophobe Tendenz zum Hass auf die Fremdanteile des eigenen Ichs für die Ausländerfeindlichkeit verantwortlich gemacht werden oder aber die repressiven gesellschaftlichen Verhältnisse der ehemaligen DDR bzw. der fehlende Mut zu autoritärer Erziehung als Erklärungsmuster fungieren – die behandelten sozialpsychologischen Theorien laufen im Ergebnis auf eines hinaus: die weitgehende Unmaßgeblichkeit der politischen Urteile, die rechtsradikale Gewalttäter zu ihren Taten bewegen. Mit ihrer Art der Ursachenforschung nach »tieferen« (Hinter-)Gründen für rechtsradikale Gewalttaten gerät in der Optik der bürgerlichen Psychologie die nationalistische Programmatik von Skinheads und anderen Ausländerhassern zur Nebensache, weil die »eigentlichen« Gründe für die Ausländerfeindlichkeit jenseits des politischen Willens und Bewusstseins der Ausländerfeinde gesucht und gefunden werden müssen. Und dieser Standpunkt erübrigt von vornherein die gebotene Auseinandersetzung mit rechtsextremem ausländerfeindlichem Gedankengut oder gar eine Widerlegung der Fehler rassistisch-nationalistischer Ideologien. Die systematische Abkehr von einer Befassung mit dem nationalistischen Inhalt rechtsradikalen Denkens tut freilich der legitimatorischen Nützlichkeit dieser Theorien keinen Abbruch. Im Gegenteil: Ihre spezifische Leistung besteht gerade in der konsequenten Ausblendung der Rolle von Nationalstaaten als Nährboden ausländerfeindlicher Taten ihrer Bürger.

4. Holzkamp: Ausländerfeindlichkeit – ein staatlich provozierter Sündenfall des emanzipatorischen Subjekts

Dieser Vorwurf der systematischen Ausklammerung des Zusammenhanges zwischen Nationalstaat und Ausländerfeindlichkeit lässt sich gegenüber dem Erklärungsansatz der kritisch-subjektwissenschaftlichen Psychologie der Holzkamp-Schule nun wahrlich nicht erheben, mit dem dieser in Konkurrenz insbesondere zu (ethno)psychoanalytischen Begründungsmustern tritt. Die Autoren wissen nämlich durchaus darum, dass es ohne die staatliche Unterscheidung von In- und Ausländern, ohne eine staatliche Ausländerpolitik das Phänomen gar nicht geben würde, dass Bürger eine private Feindschaftserklärung gegen die Ausländer im Allgemeinen oder gegen von Staats wegen als unerträgliche Last titulierte Ausländergruppen wie Asylbewerber abgeben und teilweise auch praktisch in die Tat umsetzen:

»Dessen (des Subjektes) möglicherweise ›rassistische‹ Handlungen sind nämlich keinesfalls aus diesem selbst zu erklären (kein Mensch kommt von sich aus auf die Idee, Schwarze, Juden oder Türken als minderwertig einzustufen und zu verfolgen). Vielmehr ist es eben die *Vermittlung* des gesellschaftlich-politischen Rassismus in die Lebenswelt der Individuen hinein, die einem (...) den Schlüssel zum Verständnis rassistischer Handlungen von Subjekten liefern kann. Dies heißt aber, dass wir mit der angekündigten Entfaltung unserer subjektwissenschaftlichen Rassismus-Konzeption mit dem beginnen müssen, was heute oft als ›institutioneller‹ oder ›struktureller Rassismus‹ bezeichnet wird (...)

und was Michel Foucault (...) treffend als modernen ›Staatsrassismus‹ gekennzeichnet hat.« (Holzkamp 1995: 24)

Die Rolle freilich, die Holzkamp dem Staat bei der Entstehung der Ausländerfeindlichkeit von unten beimisst, und das erkenntnisleitende Interesse, das dieser Rollenzuschreibung zu Grunde liegt, sind höchst fragwürdiger Natur. Holzkamp liefert eine sozialpsychologische Theorie des unter staatlicher Regie herbeigeführten politischen Sündenfalls der eigentlich zur gesellschaftlichen Emanzipation berufenen fortschrittlichen Abteilungen des Volkes. Die Basis seiner Theorie bildet die Konstruktion der Ausländerfeindlichkeit als eines politischen Abweichungstatbestands. Dieser Diagnose zufolge steht das in relevanten Teilen der Bevölkerung der bürgerlichen Nationalstaaten existente ausländerfeindliche Bewusstsein in diametralem Gegensatz zu der von Holzkamp & Co. dem Subjekt zugewiesenen Perspektive der Einrichtung einer Gesellschaft, in der wahre Gleichberechtigung und Solidarität herrschen. Den empirischen Tatbestand der rassistischen Ausländerfeindlichkeit stuft er dementsprechend als barbarischen Rückfall des emanzipatorischen Subjektes auf dem ihm vorgegebenen Wege zu einer wahrhaft egalitär-demokratischen Gesellschaft ein.

Sein Erkenntnisinteresse besteht darin, diese Differenz zwischen Sein und Sollen, das heißt zwischen dem realen reaktionär-ausländerfeindlichen Bewusstsein des Volkes und dessen idealer fortschrittlicher Mission, zu erklären. Seine theoretischen Bemühungen gelten der Frage, warum der eigentlich progressive, dem Brüderlichkeitspostulat verpflichtete Mensch in seiner rassistischen Betätigung als Ausländerfeind eklatant gegen seine höheren Menschheitsinteressen verstoße. Bei seiner Suche nach den Gründen für die Abweichung des Ausländerfeindes vom Subjektideal der Kritischen Psychologie stößt Holzkamp auf die von Foucault vertretene Theorie des so genannten Staatsrassismus. Dessen erfolgreiche – auf einem Geflecht von Bestechung und Bedrohung beruhende – machttechnologische Verführungskünste – sollen letztinstanzlich dafür verantwortlich sein, dass Teile der »an sich« ausländerfreundlichen Bevölkerung von ihrem progressiven Kurs abgekommen seien und sich, wenn auch aus nachvollziehbaren, aber gleichwohl nicht zu billigenden, eigennützigen Motiven in die Manöver des Staatsrassismus hätten einspannen lassen.

Auf diese bestechungstheoretische Weise lässt sich die Verurteilung der den staatsrassistischen Strategien erlegenen ausländerfeindlichen Subjekte auf das Trefflichste verbinden mit der Aufrechterhaltung ihres weltgeschichtlich-humanitären Auftrages zur Schaffung einer vom Rassismus befreiten Welt. Die Analyse der Entstehung des ausländerfeindlichen Bewusstseins mündet folgerichtig in eine verkehrte praktische Handlungsanleitung, wie das durch die staatsrassistischen Bestechungsmanöver von seiner eigentlichen Bestimmung abgelenkte Subjekt auf den rechten Weg zur Erfüllung seiner historischen Mission zurückgeführt werden kann.

Soweit der Argumentationsgang, in dessen Zentrum die Konzeption des so genannten Staatsrassismus steht.

Ein imaginärer Staatsrassismus: Sicherung der Staatsbürgerloyalität per Bestechung und Bedrohung

Der fremdenfeindliche Rassismus von Teilen der Bürger bildet der subjektwissenschaftlichen Theorie zufolge das machttechnologische Werk eben dieses modernen Staatsrassismus, der auf der Grundlage der »Installierung oder Verwertung von Mehrheits-Minderheits-Anordnungen« (Holzkamp 1995: 24) mittels einer Kombination von Bestechung und Bedrohung für die Erhaltung der staatsbürgerlichen Loyalität der Inländer gesorgt haben soll. Gemäß dieser Konstruktion hat man sich die Ausländerfeindlichkeit als prominenten Unterfall eines allgemeinen machttechnologischen Kalküls vorzustellen, wonach der Staat die gesellschaftliche Diskriminierung bestimmter Bevölkerungsgruppen herstellen oder bereits bestehende gesellschaftliche »Fragmentierungen« ausnutzen würde, um die verschiedenen Untergruppen gegeneinander auszuspielen und durch die Zersplitterung der Kräfte die Opposition gegen die herrschenden Verhältnisse zu unterminieren:[40]

[40] Aus gegebenem Anlass folgen hier einige grundsätzliche kritische Anmerkungen zur Theorie des Staatsrassismus als Herrschaftssicherungsstrategie des »divide et impera«: Dass bei der *Installierung* der neben den Ausländern angeführten gesellschaftlichen »Minoritäten» das machtstrategische Kalkül der »Herrschenden« Pate gestanden haben soll, die gesellschaftlichen Gruppen gegeneinander ausspielen zu wollen, stimmt weder für die Scheidung zwischen In- und Ausländern noch für die anderen von Holzkamp zitierten Fragmentierungen. Der herrschaftliche Grund und Nutzen der Diskriminierung von Arbeitslosen, Frauen, Juden, Farbigen etc. hat ebenfalls einen anderen Inhalt als die Erhaltung der staatsbürgerlichen Loyalität der »Mehrheitsangehörigen«. So werden entgegen anderslautenden linken Theorien auch Arbeitslose nicht absichtsvoll von den »Herrschenden« geschaffen, um die Kampfkraft der Arbeiterklasse zu schwächen und sie als Lohndrückungsinstrument einzusetzen. So willkommen dieser Tatbestand den Arbeitgebern als nützliche Nebenwirkung der Arbeitslosigkeit sein mag, so wenig haben sie ihn deswegen absichtsvoll herbeigeführt. Unternehmer kennen ohnehin nur ihr betriebswirtschaftliches Rentabilitätskalkül, das die Entlassung von Arbeitskräf-

»Mit dieser machttechnischen Strategie werden bestimmte Mehrheits-Minderheits-Diskurse (...) als Ab-, Ein- und Ausgrenzungen von Menschen minderen Wertes und Rechtes konstituiert, mindestens aber historisch gewordene Fragmentierungen dieser Art ›strategisch‹ ausgenutzt. (...) Die machterhaltende Funktion solcher Grenzziehungen liegt allgemein darin, dass damit Abwertung, Unterdrückung und Verfolgung als Aktivität von Untergruppen der Bevölkerung gegen andere Untergruppen ›lateralisiert‹ ist, auf diese Weise die ›herrschende‹ Abwertung, Verfolgung und Unterdrückung aus dem Blick gerät, das allgemeine Bewusstsein davon verdunkelt und so durch Zersplitterung der Kräfte der Widerstand gegen die herrschenden Verhältnisse geschwächt wird.« (Holzkamp 1995: 24)

Zugegeben: Die herrschaftsdienliche *Ausnutzung* der »Ausländerfrage« findet tatsächlich statt, allerdings auf eine etwas andere Weise als in der Vorstellung von Holzkamp. Selbstredend ist es der Benutzung

---

ten erfordert, wenn deren Beschäftigung kein taugliches Mittel für den Gewinn (mehr) darstellt. Und der Staat hat auch an Arbeitslosigkeit überhaupt kein positives Interesse, weil diese ihm Einnahmeverluste aus Steuern und Sozialversicherungsbeiträgen und zusätzliche Ausgaben für die Unterhaltung der Arbeitslosen beschert. Im Falle der Frauen verdankt(e) sich deren ursprüngliche »Diskriminierung« dem staatlichen Kalkül, diese auf ihre familiäre Funktion als Reproduktionsgehilfin des Mannes und Erziehungsagentur für den Staatsbürgernachwuchs zu beschränken, bevor man die zusätzlichen Chancen für die Wirtschaft entdeckte, die mit der ergänzenden Benutzung der modernen Frau als Angehöriger der beruflichen Reservearmee verbunden sind. Eine ähnliche Entwicklung hat die staatliche Beurteilung der Homosexualität erfahren. Wurden Homosexuelle ursprünglich wegen der Nichterfüllung der staatsbürgerlichen Basisfunktion der Familiengründung als Keimzelle des Staates gesellschaftlich geächtet und kriminalisiert, hat sich die deutsche Staatsgewalt hinsichtlich dieser quantitativ nicht unbedeutenden Staatsbürgergruppe jüngst eines anderen besonnen. Die besagte »partielle Funktionsunfähigkeit« dieser Staatsbürger soll fortan kein Hindernis mehr sein für die Ausnutzung der nützlichen Dienste, die dieser »etwas andere Staatsbürgertypus« gleichwohl an anderen gesellschaftlichen Fronten wie im Beruf oder im Rahmen der Ersatzfamilie der gleichgeschlechtlichen Lebensgemeinschaft zu leisten imstande ist. Juden sind im Faschismus auch nicht deshalb gewaltsam aus der Volksgemeinschaft ausgeschlossen worden, um den guten Deutschen im Interesse der Herrschaftsstabilisierung ein Aggressionsobjekt zu bieten. Sondern ihre systematische Ausrottung beruht auf dem absolut negativen nationalsozialistischen Nützlichkeitsbefund, dass dieses »Volk ohne Staat« ein parasitäres, staatszersetzendes Dasein innerhalb des deutschen Volkskörpers führt, dem ein Ende bereitet werden müsse. Farbige wurden vom rassistischen südafrikanischen Regime nicht etwa *wegen* ihrer Hautfarbe als Menschen zweiter Klasse behandelt und auch nicht, um die weiße Arbeitnehmerschaft zu befrieden. Sondern die Hautfarbe war der Anknüpfungspunkt für die Etablierung eines Ausbeutungsverhältnisses, in dessen Rahmen den Farbigen unter Berufung auf ihre naturgegebene Minderwertigkeit die Knechtsrolle als Lohnsklave aufgeherrscht wurde.

des eigenen Staatsvolkes äußerst dienlich, wenn dessen ganzer sozialer Anspruch an den Staat nur noch darin besteht, die ihm gebührende Vorzugsbehandlung als Mitglied des eingeborenen Nationalkollektivs gegenüber den minderberechtigten Ausländern einzuklagen. Bürger, welche für die systembedingten Härten ihrer Lebenslage bereitwillig die Ausländer verantwortlich machen, sind der Regierung höchst willkommen.

Selbstverständlich schätzen die Regierenden Staatsbürger, welche die Verschlechterung ihrer Lohn- und Arbeitsbedingungen, die Massenarbeitslosigkeit und den Abbau sozialer Leistungen nicht auf die Sachgesetze der sozialen Marktwirtschaft und die Kalküle des Sozialstaates zurückführen, sondern den Ausländern die Schuld dafür in die Schuhe schieben, den Einheimischen die Arbeitsplätze weggenommen zu haben und für die Ebbe in den Sozialkassen verantwortlich zu sein. Mit dieser »Diagnose« ihrer sozialen Misere bekräftigen sie nur ihren prinzipiell guten Glauben an die Einrichtungen der kapitalistischen Gesellschaft, die andauernd ihre materielle Existenz gefährden. Der Staat und seine Institutionen können gemäß dieser ideologischen Sichtweise der ihnen eigentlich obliegenden Aufgabe der Versorgung ihrer Staatsbürger mit Arbeitsplätzen, Wohnungen und ausreichend dotierten Sozialleistungen einfach nicht nachkommen, weil sie durch die massenhafte Existenz von Ausländern als unberechtigten Nutznießern der den Deutschen vorbehaltenen Privilegien daran gehindert werden. Dass eine solche ausländerfeindliche Denkweise, die sich darin betätigt, nach illegitimen Nutznießern der den Inländern exklusiv zustehenden Segnungen der sozialen Marktwirtschaft zu fahnden, die Freiheit der politischen Funktionsträger und die Gefolgschaftstreue ihrer Bürger sichert und befördert, ist also nicht zu bestreiten.

Nur: Die Funktionalität der ausländerfeindlichen Bewusstseinslage der Bürger für die Sicherung der staatlichen Herrschaft ist eine Sache, das Zustandekommen der von Staats wegen ausgenutzten ausländerfeindlichen Gesinnung der Staatsbürger eine andere. Die Argumente, die Holzkamp für seine Behauptung ins Feld führt, dass die Ausländerfeindlichkeit von unten das Resultat einer erfolgreichen Bestechung der Staatsbürger durch ihren staatlichen Nutznießer bilde, sind jedenfalls alles andere als überzeugungskräftig.

Auf der Basis der von Holzkamp unterstellten Bewusstseinsausgangslage des später zum Ausländerfeind mutierten Bürgers ist in keiner Weise nachvollziehbar, warum dieser sich die Bestechungsangebote der Staatsgewalt hätte einleuchten lassen und daraufhin zum Ausländerfeind werden sollen. Denn laut Holzkamp soll der Bürger ja per Bestechung und Drohung dazu bewogen worden sein, seinen »Widerstand gegen die herrschenden Verhältnisse« aufzugeben und sich stattdessen der Unterdrückung und Ausgrenzung von Minoritäten, namentlich der Ausländer verschrieben haben (Holzkamp 1995: 24f.).

Das kann einfach nicht stimmen. Wer zuvor ein halbwegs klares Bild von den gesellschaftlichen Verhältnissen hatte, wer sogar so etwas wie eine Opposition gegen Herrschaft und Unterdrückung entwickelt haben soll, der lässt sich doch nicht und dazu auch noch »wider besseres Wissen« (S. 28) von derartigen Offerten überzeugen, wechselt ins gegnerische Lager und schließt sich nunmehr mit seinem bisherigen Feind – dem Staatsrassismus – gegen die Ausländer zusammen.

Wie also sollten sich mit derartigen Angeboten Menschen ihre Opposition gegen die herrschenden Verhältnisse abkaufen lassen, die soeben noch um die Gegnerschaft ihrer eigenen Interessen zu den herrschenden Interessen wussten? Es verhält sich genau umgekehrt. Dass die Argumente des »institutionellen Rassismus« wie die »Rede vom vollen Boot« beim Bürger verfangen, dass Teile der Bürger darüber hinaus auch noch einen Standpunkt der prinzipiellen Ausländerfeindlichkeit vertreten, setzt bei diesen die Existenz eines veritablen Nationalrassismus, das heißt eine generelle Identifikation mit den Belangen der Nation, bereits voraus, die Holzkamp erst als nachträgliches Werk der erfolgreichen Machenschaften des Staatsrassismus vorstellig machen will.

Eben diesen Tatbestand des präexistenten Bürgernationalismus gesteht Holzkamp im Rahmen seiner Bestechungskonstruktion selber ein, wenn er nachdrücklich »die diskursive Selbstverständlichkeit des Herr-im-Hause-Standpunkts« (S. 25) betont, welche das Angebot des institutionellen Rassismus zum »Mitspielen« für viele Bürger so verlockend erscheinen lassen soll. Wenn aber das Interesse, »sich als ›Mehrheitsangehörigen‹ zu definieren, damit zu den Privilegierten, Begünstigten, Geschützten gezählt zu werden, die auf Kosten der wert- und rechtloseren Minderheit leben dürfen« (S. 27), den Inhalt der »unmittelbaren Bedürftigkeit« des Subjektes ausmacht, welche durch die Aufwertung gegenüber den minderwertigen Ausländern befriedigt wird, dann muss auch keine Bereitschaft zum »Mitspielen« beim Rassismusspiel durch die Herrschenden bei der Bevölkerung geweckt werden. Wer den »Herr-im-Hause-Standpunkt« einnimmt, der hat doch dieses Haus des Nationalstaates als seine Heimat definiert. Wer den Standpunkt als ideeller Teilhaber eines Gemeinschaftsunternehmens namens Nation pflegt, der ist meilenweit davon entfernt, in den Zwecken der Herrschenden die Gründe für seine negative Lebenslage entdecken zu wollen. Auf dessen Patriotismus ist so fest Verlass, dass zusätzliche Bestechungsangebote erst gar nicht vonnöten sind, um seine staatsbürgerliche Loyalität zu erhalten. Umgekehrt betätigt er seine vorbehaltlose Übereinstimmung mit dem politischen Gemeinwesen darin, dass er wider alle empirischen Erfahrungen die Ausländer für den Verlust seines Arbeitsplatzes oder die Kürzung seiner Arbeitslosenunterstützung verantwortlich macht.

Auch die Drohung, im Falle der Verweigerung des staatsbürgerlichen Wohlverhaltens seine »›Privilegierung‹ zu verlieren und selbst zu einer ausgegrenzten ›Minderheit‹ zu gehören« (S. 28), könnte bei dem von Holzkamp als ursprünglich widerständig-oppositionell definierten Personenkreis nicht verfangen.

Zunächst einmal sind die heraufbeschworenen Nachteile ziemlich fiktiver Natur. Den privilegierten Status der Staatsbürgerschaft kann ein Inländer ohnehin nicht verlieren. Unter rechtsstaatlichen Verhältnissen pflegen selbst militante Staatsfeinde nicht ausgebürgert zu werden. Beziehungsweise wie sollte er zum Angehörigen einer sonstigen stigmatisierten Minderheit erklärt werden können? Eine Zwangsversetzung zu den klassischen, von Holzkamp im Zusammenhang mit dem Rassismus zitierten »Randgruppen« wie Juden, Farbigen, Frauen oder Ausländern (S. 25) dürfte wohl für die große Mehrheit der überwiegend bis ausschließlich inländischen, männlich-heterosexuellen, weißhäutigen und arischen Ausländerfeinde kaum in Betracht kommen. Oder sollten hier die Herrschenden wieder einmal an dem Netz der sich »verändernden Mehrheits-Minderheits-Anordnungen» (S. 26) stricken und zur weiteren herrschaftssichernden Fraktionierung und Fragmentierung der Gesellschaft eine neue zur Verachtung freigegebene Minorität aus der Taufe heben? Das steht wohl kaum zu erwarten.

Abgesehen davon stellt sich die Frage, warum ein oppositionell-progressiver Inländer sich davor fürchten soll, aus der ausländerfeindlichen Gesellschaft der Mehrheitsdeutschen ausgegrenzt zu werden. Wäre er nicht unter seinesgleichen besser aufgehoben als bei den deutsch-nationalen Ausländerhassern? Eine handfeste Drohung würde daraus nur, wenn der betroffene Adressatenkreis seine Zugehörigkeit zum Nationalkollektiv für wichtiger halten würde als seine Opposition gegen die herrschenden Verhältnisse. Unter dieser Voraussetzung aber würde die

Annahme eines im Ausgangspunkt widerständig-antirassistischen Bewusstseins, die den Dreh- und Angelpunkt der bestechungstheoretischen Konstruktion bildet, ihre Grundlage verlieren.

Subjektwissenschaftliche Kritik der Ausländerfeinde: Rassismus eine Verfehlung des antirassistischen Menschheitsauftrags

Die Bestechungstheorie beinhaltet zugleich die subjektwissenschaftliche Kritik des ausländerfeindlichen Rassismus. Der an die Ausländerfeinde gerichtete Vorwurf lautet: »Korrumpiertheit durch die ›Angebote‹ der Herrschenden« (S. 29). Ausländerfeinde haben sich verführen lassen und damit einen falschen Gebrauch von ihrer Wahlfreiheit gemacht. Die subjektwissenschaftliche Kritik gilt nicht dem Inhalt der politischen Urteile der Ausländerfeinde – eine Auseinandersetzung mit den politischen Überzeugungen von rechtsradikalen Gewalttätern findet in keiner Weise statt – sondern dem angeblichen Fehlgebrauch ihrer Entscheidungsfreiheit:

(Es) »wurde gleichzeitig klar, dass die Individuen den geschilderten staatsrassistischen Strategien keineswegs notwendig ausgeliefert sind. Vielmehr werden sie (...) sich nur ›unter dem Druck ihrer unmittelbaren Bedürftigkeit‹ durch die kurzschlüssigen ›Vorteile‹ der ihnen ›angebotenen‹ Privilegierungen auf Kosten anderer bestechen lassen und damit wider besseres Wissen ihren eigenen allgemeinen Lebensinteressen zuwider handeln. Sie haben aber auch die Möglichkeit, die ihnen im Mehrheits-Minderheits-Diskurs gestellten Fallen zu durchschauen, ihre eigenen Interessen klarer zu sehen, und so dem staatsrassistischem Arrangement auf verschiedenen Ebenen Widerstand zu leisten.« (S. 28)

Ausländerfeinde sind deswegen kritikabel, weil sie den Offerten des Staatsrassismus »keineswegs notwendig ausgeliefert« seien,[41] son-

[41] Und was weiß man jetzt, worin besteht der objektive Wissensfortschritt der Feststellung, dass die bürgerlichen Subjekte trotz aller staatlichen Bestechungsangebote »nicht notwendigerweise« zu Ausländerfeinden werden müssen? Zur Rückerinnerung: Holzkamp war mit dem Anspruch angetreten, die Vermittlungsschritte von Staatsrassismus zum subjektiven Bewusstsein des Ausländerfeindes zu erklären. Seine Erklärung landet bei dem Resultat, dass beide Bewusstseinslagen, die kritische und die affirmative, möglich seien. Als sei die Tatsache, dass es sowohl Ausländerfeinde als auch Nichtausländerfeinde gibt, nicht der Ausgangspunkt der Untersuchung gewesen. In der bloßen Feststellung der fehlenden Zwangsläufigkeit menschlicher Bewusstseinsakte, hier: der Ausländerfeindlichkeit, kann im Übrigen nur derjenige einen Erkenntnisfortschritt erblicken, der sich in der falschen Frontstellung zum Determinismus der bürgerlichen Psychologie herumtreibt und sich an der Fragestellung abarbeitet, ob der Wille bewirkt oder

dern auch die gegenteilige Option hätten wählen können, unter Beachtung ihrer »wahren Lebensinteressen«, eigentlich auch wählen müssen: nämlich »dem staatsrassistischen Arrangement (...) Widerstand zu leisten«. Sie haben sich also letztlich der Unterlassung schuldig gemacht, der ihnen von Holzkamp angedichteten wahren antirassistischen Bestimmung zu entsprechen. Wegen dieser willentlichen Unterlassung sei es »kurzschlüssig«, die ausländerfeindlichen Subjekte »als *bloße* Opfer staatsrassistischer Strategien an(zu)sehen«. (S. 26) Aufgrund der fehlenden Zwangsläufigkeit ihrer Entscheidung könnten sie vielmehr als »Täter« in die prinzipielle Verantwortlichkeit für ihre ausländerfeindlichen Taten genommen werden:

»Vielmehr bleiben auch bei einer Kritik rassistischer Lebensäußerungen die dabei angesprochenen Individuen als Mitsubjekte, die für eigenes Handeln voll verantwortlich sind, erhalten.« (ebd.: 27)

Die Logik der Unterlassungssünde erlaubt es zugleich, sie in die fortbestehende Haftung zu nehmen als Vollzugsorgan der ihnen angetragenen fortschrittlichen Perspektive des antirassistischen Kampfes. Denn als mit Willen und Einsichtsfähigkeit begabte Subjekte besitzen sie die Möglichkeit zur nachträglichen Korrektur der getroffenen Fehlentscheidung und damit zur Rückkehr ins widerständig-antirassistische Lager der Menschenfreunde, aus dem sie die Herrschenden mit ihren Bestechungsangeboten weggelockt hatten.

Die Leistung der Bestechungstheorie besteht dementsprechend nicht so sehr in der bedingten Entschuldigung der Ausländerfeinde als Opfer der Verführungskünste des Staatsrassismus. Mehr als mildernde Umstände will auch Holzkamp den Ausländerfeinden nicht dafür zubilligen, dass sie ohne die Machenschaften des Staatsrassismus wohl kaum eine derartige Fehlentwicklung eingeschlagen hätten. Die ideologische Hauptleistung der bestechungstheoretischen Erklärung liegt vielmehr darin, dass sie erfolgreich die (mit der bedingten Entschuldigung einhergehende) moralische Verurteilung der den staatsrassistischen Strategien zum willfährigen Opfer gefallenen ausländerfeindlichen Subjekte mit der Aufrechterhaltung ihrer eigentlichen Bestimmung verbindet, dem menschenfeindlichen Rassismus Widerstand zu leisten. Auch ein noch so militanter Ausländerfeind bleibt somit aufgrund dieser Konstruktion der potenzielle Träger des von der Kritischen Psychologie als

---

frei sei, statt sich der einzig relevanten Frage zu widmen nach dem, *was* die Menschen im Kopfe haben, und welche (Fehl-)Leistungen der menschliche Verstand erbringt.

Menschheitsauftrag vorgegebenen antirassistischen Kampfes gegen die Ausländerfeindlichkeit.

Die subjektwissenschaftlich angeleitete Praxis antirassistischer Erziehung

Die gänzlich haltlose bestechungstheoretische Diagnose der Entstehung der Ausländerfeindlichkeit liefert zugleich die pädagogische Rezeptur zur Heimholung fehlgeleiteter rassistischer Ausländerfeinde in das fortschrittliche Lager. Aufklärung über die Machenschaften des Staatsrassismus und die Verstrickung der Individuen darin, heißt die Devise. Rassistische Ausländerfeinde sollen die Einsicht gewinnen, dass sie sich im »selbstschädigenden Widerspruch« zu ihren höheren Lebensinteressen vom institutionellen Rassismus hätten verführen lassen. Die Befassung mit den allseitig diskriminierenden Konsequenzen der staatlichen Strategie, die verschiedenen Bevölkerungsgruppen mittels des Systems von Bestechung und Bedrohung gegeneinander auszuspielen, soll (potenziellen) Rassisten die Augen dafür öffnen, dass die getroffene Option für die Ausländerfeindlichkeit eine kurzschlüssige eindimensionale Handlungsbegründung darstellt, die im Widerspruch zu ihren eigentlichen Interessen steht.

Mit dem Hinweis auf die den »Tätern« drohende Gefahr, zukünftig möglicherweise selbst einmal zum Opfer rassistischer Diskriminierungen zu werden, sollen Ausländerfeinde zur Korrektur ihrer Fehlentscheidung bewogen werden:

»Beim Eindringen in den so gefassten Lerngegenstand müsste (...) den SchülerInnen klar werden können, dass sie nicht nur potentielles Subjekt von rassistischen Ausgrenzungs- und Diffamierungsbewegungen gegenüber ethnischen Minderheiten sind, sondern als Jugendliche, Mädchen, Behinderte etc. selbst auch potentielle *Opfer* der Ausgrenzung und Diffamierung durch andere – dazu stets in der Gefahr, wenn sie später keinen Arbeitsplatz kriegen, beim Klauen erwischt werden, AIDS bekommen, weitere mehr oder weniger einschneidende Ausgrenzungen und Diffamierungen auf sich zu ziehen. Von da aus müssten im Fortgang der Lernaktivitäten für mich (als SchülerIn) begreifbar werden, dass ich nur, wenn ich die Gesamtheit der Mehrheits-Minderheits-Diskurse, in die ich real einbezogen bin, ausblende, mich etwa als ›Einheimischer‹ gegenüber ›Ausländern‹ auf der Siegerseite wähnen kann, aber allgemeiner gesehen – eben als Mädchen, Jugendliche(r), Behinderte(r) – selbst auch ausgegrenzt und diffamiert werde.« (Holzkamp 1994: 54f.)

So weit, so schlecht.

Diese Bezugnahme auf das ausländerfeindliche Bewusstsein ist erstens hochgradig affirmativer Natur. Denn die in der Vaterlandsliebe bzw. dem Bewusstsein der nationalen Identität wurzelnden Beweggründe der Ausländerfeindlichkeit werden durch den Appell à la Holzkamp in keiner Weise angegriffen und somit unkritisiert stehen gelassen. Dass Ausländerfeinde zu ihren Taten von der glühenden Liebe zu einem ausländerfreien Deutschland bewegt werden, das ist zwar einerseits Holzkamp nicht unbekannt. Er weiß ja die nationalistischen Inhalte des ausländerfeindlichen Bewusstseins durchaus zu referieren. Die praktischen Konsequenzen der rechtsradikalen politischen Orientierung der Ausländerfeinde stuft er als einen skandalösen Tatbestand ein, den es aus der Welt zu schaffen gilt. Aber mit Argumenten gegen die den rassistischen Taten zu Grunde liegenden rechtsradikalen politischen Fehlurteile will Holzkamp den Ausländerfeinden gleichwohl nicht kommen. Ausländerfeinde sollen vielmehr vom Rassismus deswegen Abstand nehmen, weil dieser eines Tages wie ein Bumerang auf sie selber zurückfallen könnte. Wollte denn Holzkamp wirklich gesagt haben, dass an der Ausländerfeindschaft nichts auszusetzen wäre, wenn sie nicht mit dem möglichen Nachteil des späteren Wechsels des Täters in die Opferrolle verbunden wäre?

Zweitens ist – wie bereits ausführlich dargelegt – das von Holzkamp gegenüber den Ausländerfeinden an die Wand gemalte Schreckensbild, selbst einmal zum Opfer rassistischer Diskriminierung zu werden, ohnehin hochgradig irrealer Natur. Die einzige, allerdings höchst reale, Gefahr für radikale Ausländerfeinde besteht vielmehr darin, vonseiten der Staatsgewalt als eine kriminelle Minderheit abgestempelt zu werden. Wenn sich aber die militanten Ausländerfeinde gerade wegen ihrer tiefsitzenden patriotischen Überzeugung vielfach noch nicht einmal von den wirklich existierenden Verfolgungsmaßnahmen des institutionellen Rassismus beeindrucken lassen, dann doch erst recht nicht von dieser Identifikation ihres potenziellen Falles mit einer der verfemten gesellschaftlichen Randgruppen.

Drittens geht der propagierte Appell zur Eingliederung in die Solidargemeinschaft aller von staatlichen Mehrheits-Minderheitsanordnungen Betroffenen an der tatsächlichen Bewusstseinslage der Ausländerfeinde vollständig vorbei. Angesichts der politischen Weltsicht, die Ausländerfeinde im Kopfe haben, erscheint es nicht nachvollziehbar, warum sie sich den von Holzkamp angetragenen Zusammenhang zwischen der Diskriminierung von Ausländern und der eigenen potenziellen Diskriminierung als Argument dafür einleuchten lassen sollten, von ihrer Gegnerschaft gegenüber Ausländern Abstand zu nehmen.

In der nationalistischen Sichtweise des Ausländerfeindes handelt es sich nämlich bei den verschiedenen »Diskriminierungstatbeständen« durchweg nicht um identische, sondern um gänzlich unterschiedliche Sachverhalte, die gar nichts miteinander zu tun haben und die er deshalb auch ganz unabhängig voneinander beurteilt. So mag der Ausländerfeind gegen die Diskriminierung von Frauen, Homosexuellen oder Obdachlosen sein oder auch nicht. Aber sein Urteil über die Ausländer wird durch seinen Standpunkt beispielsweise zur Diskriminierung von Homosexuellen in keiner Weise affiziert. Auf der Grundlage seines nationalistischen Standpunktes nämlich kennt er auf der einen Seite gerechtfertigte Diskriminierungen, die Feinden des deutschen Volkes verdientermaßen zugefügt werden, und nimmt für den Erfolg der Nation zugleich bereitwillig auch eigene Opfer in Kauf. Von den »richtigen« Opfern, die ihr Los auch verdient haben, weiß er auf der anderen Seite trennscharf ungerechtfertigte Schädigungen zu unterscheiden, welche die Falschen möglicherweise inklusive seiner eigenen Person treffen und gegen die er dann gegebenenfalls Einspruch einlegt. Die in seinen eigenen Augen sehr handfesten Gründe dafür, dass Ausländer aus Deutschland zu verschwinden haben, bzw. dafür, diese, wenn sie schon einmal hier sind, als Menschen zweiter Klasse zu behandeln, können dementsprechend durch den Hinweis auf die angeblich drohende Eigendiskriminierung als Behinderter, Homosexueller etc. in keiner Weise entkräftet werden.

Dass man selbst einmal das Opfer ungerechtfertigter staatlicher und/oder gesellschaftlicher Diskriminierung oder Ausgrenzung sein könnte, kann deshalb bei Ausländerfeinden keinen Zweifel an der wohlbegründeten Notwendigkeit der berechtigten Opfer säen, die man selbst produziert. Wenn also die politischen Gründe seiner Ausländerfeindlichkeit gar nicht infrage gestellt werden, warum sollte er dann von seiner Gegnerschaft gegenüber Ausländern ablassen?

Oder aber der Ausländerfeind erblickt zwischen den »Diskriminierungstatbeständen«, wie insbesondere zwischen Ausländerfeindlichkeit und Arbeitslosigkeit, tatsächlich einen inhaltlichen Zusammenhang. Dieser Zusammenhang wird dann aber nicht durch das gemeinsame Betroffenheitsempfinden der Unterdrückten gestiftet, das Holzkamp dem Ausländerfeind unterstellt. Denn der Ausländerfeind teilt ja gerade nicht die allgemeine Antidiskriminierungsmoral der Gegner des Rassismus. Sondern seine nationalistische Fehlerklärung der Arbeitslosigkeit liefert ihm umgekehrt die Begründung für seine Ausländerfeindlichkeit. Weil nämlich der nationalistische Verstand die real existierende Gefahr, in die unterprivilegierte Gruppe der Arbeitslosen zu fallen, der Existenz seiner ausländischen Konkurrenten am heimischen Arbeitsmarkt zuschreibt, kann der Hinweis auf die möglicherweise drohende Arbeitslosigkeit Ausländerfeinde unmöglich dazu bewegen, ihre Ausländerfeindlichkeit aufzugeben. Im Gegenteil betrachten doch nationalbewusste Arbeitslose die ausländerfeindliche Rückführung der unliebsamen Konkurrenten um die begehrten Arbeitsplätze gerade als *das* Mittel, um Schaden von sich und ihrer Nation abzuwenden.

Schließlich dürfte auch die Aussicht, bei Abstandnahme vom Ausländerhass von einschlägig induzierten seelischen Erkrankungen verschont zu bleiben, kaum einen Sinneswandel der Ausländerfeinde herbeiführen. Die verheißene Belohnung ist die theoretische Frucht der »subjektwissenschaftlichen Reinterpretation« der psychoanalytischen Kategorie des Unterbewussten im Rahmen der Erklärung des Rassismus:

»Damit können wir in unserer ›Rassismus‹-Konzeption zwanglos auch auf ein anderes Verständnis der *Verdrängung ins ›Unbewusste‹* zurückgreifen: Diese Verdrängung gründet sich unserer Auffassung nach wesentlich nicht darin, dass die sexuell-aggressiven ›Triebrepräsentanzen‹, sondern dass die dargestellte ›Selbstfeindschaft‹ mit der bewussten, interessengegründeten Lebensführung des Subjekts nicht vereinbar ist. Das eigentlich Unterträgliche und Peinliche ist dieser Konzeption nach nicht die *äußere* Bedrohung durch versagende und bestrafende Instanzen, sondern die in unmittelbarer Bedürftigkeit gegründete eigene Korrumpiertheit durch die ›Angebote‹ der Herrschenden, damit aktive Beteiligung an der Unterdrückung anderer, wodurch ich gleichzeitig meine eigenen Lebensinteressen verrate. Also *muss* ich, wenn meine darin gegründete Lebensführung für mich als in Ansehung meiner Interessen begründet/vernünftig akzeptabel sein soll, dieses selbstschädigende Arrangement des Lebens-auf-Kosten-Anderer aus meinem Bewusstsein ›verdrängen‹. Damit muss ich mich aber auch mit den ›Folgekosten‹ abfinden, die dies unausbleiblich für meine Befindlichkeit hat, d.h. ich muss mir selbst verhehlen, dass ich die aus der ›Partizipation an meiner Unterdrückung‹ sich ergebenden Beeinträchtigungen meiner subjektiven Lebensqualität, Gebrochenheiten, Ängste, Leiden, sozialen Isolationserfahrungen etc. mit zu ›verantworten‹ habe.« (Holzkamp 1995: 29)

Die subjektwissenschaftlich-psychoanalytische Ableitung von Psychosen oder Neurosen aus den psychischen Grundkonflikten des rassistischen Menschen gehorcht unter umgekehrten inhaltlichen Vorzeichen derselben Logik wie die von Holzkamp so heftig befehdete Faschismus-Erklärung Adornos (Holzkamp 1994: 43), dessen psychoanalytischer Funktionalismus dem Judenhass die positive Rolle als Beitrag zur Verhinderung von Psychosen zugesprochen hatte. (Vgl. Kapitel 3.3.)

Holzkamp lässt den Menschen, ganz gleichgültig, wie »menschenfeindlich« dieser sich in der Welt auch aufführen möge, eben einfach nicht aus seiner idealen Bestimmung entkommen. Er verankert seine fixe Idee vom eigentlich brüderlich-fortschrittlichen Wesen des Homo sapiens so tief in der Menschenseele, dass der Mensch bei Nichterfüllung seiner höheren Berufung tendenziell an sich verrückt werden müsse. Dementsprechend lautet die von Holzkamp empfohlene Negativ-Therapie für (angehende) Rassisten: Wenn du nicht unter seelischen Erkrankungen leiden willst, widerstehe den Verlockungen des strukturellen Rassismus! Ob sich freilich die Ausländerfeinde durch diesen fiktiven psychohygienischen Nutzen tatsächlich ihren Ausländerhass ausreden lassen, ist allerdings noch sehr fraglich.

Nein: Wer die Ausländerfeindlichkeit bekämpfen will, kommt um eine inhaltliche Auseinandersetzung mit den politischen Urteilen der Ausländerfeinde einfach nicht herum. Die diesbezügliche Abstinenz, die sich die Autoren der Holzkamp-Schule selbst auferlegt haben, erscheint freilich im Resultat als »unbewusster« Akt höherer Weitsicht. Wie sollte man auch nationalrassistische Fehlurteile über das Wesen des bürgerlichen Nationalstaates, die Staatsangehörigkeit, die Rolle von staatsbürgerlichen Rechten etc. korrigieren können, wenn man den Staatsrassismus als bloße Form staatlicher Herrschaftssicherung, die doppelte Staatsangehörigkeit und die Gleichberechtigung der Ausländer als entscheidende Etappe auf dem Weg zur Befreiung von der Geißel der Ausländerfeindlichkeit begreift und die für den Staat funktionsgerechte »Modernisierung« des Asylrechtes als missbräuchliche Liquidation seiner ursprünglich humanitären Zielsetzungen an den Pranger stellt. (Osterkamp 1991: 46, 50f.)

Diese Lücke soll der folgende Exkurs schließen. Die nachfolgenden Ausführungen dienen der positiven Darstellung des Zusammenhanges zwischen dem Prinzip des Nationalstaats und dem (militanten) Nationalismus seiner Bürger.

5. Ausländerfeindlichkeit: eine staatsbürgerliche Eigenleistung auf der Grundlage staatlicher Menschensortierung

Der wirkliche Staatsrassismus ist ein völlig andersgearteter Sachverhalt als das Holzkamp'sche Erpressungs- und Verführungsepos mit dem Titel »Staatsgewalt spielt im Interesse der Herrschaftssicherung Inländer gegen Ausländer aus«. Und dieser Staatsrassismus fängt nicht erst beim Verhältnis der Staatsgewalt zu den Ausländern an, sondern er hat seinen Ursprung im Innenverhältnis des Staates zu den einheimischen Mitgliedern des Nationalvolkes.

Ein Staatsvolk, was ist das?

So etwas wie eine Staatsangehörigkeit, die Zugehörigkeit zu einer Nation, haben die Mitglieder derselben in aller Regel nicht frei gemäß ihren jeweiligen Vorlieben gewählt. Entgegen einer verbreiteten Auffassung gründen Staaten auch nicht auf einer getrennt von ihnen existierenden Gemeinschaftlichkeit ihrer Mitglieder etwa der gleichen Sprache oder Kultur. Bei der »Verleihung« der Staatsangehörigkeit handelt es sich vielmehr um einen Akt der Zwangsrekrutierung des Staatsvolkes, das gemäß den jeweiligen Kriterien des staatlichen Souveräns ausgewählt wird. Bereits etablierte und mit nationaler Bevölkerung(szufuhr) in Quantität und Qualität reichlich gesegnete Staaten sind bekennende Anhänger des so genannten Abstammungsprinzips, das an die »natürliche« Herkunft des neuen Personals aus Zeugungsakten bereits gedienter Mitglieder der Nation anknüpft, welche die beste Gewähr dafür bieten, den Staatsbürgernachwuchs im nationalen Sinne heranzubilden. Andere Staaten ergänzen bei Bedarf das Abstammungs- durch das Territorialprinzip, das den Erwerb der Staatsangehörigkeit an den Akt der Geburt auf inländischem Territorium bindet. Dieses kommt insbesondere in dem Falle zur Anwendung, wo eine Staatsgewalt als Resultat ihrer (kolonialen) Eroberungen Land und Subjekte des besiegten Gegners ihrem eigenen Herrschaftsgebiet und Staatsvolk zuzufügen gedenkt. Dann schließlich gibt es noch so genannte Einwanderungsländer, die sich darauf verlegen, ihren zusätzlichen Bedarf an Bevölkerungsnachschub durch die gezielte Abwerbung ausgesuchter Angehöriger anderer Staaten zu decken.

Bei der Konstitution des Staatsvolkes durch die Staatsgewalt geht es freilich nicht um die Ausübung von staatlicher Herrschaft als Selbstzweck und erst recht nicht um die zweckmäßige Organisation eines gesellschaftlichen Zusammenhanges, der auf der bedürfnisgerechten Produktion und Verteilung der Lebensgüter beruht. Sondern das Wesen der politischen Herrschaft besteht gerade auch in demokratischen Staaten in einem Benutzungsverhältnis im Dienste der Herrschaftszwecke. Das dergestalt von bürgerlichen Nationalstaaten auserwählte Volk soll demgemäß für seinen Staat in den unterschiedlichen Funktionen seines »Standes«, im Fall des normalen Menschen in seiner Eigenschaft als Lohnarbeiter, Steuerzahler, Eltern, Soldat etc. für die Verfolgung der ökonomischen, politischen und militärischen Zwecke seines Staates in der Konkurrenz der Nationalstaaten fungieren. Damit das Volk diesen seinen staatsnützlichen Bestimmungen nachgehen kann, werden ihm die entsprechenden staatsbürgerlichen Rechte gewährt. Das heißt, so ziemlich alles, was der Mensch im Staatsinteresse tun soll – arbeiten gehen bzw. sich um eine Arbeitsstelle bewerben, eine Familie gründen und seine Kinder erziehen, wählen – alle diese staatlichen Anforderungen an ihn werden ihm als seine Freiheit, als Akt seiner Selbstbestimmung gewährt. Und darin liegt der entscheidende Unterschied zu Ausländern, denen diese Rechte, wenn überhaupt, nur in eingeschränktem Umfang zugebilligt werden.

Die exklusive Subsumtion unter dieses herrschaftliche Benutzungsverhältnis namens Nation wird den Mitgliedern des Staatsvolkes vonseiten der Staatsgewalt als deren gesellschaftliche Natureigenschaft zugeschrieben. Das an ihnen hergestellte Herrschaftsverhältnis über seine Untertanen behandelt die Staatsgewalt als eine diesen innewohnende Qualität und Bestimmung ihrer Menschennatur. Und just darin besteht die Elementarform des wirklichen Staatsrassismus.

Soweit zur Ausgestaltung des herrschaftlichen Binnenverhältnisses der Staatsgewalt zu ihrem auserwählten Staatsvolk.

Das Verhältnis der Staatsgewalt zu Ausländern
ist nichts anderes als die Außenseite dieses Staatsrassismus nach innen, wie überhaupt die ganze Scheidung von In- und Ausländern nur das Resultat von Ausschließungsakten miteinander konkurrierender Gewaltmonopole darstellt. Ausländer sind nämlich gemäß der einschlägigen Definition des Ausländerrechts Menschen, die keine Inländer sind, sondern einer fremden, auswärtigen Staatsgewalt unterstehen. Sie

werden deswegen auch mit einem ziemlich prinzipiellen, unwiderlegbaren Generalverdacht belegt, die Interessen ihrer eigenen staatlichen Herrschaft zu vertreten und im Ernstfall die fünfte Kolonne des Feindes im eigenen Land zu bilden. Die im Zweiten Weltkrieg nach dem japanischen Angriff auf Pearl Harbour erfolgte Zwangsinternierung von japanisch-stämmigen US-Bürgern in den USA ist ein prächtiges Anschauungsbeispiel dafür, dass Nationalstaaten Ausländer gemäß derselben rassistischen Logik wie ihr eigenes Staatsvolk, das heißt als geborene Repräsentanten der Zwecke ihrer staatlichen Herrschaft, betrachten und behandeln. Ausländer sind also in dieser Optik der Nationalstaaten quasi von Natur aus Parteigänger der Interessen auswärtiger Staaten. Weswegen die politischen Herrschaften auch in entsprechenden völkerrechtlichen Kodifikationen ihre Einigkeit darüber zu Protokoll gegeben haben, dass eine doppelte Staatsbürgerschaft einen absoluten Ausnahmetatbestand darstellen soll, weil zwei Herren gleichzeitig zu dienen, vom Standpunkt der staatlichen Herrschaft als ein Unding betrachtet wird.

Dieses staatliche Generalmisstrauen gegenüber den Ausländern schlägt sich in einer Gesetzgebung nieder, die hochdifferenzierte Abstufungen des Rechtsstatus von Ausländern unter dem Gesichtspunkt der Art der vorgesehenen Benutzung von Ausländern für inländische Staatszwecke sowie des Standes der auswärtigen Beziehungen des Staates zu den verschiedenen Nationalstaaten vornimmt. Mit einer prinzipiellen Abneigung gegenüber Ausländern oder gar einem allgemeinen Ausländerhass freilich sollte man diesen staatsrassistischen Standpunkt des Generalmisstrauens nicht verwechseln. Der Nationalstaat hat nicht generell etwas gegen Ausländer, sondern er hat zu ihnen ein rein instrumentelles Verhältnis. Er bedient sich ihrer gegebenenfalls gerne, wenn ihre Benutzung einen fördernden Beitrag für die Verwirklichung nationaler Belange verspricht, namentlich für die Mehrung des Nationalreichtums. In Sachen Benutzung ausländischer Arbeitskräfte nicht nur im Inland ist der moderne Nationalstaat im Zeitalter der Globalisierung geradezu zum Kosmopoliten geworden, was die EU-weite Freizügigkeit von Arbeitnehmern, die Existenz von Millionen von »Gastarbeitern«, die Ausgabe von Greencards und die Bemühungen um das »Einwanderungsgesetz« etc. belegen, das für eine passgenaue arbeitsmarktgerechte Zufuhr ausländischer Arbeitskräfte sorgen soll. Umgekehrt heißt dies natürlich auch, dass Ausländer erst gar keine Aufenthaltserlaubnis erhalten bzw. ihr »Gastrecht« verwirkt haben, wenn sie für deutsche

(Wirtschafts-)Belange nicht (mehr) taugen. Sozialhilfebedürftigkeit von Ausländern ist bekanntlich ein Ausweisungsgrund. Oder aber ihnen wird wie im Falle ausländischer Flüchtlinge durch das Asylrecht der in aller Regel ohnehin vorübergehende – bis zur garantiert 97-prozentigen Nichtanerkennung währende – Aufenthalt auf deutschem Boden gleich verwehrt. Denn gemäß der asylpolitischen Rechnungsweise des Staates nach Ende des Ost-West-Gegensatzes steht der Nutzen des Asylrechts als außenpolitische Waffe gegenüber fremden Staaten, die hierzulande als Unrechtsregime eingestuft werden, in keinem Verhältnis mehr zu den Kosten der Verköstigung der nunmehr Wirtschaftsasylanten geheißenen Menschen. Das betrifft Angehörige derselben Völkerschaften, die vorgestern noch als Kronzeugen von Menschenrechtsverletzungsanklagen insbesondere gegen den realen Sozialismus fungieren durften.

Eine prinzipielle undifferenzierte Ausländerfeindlichkeit vonseiten des Nationalstaates gibt es deshalb ebenso wenig wie eine Offerte an das heimische Staatsvolk, sich praktisch gegenüber den Ausländern als Herrenvolk aufzuführen. Eine selektive Ausländerfeindlichkeit steht vielmehr nur dann auf der staatlichen Tagesordnung, wenn Staaten Feindschaftserklärungen gegenüber auswärtigen Staaten abgeben. In diesem Falle erstreckt sich die Gegnerschaft gemäß der staatsrassistischen Logik »natürlich« auf das auswärtige Staatsvolk, und das eigene Volk wird mit entsprechenden Feindbildern versorgt, welche die Bösartigkeit des feindlichen Nationalcharakters zu bebildern suchen. Entschlossene Ausländerfeindlichkeit ist auch im Falle der »Asylantenflut« angesagt, wenn es gilt, die illegale »Einwanderung« dieses gänzlich unerwünschten Menschenschlages von Wirtschaftsflüchtlingen in »unser Sozialsystem« mit allen verfügbaren Mitteln des Ausländerrechtes, des Grenzschutzes und der Asylrechtsreform zu unterbinden.

Aber diese Sorte institutioneller Ausländerfeindlichkeit hat mit dem von der Kritischen Psychologie gemeinten Tatbestand des Staatsrassismus ebenso wenig gemein wie die Bestimmung, die Holzkamp dem Bürgerrassismus als gelungenem Bestechungswerk des institutionellen Rassismus verliehen hatte.

Der ausländerfeindliche Nationalrassismus von unten

ist nichts anderes als der radikalisierte Standpunkt der nationalen Identität. Dessen Elementarform besteht in der bekennenden Zuordnung der Bürger zu der ihnen von staatswegen aufgeherrschten und als ihre gesellschaftliche Naturbestimmung zugeschriebenen Eigenschaft, Untertan der französischen, englischen, deutschen Staatsgewalt etc. zu sein. Diese grundlegende staatsidentifikatorische Leistung des Bürgers ist vollbracht, sobald der zum Franzosen, Engländer oder Deutschen gemachte Mensch von sich sagt, er *sei* ein Franzose, Engländer oder Deutscher, und dementsprechend national denkt und fühlt. Der eingenommene nationale Standpunkt der Bürger betätigt sich dann darin, die ganze Welt einschließlich ihrer persönlichen Lebenslage durch die nationale Brille, das heißt im Lichte der Belange der eigenen Nation, zu betrachten. Wer diesen Standpunkt der ideellen Teilhaberschaft an einem Gemeinschaftswerk namens Nation vertritt, macht sich folgerichtig ebenso Sorgen um die Konkurrenzfähigkeit der einheimischen Wirtschaft oder die Stabilität des Euro oder des Dollar wie um den Erfolg der Fußballnationalmannschaft. Er verbucht die kriegerischen Erfolge seines Landes als seine individuellen Siege, wie er umgekehrt an der außenpolitischen und militärischen Zweitrangigkeit seiner Nation und unter Politkern leidet, welche die Nation nicht ordentlich repräsentieren.

Dem nationalen Staatsbürgerbewusstsein leuchtet es selbstverständlich auch ein, dass der nationale Standort keine höheren Löhne verträgt, die Lohnnebenkosten wegen der internationalen Konkurrenzfähigkeit »unserer Wirtschaft« gesenkt werden müssen und sich der Staat das bisherige Niveau der »sozialen Sicherung« einfach nicht mehr länger leisten kann. Denn er hat ja erfolgreich gelernt, sein eigenes Interesse am gemeinen Wohl des großen Ganzen zu relativieren.

Entgegen einer weitverbreiteten Auffassung, die an dieser Stelle die feinsinnige Unterscheidung zwischen einem »gesunden Nationalbewusstsein« und dem Nationalismus als übersteigertem Patriotismus ins Spiel zu bringen pflegt, schließt der nationale Bürgerstandpunkt selbstredend auch die prinzipielle Gering(er)schätzung der Anliegen von fremden Staaten und deren Staatsvölkern ein. Denn wer Parteigänger des nationalen »Wir« ist, wem zuvörderst die Durchsetzung »unserer Interessen« in der Welt am Herzen liegt, der hat automatisch die Interessen der »anderen« in die zweite Reihe verwiesen. Denen möchte er nämlich keineswegs das höhere Recht auf Erfolg zubilligen, mit dem er die eigenen nationalen Interessen versieht. Und dieses »übersteigerte Nationalgefühl« will man selbstredend auch nie in der eigenen Nation vorfinden. Sondern man entdeckt bezeichnenderweise Nationalismus immer nur bei fremden Staaten, die haargenau dasselbe Programm praktizieren wie das eigene politische Gemeinwesen.

Was unterscheidet denn nun eigentlich diese Normalform des staatsbürgerlichen Identitätsbewusstseins vom rechtsradikalen fremdenfeindlichen Nationalismus? Bis zu diesem Punkt überhaupt nichts, denn so denken beide. Und deshalb sind die Unterschiede zwischen dem normalen Staatsbürgernationalismus und dem rechtsradikalen Patriotismus auch fließend.

Die Eigenarten des rechtsradikalen Nationalismus

Bei den Anhängern des rechtsradikalen Nationalismus kommt freilich ein entscheidender Zusatz ins Spiel. Dieser besteht in einer elementaren Fehlinterpretation ihres staatsbürgerlichen Status, mit der das Verhältnis von Staat und Volk auf den Kopf gestellt und die staatliche Menschensortierung in In- und Ausländer in das Werk einer völkischen Selektion verwandelt wird, dessen Vollzugsinstanz der Staat bildet. Was in Wahrheit das Ergebnis einer staatlichen Zwangsrekrutierung gemäß dem obersten Nützlichkeitskriterium absoluter und ungeteilter Loyalität gegenüber der »eigenen« politischen Herrschaft ist, sehen sie als Ausweis ihrer privilegierten Zugehörigkeit zu einer vorstaatlichen Volksgemeinschaft, gründend auf biologisch-kulturell-historischen Gemeinsamkeiten, deren politische Zusammenfassung und Verkörperung der Staat ist. In diesem Sinne ist der Staat dann auch »ihr« Staat und sind die ihnen im Unterschied zu Ausländern gewährten vollen staatsbürgerlichen Rechte der Ausdruck einer ihnen gebührenden Vorzugsbehandlung. In dieser völkischen Sichtweise der Einheit von Volk und Staat ist man also Inhaber der staatsbürgerlichen Rechte, weil man zur nationalen Herrenrasse, zum englischen, französischen oder deutschen Volk gehört. Und umgekehrt erklärt man sich die Minderberechtigung von Ausländern nicht aus der staatlichen Generalverdächtigung der konkurrierenden Gefolgschaftstreue zu einer fremden Staatsgewalt, sondern aus deren minderwertigerer völkischer Andersartigkeit. Von diesem Standpunkt aus erscheint den Rechtsradikalen bereits die bloße Anwesenheit von Ausländern auf inländischem Staatsboden als unerträgliche Beeinträchtigung des Lebensrechtes des Nationalvolkes und wird die multikulturelle Gesellschaft als identitätszerstörende »Durchrassung« des nationalen Volkskörpers begriffen.

Dass dieser Angriff auf das deutsche Volk mit den entsprechenden Mitteln abzuwehren ist, liegt ganz in der völkischen Logik. Wenn der Staat diese ihm eigentlich obliegende Aufgabe nicht oder nur unzureichend erfüllt, geschieht dies notfalls auch im Wege der »Ersatzvornahme«, das heißt mit der stellvertretend vonseiten des Volkes betriebenen gewalttätigen Vertreibung von all denen, »die nicht hierhin gehören«. Und das sind im Unterschied zur aktuellen staatlichen Sichtweise, welche auf der Unterscheidung zwischen nützlichen und nicht nützlichen Ausländern beruht, ausnahmslos *alle* Ausländer. Weil per definitionem Ausländer als Mitglieder eines »minderwertigen« fremden Volkstums keinen Nutzen für das eigene Volk stiften können, sondern umgekehrt prinzipiell als »Volksschädlinge« zu betrachten sind. Hierzu rechnen dann auch für unnütz befundene Teile der einheimischen Bevölkerung, wie insbesondere Obdachlose, Behinderte, Juden und vaterlandsverräterische Elemente wie Mitglieder linker Parteien und Vereinigungen, die ebenfalls Opfer rechtsradikaler Gewalttaten zur Reinhaltung des »Volkskörpers« werden.

Bei ihrer ausländerfeindlichen Selbstjustiz haben sich die heimischen Rassisten nicht von ungefähr prinzipiell ins Recht gesetzt gefühlt durch eine staatliche Ausländerpolitik, die unter der Losung »Das Boot ist voll!« einen generellen Anwerbestopp für ausländische Arbeitskräfte im Verein mit der Ausländerrückführungskampagne verfügt und zu guter Letzt eine Asylrechtsreform ins Werk gesetzt hatte, die ihr Maß an einschlägigen Programmpunkten der DVU oder der Republikaner genommen hatte.

Dass dem demokratischen Nationalismus auf seinem eigenen (geistigen) Boden ein Konkurrent erwachsen ist, der dessen auf der Scheidung in In- und Ausländer beruhenden Staatsrassismus auf spezifisch völkische Weise durchdekliniert, ist alles andere als ein guter Grund zur Parteinahme für die Ursprungsversion des »geachteten Nationalismus«. Vielmehr wäre im Rahmen des Kampfes gegen die Ausländerfeindlichkeit dem Umstand Rechnung zu tragen, dass im Akt der staatlichen Staatsbürgerschaftszuschreibung die Wurzel der rechtsradikalen Ausländerfeindlichkeit liegt. Deshalb muss im Mittelpunkt der Auseinandersetzung mit dem ausländerfeindlichen Bürgerrassismus die Kritik der grundlegend falschen identifikatorischen Stellung des Bürgers zu der staatlichen Menschensortierung stehen, die an ihm und dem Rest der Menschheit vollzogen wird (dazu ausführlich Huisken 2001: Kapitel 9-11; Gloël/Gützlaff 2005).

Kapitel 6
Die gesellschaftsnützlichen Leistungen der Psychotherapie: Geistige Hilfen für das Zurechtkommen des bürgerlichen Konkurrenzsubjekts

Nicht selten wird der hier entwickelten Generalkritik der Psychologie im Allgemeinen und der Freud'schen Tiefenpsychologie im Besonderen mit folgendem Einwand begegnet: Es stimme zwar, dass die psychologische Theoriebildung kaum haltbar sei. Ihr Erklärungswert sei ebenso fragwürdig wie ihre legitimatorischen Leistungen. Das tue aber der praktischen Tauglichkeit psychologischer Theorien im Rahmen der Psychotherapie keinen Abbruch. Die Hilfestellung, die eine Psychotherapie Menschen mit seelischen Schwierigkeiten zur Bewältigung derselben leiste, sei ja wohl nicht bestreitbar.

Da sich solche kritischen Geister in der Regel nicht mit der »abstrakt-theoretischen« Auskunft zufrieden geben wollen, dass im Rahmen eines Heilungsprozesses die Praktizierung einer falschen Erklärung des Leidens schlechterdings keinen positiven Nutzen für den Betroffenen zu stiften vermag, wollen wir uns im Folgenden einmal näher mit den konkreten Leistungen befassen, welche die Psychologie in ihrer praktischen Anwendung als Psychotherapie erbringt. Unsere Frage also lautet: Was leistet die Psychotherapie oder wie hilft die Psychotherapie wem wozu?

Diese Frage richtet sich stellvertretend an zwei Therapiekonzepte, die gemäß ihrem Selbstverständnis absolute Gegensätze bilden: die klassische Psychoanalyse Sigmund Freuds einerseits und die Gesprächstherapie nach Carl Rogers andererseits.

1. Die klassische Psychotherapie: Fachlich angeleitete Selbstdomestizierung des funktionsgestörten Willens

Die Untersuchung der klassischen Psychotherapie nimmt ihren Ausgang bei der Betrachtung der Bewusstseinsverfassung des Menschen, der mit Schwierigkeiten im Umgang mit Berufskollegen, dem anderen Geschlecht und ähnlichen Problemen beladen sich freiwillig auf die Couch des Therapeuten begibt.

Die Selbstauskunft, die der Betroffene erteilt, besteht darin, dass der Ursprung seiner Probleme in ihm selbst und seiner verqueren Psyche zu suchen sei. *Was* auch immer ihn unzufrieden stimmt, er hat den »Fehler« für sein Nicht-Zurechtkommen in *sich selbst* gefunden: das defekte Ich als Quelle seiner Probleme ausgemacht. Damit pflegt er ein *einseitiges* und voreingenommenes Urteil über sich: ein Verhältnis der Selbst-Beschuldigung: »Eigentlich will ich etwas anderes machen als das, was ich tue, aber ich kann nicht so, wie ich will.« Und gleichzeitig der *Selbst-Entschuldigung*: Das sei man nicht selbst gewesen, was man getan habe. So blendet man systematisch alle Fragen danach aus, wer oder was da wem in die Quere kommt, warum das so ist und ob das Nicht-Zurechtkommen in der Welt einer gesellschaftlichen Notwendigkeit folgt. Der Patient ist voreingenommen von goldenen Möglichkeiten überzeugt und deshalb immer gleich bei der Schuldfrage vor jeder Frage nach Ursachen. Ganz jenseits jeder objektiven Untersuchung der konkreten Situationen, in denen er »versagt«, weil es nicht so läuft, wie er meint, dass es laufen sollte, bewegt sich seine »Ursachenforschung« ausschließlich nach innen.[42]

In seiner Generalschuldzuweisung erweist sich der »psychisch Kranke« als bekennender Propagandist der bürgerlichen Konkurrenzideologie. Ungeachtet der ständigen Erfahrungen des Misserfolges in der Welt des Berufes, der Geschlechterzuneigung etc. ist er nämlich überzeugt davon, dass der eigene Wille (modern: die Ich-Stärke) und der Glaube des Subjekts an sich selbst und seine Fähigkeiten der Garant des Erfolges in der bürgerlichen Konkurrenzgesellschaft sind und folglich auch zu sein haben. Mit dieser Basisideologie des bürgerlichen Konkurrenzsubjektes im Kopf richtet er im Falle des praktischen Scheiterns einen prinzipiellen Versagensvorwurf an die Adresse des werten Selbst, den Ansprüchen des Berufs- oder Familienlebens bzw. den Anforderungen der normalen staatsbürgerlichen Existenz nicht genügen zu kön-

[42] Zur Vermeidung eines allfälligen Missverständnisses: Das bedeutet keineswegs, dass die andere, ebenso einseitige Variante, wonach die Gesellschaft »schuld« sei, der methodischen Beschuldigung des »Selbst« vorzuziehen sei. Auch nicht ein »sowohl als auch«. Sondern eben die unvoreingenommene Untersuchung des Sachverhaltes und der Rolle, die das Subjekt darin spielt, einschließlich der falschen Urteile, die der Mensch über die Welt im Allgemeinen und den besonderen konkreten Sachverhalt möglicherweise hegen sollte.

nen. Er hat von sich die Selbstdiagnose: Ich bin ein Versager, ich bin (funktions-)unfähig.

Diese Diagnose freilich beinhaltet ein generelles Desinteresse an den Maßstäben, denen der Mensch da genügen will, weil er die Prinzipien der Konkurrenzgesellschaft, an denen er sich bewähren will, für das Normalste von der Welt hält. Weshalb er von vornherein und ohne eine sachliche Prüfung der Gründe seines Scheiterns davon überzeugt ist, dass der individuelle Misserfolg seinen Grund niemals in den Zwängen der bürgerlichen Gesellschaft haben kann, sondern grundsätzlich auf einem defizitären Zustand seines Willens beruht, der nach einer sachverständigen Reparatur verlangt. Ganz unabhängig von allen wirklichen Zwängen der kapitalistischen Gesellschaft ist dieser »Konkurrenzerfolgsidealist« sich also sicher, dass er seine Schwierigkeiten ausschließlich mit sich auszumachen hätte, und benutzt seinen ganzen Verstand und Scharfsinn dazu, sich zum »Fall« zu machen.

Mit diesem psychologisch vorgebildeten Bewusstsein ist der Klient bei der Psychoanalyse natürlich an der genau richtigen Adresse. Die Psychoanalyse bezweckt ja bekanntlich keine Korrektur von fehlerhaften Urteilen, die der Patient haben könnte. Falsche Urteile über die Gesellschaft oder gar eine Kritik der Konkurrenzgesellschaft selbst sind bekanntlich nicht Gegenstand der Psychoanalyse. Sondern diese bedient das Bedürfnis des Klienten nach Wiederherstellung seiner Funktionstüchtigkeit mit dem Angebot einer Erklärung seiner Probleme mit sich selbst aus inneren Zwängen, die ihren Ursprung in unbewältigten unbewussten seelischen Konflikten haben, die sich der Kenntnis des Patienten und damit der eigenen willentlichen Beeinflussung entziehen. Man »kann« nicht im Beruf, nicht mit den Fahrstühlen oder dem anderen Geschlecht, weil man daran durch innere Blockaden gehemmt ist. Dann braucht es einen Psychoexperten, einen »Seelenklempner«, der die Aufhebung der angeblichen inneren Hindernisse der Bildung eines funktionstüchtigen Willens vornimmt. Und mit diesem Bedürfnis nach der Intervention einer äußeren Macht, die den Menschen von seinen seelischen Drangsalen befreit, ist man auf der Couch von Herrn Freud genau am richtigen Platz.

Die klassische Psychotherapie formuliert nämlich ihr berufliches Selbstverständnis in eben dieser Weise:

»Da wären freilich Handhaben genug für eine wirksame Therapie, aber es müsste eine Therapie sein, wie sie nach der Wiener Volkssage Kaiser Josef geübt hat, das wohltätige Eingreifen eines Mächtigen, vor dessen Willen Menschen sich beugen und Schwierigkeiten verschwinden. Aber wer sind wir ...« (Freud 1980a: 416)

Das im Gestus der Ohnmacht verfasste Ideal einer wirksamen Therapie erinnert nicht von ungefähr an das Verfahren der Teufelsaustreibung. Die Therapie befreit den Patienten von seinem inneren Dämon durch das Eingreifen eines Mächtigen, der durch seine wohltätige Gewalt die Schwierigkeiten verschwinden lässt. Mit dieser Vorstellung der Psychotherapie als eines Machtkampfes liegt Freud gar nicht einmal so weit neben der Sache, um die es beim Ringen des Psychiaters mit seinem leidgeplagten Patienten geht. Die »Heilung« beruht nämlich auf einem geistigen Gewaltakt, an dessen erfolgreichem Ende die Übernahme der Deutungen des Psychiaters durch den Patienten steht, die der Analytiker nach allen Regeln der einschlägigen Interpretationskunst dem neurotischen Fehlverhalten als Folge von unbewussten Kindheitskonflikten, verdrängten sexuellen Wünschen etc. verleiht:

»Was müssen wir also tun, um das Unbewusste bei unseren Patienten durch Bewusstes zu ersetzen? Wir haben einmal gemeint, das ginge ganz einfach, wir brauchten nur dies Unbewusste erraten und es ihm vorsagen.« (ebd.: 420)

»Wenn der Arzt sein Wissen durch die Mitteilung auf den Kranken überträgt, so hat dies keinen Erfolg. (...) Das Wissen (muss) auf einer inneren Veränderung im Kranken beruhen, wie sie nur durch eine psychische Arbeit mit bestimmtem Ziel hervorgerufen werden kann.« (ebd.: 280)

Die Verankerung des Glaubens im Patienten an die Deutungen des Analytikers ist angesichts der inhaltlichen Zumutungen, die die angebotenen Erklärungen der Entstehung seiner Neurose dem Verstande bereiten, ein nicht ganz einfaches Geschäft. Sein Erfolg ist davon abhängig, dass die monopolistische Deutungskompetenz des Therapeuten vom Patienten anerkannt wird. Die willentliche Unterordnung des Willens des Patienten unter den Willen des Therapeuten ist dementsprechend die Funktion der »basalen Beziehung«, die kunstvoll vom Therapeuten aufgebaut wird, um die Übertragung seiner Deutungen auf den Patienten zu gewährleisten.

Im Rahmen des Deutungsverfahrens fungieren entsprechend dem Prinzip der freien zielgerichteten Willkür alle Äußerungen des Patienten als Beweismaterial für die Existenz eines inneren, auf unbewältigten Kindheitskonflikten beruhenden Defektes. Die Fahrstuhlangst beispielsweise ist Symptom für Kommunikations- oder Bindungsangst.

Dasselbe Phänomen kann aber bei Bedarf auch als Symptom für das Gegenteil, nämlich Trennungsangst, gedeutet werden.

Entsprechend dem Zweck der Veranstaltung sind dabei die verbliebenen Restbestände vernünftiger Verstandestätigkeit beim Patienten systematisch zu ignorieren bzw. als Beleg für das Gegenteil zu interpretieren. Der Patient kann zu den buchstäblich an den Haaren herbeigezogenen Deutungen des Analytikers sagen, was er will. Er mag vehement in Abrede stellen, jemals den Wunsch verspürt zu haben, mit seiner Mutter sexuelle Kontakte zu pflegen und seinen Vater als unliebsamen Konkurrenten auszuschalten. Je stärker er die offensichtliche Irrationalität des vom Psychotherapeuten erschlossenen Grundes seiner Neurose zu bezweifeln oder gar zu bestreiten wagt, desto mehr gibt er mit seinem Widerstand der Deutung seines Analytikers Recht:

»Er (der Patient) kann in seinem Bestreben nach Opposition um jeden Preis völlig das Bild eines affektiv Schwachsinnigen ergeben (…) Seine Kritik ist also keine selbständige, als solche zu respektierende Funktion, sie ist Handlanger seiner affektiven Einstellungen und wird von seinem Widerstand dirigiert.« (ebd.: 291)

»Wo die analytische Forschung auf die in ihre Verstecke zurückgezogene Libido stößt, muß ein Kampf ausbrechen; alle die Kräfte, welche die Regression der Libido verursacht haben, werden sich als ›Widerstände‹ gegen die Arbeit erheben, um diesen Zustand zu konservieren.« (Freud 1975c: 162)

»Geht der Patient in die Falle und nennt das, woran er am wenigsten glauben kann, so hat er damit fast immer das Richtige zugestanden. Die Verneinung ist eine Art, das Verdrängte zur Kenntnis zu nehmen.« (Freud 1975b: 373)

Ist das Werk vollbracht und hat sich der Patient der Deutung des Analytikers hinsichtlich des Ursprunges seiner aktuellen seelischen Schwierigkeiten aus unbewältigten Konflikten der Oral- oder Analphase angeschlossen, ist die erste Etappe des Heilungsprozesses absolviert. Die Feststellung einer »Notwendigkeit« der Neurose infolge unbewusster seelischer Konflikte beinhaltet gemäß der tiefenpsychologischen Logik zugleich die praktische Lösung des Problems. Mit dem Auffinden des vorgeblichen »Grundes« für die aktuelle psychische Störung im unbewussten Kindheitskonflikt ist nämlich zugleich die Grundlosigkeit postuliert, daran auch zukünftig festzuhalten. Das Wissen um den tieferen Grund der Neurose stiftet zugleich die Möglichkeit und Notwendigkeit, fortan von der Neurose abzulassen.

Wie geht das?

Nicht etwa, indem das Verdrängte, die verbotenen Wünsche der Befriedigung zugeführt werden, sondern indem das Verdrängte und Verbotene vom Patienten moralisch verurteilt wird.

»Die Analyse macht den Erfolg der Verdrängung nicht rückgängig, die Triebe, die damals unterdrückt wurden, bleiben die unterdrückten, aber sie erreicht diesen Erfolg auf anderem Wege, ersetzt den Prozess der Verdrängung, der ein automatischer und exzessiver ist, durch maß- und zielvolle Bewältigung mit Hilfe der höchsten seelischen Instanzen, mit einem Worte: sie ersetzt die Verdrängung durch die Verurteilung.« (Freud 1969a: 120)

Diese Heilungslogik buchstabiert sich am Beispiel der Agoraphobie (Angst vor Räumen), wo der Patient sich die Grundlosigkeit seiner nach wie vor bestehenden Angst wie folgt einredet:

»Ich muss keine Raumangst mehr haben, weil ich weiß, wo diese Angst herkommt. Sie hat nämlich ihre Ursache darin, dass ich in meiner Kindheit einmal das Gelüst hatte, in meine Mutter (Symbol für abgeschlossenen Raum) einzudringen. Für dieses verbotene Verlangen, das ich in mein Unbewusstes abgeschoben habe, habe ich mich selbst unbewusst durch einen Kastrationskomplex (das Vermeiden des Eindringens in abgeschlossene Räume) bestraft. Und weil ich das weiß, muss ich mich nicht länger mit meiner Agoraphobie quälen. Denn für diese besteht nunmehr kein Grund mehr.«

Was freilich nicht unbedingt die zwangsläufige Konsequenz nach sich zieht, dass der Patient dementsprechend auch verfährt. Auf jeden Fall ist der Heilungserfolg äußerst merkwürdiger Art. Die Angst, der gestörte Wille besteht fort, verfestigt sich, indem der Patient sich mit den falschen psychoanalytischen Deutungen derselben im Zaum hält und sich so selbst seine Funktionsfähigkeit aufzwingt. Der Erfolg der Therapie besteht also darin, dem Patienten zum Ertragen von Situationen verholfen zu haben, an denen er im Leben gescheitert ist, indem er sich gemäß den irrationellen Deutungen seiner Leidenssymptome durch die Psychoanalyse selbst therapiert, seinen gestörten Willen dergestalt domestiziert, dass er sich die Grundlosigkeit seines neurotischen Verhaltens vorsagt.

Womit sich die eingangs aufgeworfene Fragestellung beantwortet haben dürfte, wem, wie und wozu die konsequente praktische Anwendung einer falschen Theorie in Gestalt der freudianischen Psychoanalyse verhilft.

2. Die Gesprächstherapie nach Rogers: befriedigende Anpassung durch Selbstfindung

Die in der Tradition von Rogers' humanistischer Psychologie entwickelte Gesprächstherapie bildet ihrem Selbstverständnis nach das emanzipatorische Gegenprogramm zur Freudianischen Psychoanalyse. An deren Adresse richtet die humanistische Psychologie den Generalvorwurf der autoritär-hierarchischen Steuerung des Klientenverhaltens, und in deren Therapie erblickt sie eine Entmündigung des Subjektes und der im Individuum angelegten allgemeinen Selbstverwirklichungstendenz. Der gleiche Vorwurf gilt im Kern der Verhaltenstherapie. Bereits die Absicht des Therapeuten, ein Fehlverhalten des Klienten zu diagnostizieren und dessen Verhalten korrigierend in eine bestimmte Richtung zu lenken, also durch die Therapie unmittelbare Verhaltensänderungen bewirken zu wollen, gilt ihr unabhängig vom Inhalt der Diagnose als unzulässiger Eingriff in die persönliche Freiheit des Subjekts.[43]

In der Tat liegt auch der Gesprächstherapie nichts ferner als die (kritische) Befassung mit den Urteilen des Klienten über die Welt und die Beschaffenheit der Realität, die dem Klienten Probleme bereitet. Die humanistische Psychologie zwingt dem Klienten nicht die Übernahme der Deutungen des Analytikers auf und nötigt ihn nicht zur moralischen Verurteilung der ihm angedichteten unbewusst-amoralischen Begehren. Sie veranstaltet mit ihm keine verhaltenstherapeutischen Übungen zur praktischen »Überwindung« seiner Fahrstuhlangst oder Spinnenphobie.

Das heißt aber keineswegs, dass nicht auch die Gesprächstherapie auf der Grundlage einer vorab feststehenden Diagnose mittels ihres »nichtdirektiven Verfahrens« zielstrebig ihren spezifischen Therapiezweck ansteuern würde.

Die Diagnose: ein falsches Verhältnis des Menschen zu sich selbst in Gestalt übertrieben-unrealistischer Erfolgsansprüche

Ebenso wie ihr tiefenpsychologischer Antipode verfügt nämlich auch die humanistische Psychologie über einen theoretischen Universalschlüssel zur Erklärung aller seelischen Schwierigkeiten: von Prü-

---

[43] Woraus sich übrigens auch die hochgradige Anschlussfähigkeit der Gesprächstherapie an sozialpädagogische Konzepte wie die der akzeptierenden Sozialarbeit speist, die in der Kritik des Klientenverhaltens geradezu eine therapeutische Todsünde erkennen.

fungsängsten über Liebeskummer bis hin zur Arbeitslosigkeit. Unabhängig davon, mit welchen besonderen Problemen der Patient auch immer die Gesprächstherapie aufsucht, führt sie sämtliche Schwierigkeiten, die der Patient mit sich und der Welt hat, zurück auf ein im Individuum angesiedeltes Spannungsverhältnis zwischen den Erfolgsansprüchen, die der Mensch an sich richtet, und dem durch Selbstzweifel an seiner Erfolgsfähigkeit genährten aktuellen Urteil über seine Persönlichkeit. Inkongruenz zwischen Selbstbild und Selbstbildideal lautet in Kurzform ihre Generaldiagnose, mit der die Probleme, welche die Realität dem Menschen aufmacht, systematisch in das problematische Verhältnis des Menschen zu sich selbst verlagert werden:

»Der Klient tendiert dazu, sich bei Beginn der Therapie kritisch zu sehen, sich mehr oder weniger wertlos zu finden. (...) Er hat eine ideale Vorstellung von sich, sieht aber das Ideal ganz anders als sein derzeitiges Selbst. Emotional verlagert sich das Gleichgewicht der Gefühle über sich selbst eindeutig zur negativen Seite.« (Rogers 1973: 139)

Der Grund des seelischen Leidens wird in den überzogenen Erwartungen verortet, die der Mensch gegenüber der Welt hegt, in der Unzufriedenheit mit seinem mangelnden Erfolg in den Sphären des Berufes, der Liebe und den sonstigen Betätigungsfeldern, in denen sich der moderne Mensch zwecks Erlangung von Selbstwert bewegt und dabei die ausbleibenden »Siege« als Konsequenz der Unzulänglichkeiten seiner Persönlichkeit deutet.

Das Festhalten an seinen Erfolgsansprüchen wird ihm von der Gesprächstherapie als Unfähigkeit attestiert, »er selbst« zu sein. Er leidet also eigentlich an einem übertrieben anspruchsvollen Selbstideal, er hat ein Identitätsproblem.

Lernziel Problemlösungskompetenz: Negativerlebnisse als Teil des wahren Selbst integrieren

Mit dieser Generaldiagnose mangelnder Selbstakzeptanz des erfolglosen Menschen ist zugleich die Zielrichtung der Gesprächstherapie definiert. Diese lautet: Herstellung einer weitgehenden Kongruenz zwischen Selbstbildideal und Selbstbild. Es gilt demgemäß, das schlechte Selbstwertgefühl in eine positive Selbsteinschätzung zu überführen und darüber eine konstruktiv-akzeptierende Stellung des Klienten zu seinen Negativerlebnissen zu stiften.

Schlechte Erfahrungen vermeiden, gar die gesellschaftlichen Umstände abschaffen, welche die Grundlage für derartige Negativerfahrungen bilden, kommt Rogers & Co. natürlich nicht in den Sinn.[44] Was immer auch dem Menschen widerfährt – so lautet das erste Gebot der Gesprächstherapie –, er soll seine Erfahrungen, Empfindungen und Gefühle als Teil seines wahren Selbst anerkennen und akzeptieren. Alles, was mir passiert, ist Ausdruck meiner Individualität und verdient als Teil dieser einzigartigen unverwechselbaren Persönlichkeit prinzipielle Anerkennung und Wertschätzung. Das ist das Postulat des Selbstfindungsprozesses, den der Gesprächstherapeut anzustiften sucht. Der Mensch soll jede noch so schlechte Erfahrung, die ihm zuteil wird, nicht als solche nehmen, sondern als konstitutiven Bestandteil seines eigentlichen Selbst entdecken und wertschätzen. Die »Übereinstimmung« mit der »Gesamtheit der Erfahrung« erlaubt es dem »neuen Selbst«, den bleibenden, von der Gesellschaft auferlegten Widrigkeiten des Lebens sein neu gewonnenes positives Selbstgefühl entgegenzustellen und darüber besser mit den beschränkenden Erfahrungen klarzukommen, welche ihm das Leben andauernd vorsetzt.

In einem derartigen Wechsel der Selbsteinschätzung findet das Rätsel der von Rogers als Therapieziel propagierten allgemeinen Problemlösungskompetenz seine Lösung. Diese soll nämlich dem Leid geplagten Individuum die Perspektive eröffnen, mit jeder gegenwärtigen wie zukünftigen Problemlage fertig zu werden, ohne sich mit den konkreten Problemen selbst befassen zu müssen:

»Er (der personenbezogene Ansatz) zielt direkt auf die größere Unabhängigkeit und Integration des Individuums ab, statt zu hoffen, dass sich diese Resultate ergeben, wenn der Berater bei der Lösung des Problems hilft. Das Individuum steht im Mittelpunkt der Betrachtung und nicht das Problem. Das Ziel ist es nicht, ein bestimmtes Problem zu lösen, sondern dem Individuum zu helfen, sich zu entwickeln, so dass es mit dem gegenwärtigen Problem und mit späteren Problemen auf besser integrierte Weise fertig wird.« (Rogers 1985: 36)

Wenn nämlich das »›Gutsein‹ oder ›Schlechtsein‹ einer Erfahrung oder eines wahrgenommenen Objekts nichts ist, was dem Objekt inne-

---

[44] »Veränderungen ›verursachender‹ Bedingungen *an Stelle* der Hilfe durch Gesprächspsychotherapie? Dieser gelegentlich geäußerte Alternativvorschlag, den derzeitig seelisch beeinträchtigten psychoneurotischen Personen keine Psychotherapie zu gewähren, erscheint inhuman. Denn für diese Personen im Erwachsenenalter werden die meisten Maßnahmen zur Veränderung der Bedingungen, auch wenn sie sofort in die Wege geleitet werden könnten, etwa Änderungen des Eltern-Lehrer-Verhaltens, ohne Auswirkung bleiben.« (R. Tausch 1974: 22)

wohnt, sondern ein Wert, den es, das Individuum selbst, ihm beimisst« (Rogers 1973: 138), besteht die Lösung aller Probleme schlicht und einfach in einem Wechsel der Bewertung. Wenn der Grund aller seelischen Leiden darin liegt, dass der Klient eine falsche Anspruchshaltung gegenüber sich und der Welt einnimmt, findet jedwedes Problem seine Bewältigung darin, dass sich der Klient ein anderes Bild von sich und der Welt zulegt, aus dem jedes Moment der Kritik sowohl der Realität als auch des Subjektes getilgt ist. Die Persönlichkeitsentwicklung, zu der Rogers dem Individuum verhelfen möchte, besteht dann darin, mit allen Widrigkeiten des Lebens, insbesondere mit den objektiven Beschränkungen, welche die Welt seinem Interesse auferlegt, fertig zu werden, indem er sie als unverrückbares Faktum interpretierend in seine wertvolle Persönlichkeit einbaut. Krankheit, Arbeitslosigkeit, Prüfungsversagen oder Eheprobleme gehören, weil sie Teil meines eigenen Erlebens sind, einfach zu mir.

Dieses neu gebildete Identitätsbewusstsein schließt auf Seiten des Subjektes das offensive Bekenntnis zu allen selbstkonstruierten Defiziten seiner Persönlichkeit ein. Die Befolgung der gesprächstherapeutischen Direktive »Sei fähig, du selbst zu sein!«, das heißt der Aufforderung, vorbehaltlos zu seinen seelischen Defekten zu stehen, findet ihre wohlverdiente Belohnung in der Pflege einer neuen Form des Erfolgsbewusstseins. Der Betroffene kann und darf sich feiern für seine erfolgreiche Einsicht darin, dass seine Erfolgsunfähigkeit im realen Leben zu seiner ganz authentischen Individualität gehört. Statt wie im Ausgangspunkt der Therapie seinen mangelnden Erfolg zum Anlass der Selbstbeschuldigung zu nehmen und am Wert seines Selbst zu zweifeln, darf sich der Mensch jetzt ganz frei zu seinen Charakterschwächen als integralem Bestandteil seiner geschätzten Persönlichkeit bekennen.

Es versteht sich wie bereits gesagt von selbst, dass im Rahmen dieses Selbstfindungsprogramms jedwede Form der sachlichen Befassung und/oder Auseinandersetzung mit dem Inhalt der Probleme, welche den Patienten plagen, als »Störfaktor« ausgeschlossen ist bzw. das konkrete Problem allein als Anknüpfungspunkt für die Ausbildung der seelischen Integrationsidentität fungiert. Die Ratschläge, die der Therapeut erteilt, sind konsequenterweise niemals auf die Bewältigung der Alltagssorgen gerichtet, die den Patienten an sich und der Welt verzweifeln lassen. Umgekehrt bildet deren systematische »Verdrängung« aus dem Beratungsgespräch geradezu eine Erfolgsbedingung der Therapie. Zum Zwecke des Erwerbs der universell anwendbaren neuen Problemsicht, wonach letztlich alles Leiden des Subjektes auf eine falsche, nichtakzeptierende Stellung zu sich und zur Welt zurückzuführen ist, muss der Patient unbedingt davon abgebracht werden, den Grund seiner Schwierigkeiten in Objekten und/oder Personen außerhalb seines Selbst zu suchen:

»Vermeiden Sie es in Ihren Antworten das Objekt aufzugreifen, welches vom Klienten ›affektiv besetzt‹ worden ist. Der Klient setzt sich meist mit irgendeinem Gegenstand, einer Person etc. auseinander. Diese ›Objekte‹ erlebt er als problematisch. (…) Wenn Sie in Ihrer Antwort diese Objekte aufgreifen, besteht eine hohe Wahrscheinlichkeit, dass der Klient darüber weiter spricht. Er differenziert dann nicht seine Empfindungen diesen ›Objekten‹ gegenüber. Besser ist es, diese ›Objekte‹ (Gegenstände, Personen etc.) möglichst unspezifisch auszudrücken oder ganz wegzulassen.« (Minsel 1974: 114)

Wer sich diesem therapeutischen Ansinnen öffnet und sich bescheinigt, dass er selbst mit seinen Ansprüchen an die Welt der Grund seiner Unzufriedenheit ist, hat sich damit einen Königsweg zur Lösung all seiner Probleme eröffnet. Dieser besteht darin, sich nach der Devise: »Was nützt es mir, wenn ich unzufrieden bin?«, zu allen Widrigkeiten, die ihm im Hier und Jetzt widerfahren, als Bestandteil seiner Selbstverwirklichung zu bekennen. Weswegen der Therapeut nicht müde wird, dem Klienten seine »Wertschätzung und Akzeptanz« zu übermitteln:

»Die Selbstachtung, das Selbstwertgefühl, das Selbstvertrauen, die Selbstakzeptierung und das Selbstkonzept des Gesprächspartners (...) werden erheblich durch die Achtung-Wärme des Helfers gefördert. Dadurch, dass der Gesprächspartner Achtung und Akzeptierung (...) erfährt, akzeptiert, achtet und mag er sich zunehmend mehr.«

»Die Achtung-Wärme des Helfers (...) gegenüber dem Partner ist gleichsam eine Bestätigung der Person des Anderen. Sie lassen ihn erfahren: Ich steh zu Dir. Ich bejahe Dich. Ich sehe Dich als wertvoll an. Durch größere Selbstachtung und günstigeres Selbstkonzept wird der Gesprächspartner seelisch funktionsfähiger.« (Tausch/Tausch 1990: 75)

Unbedingte Wertschätzung und einfühlendes Verstehen

Die Demonstration der »positiven Wertschätzung und emotionalen Wärme des Therapeuten für den Klienten« (Schraml 1970: 314) bildet *das* Mittel der Gesprächstherapie, um den Klienten auf die programmatische Zielsetzung der »Selbstachtung und Akzeptierung der eigenen Person« zu verpflichten. Die »unbedingte Wertschätzung«, die der Therapeut seinem Klienten erweist und die sich im »akzentuierten Nachformulieren« der Aussagen des Klienten äußert, dient zu nichts anderem, als dem Klienten zurückzuspiegeln, dass es allein auf sein Selbst ankommt, dass er »in sich selbst riesige Hilfsquellen für das Sichselbst-Verstehen, für die Änderung seines Selbstkonzepts (hat)« (Rogers 1976: 26ff. [27])

»Diese Hilfsquellen können angezapft werden«, fährt Rogers fort, »wenn nur ein bestimmtes definierbares Klima von hilfreichen psychologischen Haltungen hergestellt werden kann. Ich glaube zuallererst, dass dieses Klima um so wirkungsvoller sein wird, je mehr die helfende Person echt ist (...), je höher sie die andere schätzt.« (S. 28f.)

»Das heißt: die Klientin wird von Ihnen akzeptiert und angenommen, unabhängig davon, was die Klientin äußert, wie die Klientin sich gerade gibt. Dieses uneingeschränkte Akzeptieren ist ebenso unvereinbar mit einer wertenden, Abneigung oder Missbilligung ausdrückenden Stellungnahme wie mit einer nur selektiv – je nach Gesprächsinhalt – ausgedrückten Wertschätzung.« (Weinberger 2005: 55)

Will heißen: Über die geheuchelte inhaltsleere Achtung des Therapeuten gegenüber dem Klienten und dessen Äußerungen, gleichgültig, welchen Inhalt diese auch immer haben mögen, soll eine ebenso inhaltsleere Selbstachtung und Selbstakzeptanz beim Klienten erzeugt werden:

»Die der Klientin entgegen gebrachte ›unbedingte Wertschätzung‹ macht es möglich, dass diese sich mit all ihren Gefühlen, Gedanken und Bewertungen kennen lernen kann. Auf dieser Entdeckungsreise zu sich selber kann die Klientin schrittweise immer mehr Erfahrungen in ihr Selbstbild integrieren. Dies führt zu einer größeren Selbstachtung und Akzeptierung der eigenen Person. Mit Selbstachtung sind die persönlichen Gefühle, die Achtung und Wertschätzung gemeint, die eine Person für sich selbst empfindet.« (Ebd.: 58)

Selbstredend ist die vielgerühmte »soziale Feinfühligkeit« dem Gesprächstherapeuten nicht in die Wiege gelegt worden, vielmehr sind Erwerb und Perfektionierung einer derartigen Charaktermaske das Ergebnis einer langwierigen, intensiven Ausbildung. Gerade weil die Echtheit nicht »als berufsmäßig antrainiert wirken (darf)« (Schraml 1970: 320), muss sie umso gründlicher antrainiert werden. Denn der Erfolg der Therapie steht und fällt mit der Glaubwürdigkeit des Therapeuten, der an seiner Person die erforderlichen Attribute und Attitüden erst noch herstellen muss: Vom ruhigen und einschmeichelnden Tonfall bis hin zum warmen offenen Blick hat der Gesprächstherapeut in seiner ganzen Person das Anforderungsprofil des abgrundtief-menschenfreundlichen Verständnisses für alle menschlichen Schwächen zu verkörpern, um den leidgeprüften Klienten zum Erwerb ihrer Integrationsidentität verhelfen zu können.[45]

Lernziel Realität annehmen: Der affirmative Endpunkt des Selbstfindungsprogramms

Im Rahmen der Gesprächstherapie-Variante von Tausch/Tausch nimmt die Herstellung der angestrebten Integrationsidentität die Gestalt eines entschiedenen Kampfprogramms an, das der Betroffene an sich selbst auszutragen hat, um sich die letzten Reste des verpönten Anspruchsdenkens auszutreiben. In derartigen negativen Gefühlen des Subjekts nämlich, das gegenüber den Zwängen der äußeren Welt auf dem Standpunkt der (materiellen) Bedürfnisbefriedigung beharrt, erblickt der Gesprächspsychologe das entscheidende Hindernis bei der Herstellung des angestrebten seelischen Gleichgewichts. Dementsprechend ergeht der therapeutische Aufruf an das Subjekt, sich nicht länger ohnmächtig an den gesellschaftlichen Beschränkungen abzuarbeiten, die der zwecksetzende Wille erfährt, sondern stattdessen

»das, was ist, als Realität, als gegeben an(zu)erkennen. (...) Es ist gleichsam ein Ja-Sagen zu einem ungünstigen Ereignis. Dieses Annehmen vollzieht sich in uns, während das äußere Ereignis gleich bleibt.« (R. Tausch 1989: 232)

Statt weiterhin gegen die Versagungen aufzubegehren, welche die Welt den Individuen beschert, ist der Mensch aufgefordert, den antimaterialistischen Kampf gegen seine andere schlechtere Hälfte aufzunehmen. Er soll systematisch gegen alle berechnenden Nutzenerwägungen vorgehen, jeden Anspruch aufgeben, den er noch an die Welt hat. Er soll die Einsicht gewinnen, dass der Harmonie des Menschen mit sich und der Welt allein er selbst mit seiner Anspruchshaltung im Weg steht. Umgekehrt gewinnt der Mensch in der erfolgreichen Durchsetzung gegen die Restbestände seiner Lebenszwecke die wahre Zufriedenheit mit sich selbst, den wahren Seelenfrieden. In dieser selbstbewussten Befreiung von jeder Anspruchshaltung an die Welt und dem Bemühen, den

[45] »Echtheit äußert sich auf der Verhaltensebene zumindest dadurch, dass z.B. die Inhalte einer Äußerung mit Tonfall, Mimik, Gestik übereinstimmen und von einem großen Reaktionsspektrum spontan Gebrauch gemacht werden kann.« (Kriz 1985: 205)

Drangsalen des irdischen Lebens einen höheren Sinn abzugewinnen, sie als Chance der »innerlichen Weiterentwicklung« zu betrachten (A. Tausch 1981: 272), liegt die eigentliche Freiheit des Menschen.

Dementsprechend sehen die fachwissenschaftlich fundierten Ratschläge aus, die Tausch im Rahmen von viel gelesenen psychologischen Ratgebern dem Leser beim »Umgang mit belastenden Gefühlen« auf den Weg gibt. Das Ensemble der moralischen Botschaften des Verzichtes, der Anpassung und Selbstbeherrschung lässt sich nämlich auch ohne das aufwändige gesprächstherapeutische Procedere an das Publikum bringen. Der geneigte Leser muss sich lediglich den von Tausch verkündeten psychologischen Obersatz einleuchten lassen, wonach nicht schlechte Lebensumstände negative Gefühle erzeugen, sondern der Mensch selbst mit seinen negativ-pessimistischen Gedanken der Urheber seines Unglückes ist. Denn:

»nicht das Ereignis selbst bedroht uns (...). Ängste, unangenehme Empfindungen und Stress sind die Folge davon, wie wir die Umwelt bewerten, in welcher Bedeutung wir sie wahrnehmen.« (Tausch 1989: 49)

Aus diesem Befund, wonach die Lebenslage des Menschen das Resultat seiner Sichtweise der Welt bildet und »belastende Gefühle durch ungünstige Gedanken und Bewertungen (entstehen)« (Tausch 1989: 300), leiten sich dann zwanglos die einschlägigen Handlungsanweisungen ab, durch deren Befolgung die gestörte seelische Eintracht zwischen dem krisen- und stressgeplagten Menschen und seiner Umwelt (wieder-)hergestellt werden soll. Positives Denken auf der ganzen Linie, eine radikale Neubewertung belastender Lebenssituationen ist angesagt. Der Mensch soll sich abgewöhnen, »bei alltäglichen oder schweren Lebensbelastungen nur das Ungünstige, Negative, das Einschränkende« zu sehen (Tausch 1989: 201).

Er soll stattdessen »in belastenden Ereignissen auch Förderliches« entdecken, »Schwierigkeiten als Herausforderungen sehen«, »die Realität annehmen«, »weniger Erwartungen haben«, »sorgenvolles Grübeln und negative Selbstgespräche vermindern«, »Dankbarkeit erleben« (Tausch 1996: 194, 235, 240, 247, Tausch 1989: 174, 201, 232, 238).

Im Rahmen dieser zynischen Logik des systematischen Selbstbetruges existiert schlechterdings keine negative Lebenssituation, der Tausch nicht eine positive Seite oder einen tieferen Sinn abzugewinnen wüsste, das gilt namentlich für Krebserkrankungen und den Tod. Tausch macht selbst vor »Umweltkatastrophen« nicht halt, um seine unerschütterliche Frohbotschaft zu verkünden. Tschernobyl und die Verseuchung von Flüssen bilden eine wunderschöne Gelegenheit für das Menschengeschlecht, zur Einsicht zu kommen und mit derartigen Umweltzerstörungen aufzuhören. Beinahe schon kann man dankbar dafür sein, dass der Atomreaktor explodierte und der Rhein von Industrieunternehmen verseucht wurde. Denn ohne die Warnwirkung solcher aufrüttelnden »Unfälle« hätte sich wohl keine – neue Katastrophen verhindernde – Umkehr eingestellt:

»Bei dem Atomunglück von Tschernobyl oder bei der Verseuchung des Rheins mit Giftstoffen gibt es sehr ungünstige Auswirkungen. Aber selbst hier ist es möglich, Förderliches zu sehen: Diese Ereignisse warnen uns und lassen uns tätig werden, nicht weiter mit derartigen Umweltzerstörungen fortzufahren.« (Tausch 1989: 203)

Wo wäre dieser unbeugsame Wille zur Herstellung des Einklanges mit sich und der Welt besser aufgehoben als dort, wo die Subjektivität (gänzlich) der Voraussetzungen ihrer praktischen Betätigung beraubt ist, dort, wo die Unausweichlichkeit oder Ausweglosigkeit der Situation den Menschen unweigerlich zur Anpassung an die äußeren Umstände zwingt? Nicht zufällig bilden deshalb solche »Grenzsituationen« des Lebens wie Krankheit und Sterben, Gefängnisaufenthalte und Inhaftierung in Konzentrationslagern für Tausch/Tausch den Ort der idealen Bewährungsprobe für das Selbst, wo der Mensch in der Perfektionierung seiner Untertanentugenden zu seiner Identität findet, sich die wahre Stärke der menschlichen Freiheit entfalten kann.[46] Krankheit und Tod: »das Sterben, eine Zeit der Selbstverwirklichung« (A. Tausch 1981: 214).

So bringt sich die (humanistische) Psychologie mit dem Postulat des Annehmens der Realität auf ihren affirmativen Begriff der geistigen Hilfestellung bei der Ausbildung der selbstbewusst-demokratischen Knechtsnatur des Menschen als höchster Form der Subjektivität. Die Realität der bürgerlichen Konkurrenzgesellschaft sorgt zuverlässig dafür, dass der Entfaltung dieser Tugenden das Material nicht ausgeht.

---

[46] »Menschen in nationalsozialistischen Konzentrationslagern erlebten die denkbar schwersten Belastungen: Trennung von Angehörigen, Demütigungen, Verlust ihrer Würde, Peinigungen und ständige Todesdrohung (...) Vereinzelt konnten einige diesem furchtbaren Ereignis einen Sinn geben, der ihren Lebenswillen aufrechterhielt. Dem Arzt Viktor Frankl gelang es zu der Einstellung zu kommen, dass diese furchtbaren Erfahrungen, die er machen musste, nicht umsonst sein sollten. Er setzte sich das Ziel, zu überleben, um das Furchtbare der Nachwelt mitzuteilen, damit zukünftig derartige Geschehnisse verhindert würden.« (Tausch 1989: 204)

Schlussbetrachtung: Vom Nutzen der psychologischen Weltanschauung für die herrschenden Verhältnisse oder Psychologie: das moderne Opium des Volkes

Die Leistungsschau der Gesprächstherapie zeigt exemplarisch auf, worin der Nutzen der psychologischen Anschauung der Welt besteht. Deren Nützlichkeit beruht darauf, dass die Psychologie einschließlich ihrer vulgärwissenschaftlichen Verlängerungen und praktischen Abteilungen mit ihren Hilfsangeboten erfolgreich ein grundlegend falsches geistiges Bedürfnis des bürgerlichen Konkurrenzsubjekts bedient: Das Bedürfnis nämlich, die gesellschaftlichen Verhältnisse des Kapitalismus als seine Heimat, ihre Einrichtungen von der Schule über die Lohnarbeit bis hin zur Familie als Mittel zur Beförderung seiner Lebensinteressen und die Bewältigung der gesellschaftlichen Anforderungen als Bewährungsprobe für die Erfolgstüchtigkeit und Leistungsfähigkeit ihrer werten Persönlichkeit zu betrachten.[47] Wer die kapitalistische Welt als ein Reich von Möglichkeiten und Chancen für sich ansieht, die man nur wahrnehmen wollen muss, um Erfolg zu haben, wer sich dementsprechend selbst als *das* Erfolgsmittel begreift, der interpretiert ganz nach dem Vorbild der wissenschaftlichen Psychologie in streng zirkulärer Manier seine Misserfolge in Ausbildung und Beruf als Konsequenz seiner eigenen Erfolgsunfähigkeit. Den Beweis für seine Auffassung von sich als Verlierer-Typ sieht er folgerichtig darin, dass andere doch den Erfolg haben, der ihm versagt ist. Die Gewinner pflegen gemäß derselben Logik unter umgekehrten Vorzeichen ihre Erfolge in Schule, Beruf und Privatleben auf eine ihrer Individualität eingeschriebene Erfolgsfähigkeit zurückzuführen. Für diesen elementaren Fehlschluss, aus dem Umstand, dass bei allen Konkurrenzanstrengungen das Ich am Werk ist, folgern zu wollen, dass deswegen auch im Subjekt der tiefere Grund

[47] Zur Erklärung dieses Grundfehlers abhängig beschäftigter Konkurrenzsubjekte als systematischen affirmativen Fehlschluss aus den ihnen aufgeherrschten gesellschaftlichen Existenzbedingungen der Konkurrenz vgl. die Ausführungen im nachfolgenden Diskussionsteil, S. 220ff., unter dem Titel »Das gesellschaftliche Sein bestimmt das Bewusstsein – Argumente gegen ein gängiges Fehlverständnis«.

für dessen Erfolg oder Scheitern angesiedelt sei, bedarf es mitnichten der Lektüre eines psychologischen Trakates. Ebensowenig wie für sein Urteil, dass die Verteilung der Bürger auf die Hierarchie der Berufe ein mehr oder minder gerechtes Spiegelbild des unterschiedlich ausgeprägten individuellen Leistungsvermögens darstelle.

Das bürgerliche Subjekt ist vielmehr von sich aus der Verfechter einer solchen psychologisierten Konkurrenzmoral, die auch bei den Individuen mit einer chronisch negativen Erfolgsbilanz die gewohnheitsmäßige affirmative Weise bildet, sich höherer guter Gründe für ihr Mitmachen in der Konkurrenzgesellschaft zu versichern.

Diese pflegen die Resultate ihrer Konkurrenzanstrengungen, die Urteile, die in der schulischen Leistungskonkurrenz und am Arbeitsmarkt von Staat und Kapital hinsichtlich ihrer Brauchbarkeit für die regierenden Zwecke der Konkurrenzgesellschaft über sie gefällt werden, zu verdoppeln und als Generalurteile über den Wert ihrer geschätzten Persönlichkeit an sich zu vollstrecken. Erfolg und Misserfolg in der Konkurrenz schlagen sich als Selbstwerturteile nieder. Die Gewinner buchen ihre Siege als Ausweis ihres Erfolgsmenschentums, die Verlierer ihre Niederlagen als Bescheinigung ihrer prinzipiellen Erfolgsuntüchtigkeit.

Auf dem Boden dieses Standpunktes können die Konkurrenzverlierer dann die Abteilungen der angewandten Psychologie aufsuchen, in denen die Betreuung des lädierten Selbstwertgefühls stattfindet. Dort steht unter fachkundiger Anleitung von professionellen Seelenklempnern das selbstbetrügerische Unternehmen auf dem Programm, sich geistig mit den Niederlagen abzufinden, die einem die Konkurrenzgesellschaft bereitet, vornehmlich durch die Selbstversicherung, ungeachtet seiner Misserfolge eine wertvolle Person zu sein, die Achtung und Anerkennung verdient. Mit einer solchen Wertschätzung des lieben Selbst ausgerüstet ist man dann »allen Herausforderungen des Lebens« von Naturkatastrophen bis Hartz IV glänzend gewachsen und kann umgekehrt gemäß der Devise »an Niederlagen wachsen« die geistige Bewältigung der notwendigen Misserfolge im bürgerlichen Erwerbsleben als moralischen Sieg verbuchen, der die wahre Persönlichkeit adelt.

Was aber umgekehrt nicht heißt, dass die in Sachen Beruf und Gelderdienst Erfolgreichen sich nicht auch zur Pflege und Stärkung ihres Selbstbewusstseins auf die Couch des Psychotherapeuten begeben würden, um dort ihre ausbleibenden Siege auf dem Feld des Liebeslebens unter der Selbstbezichtigung ihrer Liebes- und Beziehungsunfähigkeit bzw. ihres mangelnden Selbstvertrauens problematisierend zu bejammern.

Der gegen alle gegenteilige Erfahrung immunisierte Wille, die kapitalistische Gesellschaft für einen Erfolgsweg und sich selbst angesichts des eigenen Scheiterns nur für ein bedingt taugliches Erfolgsmittel zu halten, beinhaltet auch den möglichen Übergang zum Motivationstraining, das nach der Devise gestrickt ist, dass man den Erfolg nur wollen können muss, um ihn zu haben, und von daher die Pflege des guten Glaubens an sich selbst und seine Fähigkeiten die erste Erfolgsbedingung ist. Der unter Konkurrenzsubjekten weitverbreitete Idealismus einer wohlfeilen Methode des Erfolghabens schlechthin, ganz losgelöst davon, welche konkreten Lebenszwecke verfolgt werden, welche (sachlichen) Mittel dafür notwendig sind und ob und in welchem Umfange man darüber verfügt, hat in Gestalt des psychologischen Erfolgstrainings einen neuen Erwerbszweig ins Leben gerufen. Dementsprechend verbringen gestandene Manager ihr Wochenende unter Anleitung psychologischer Gurus mit der Ausbildung von so etwas wie »Erfolgsfähigkeit« völlig unbekümmert darum, wie die Erwirtschaftung einer Unternehmerrendite funktioniert. Derartige Trainingsprogramme haben dann ihr Lernziel erreicht, wenn sich die Teilnehmer erfolgreich die Aura des Erfolgsmenschen mit den dazugehörigen Attitüden des gepflegten Angebertums, der Ausstrahlung von Souveränität und Selbstsicherheit zugelegt haben.

Soweit der exemplarische Ausschnitt der Erscheinungsformen der Psychologie des bürgerlichen Individuums[48] und der Pflege und Betreuung seines affirmativen Generalbedürfnisses zum Zurechtkommen in der kapitalistischen Konkurrenzgesellschaft.

Für dieses ohnehin bereits vorhandene elementare Bedürfnis des freiheitlich-demokratischen Konkurrenzbürgers liefert die psychologische Denkweise, liefert das psychologische Menschenbild das ideologische Belegmaterial im Sinne einer bestätigenden, bekräftigenden oder entschuldigenden Rechtfertigung des Willens zum Funktionieren.

Die zentrale Rolle der Psychologie als Wissenschaft, namentlich der Intelligenzforschung und der angewandten Form der psychologischen Diagnostik, besteht in einem gediegenen Beitrag zur Pflege

---

[48] Die gleichnamige Schrift (Marxistische Gruppe 1981) bietet eine systematische Darstellung der Techniken des moralischen Bewusstseins, mit deren Hilfe sich bürgerliche Individuen an den herrschenden Verhältnissen der staatlich geschützten kapitalistischen Konkurrenzgesellschaft geistig abarbeiten, um diese auszuhalten.

der Ideologie der Konkurrenz. Das heißt zur Pflege des bürgerlichen Aberglaubens, die Welt des demokratischen Kapitalismus mit seinem konzessionierten freiheitlichen Konkurrenzmaterialismus würde jedermann letztlich nichts als – allenfalls etwas ungleich verteilte – Chancen und Möglichkeiten bieten, aus dem eigenen Leben gemäß seinen Neigungen, Bedürfnissen und Fähigkeiten etwas zu machen. Sie widmet sich der Ausbuchstabierung und empirischen Verifizierung des zu dieser Basisideologie vom Subjekt als Schmied seines Glückes gehörigen Zirkelschlusses, der darin besteht, aus den Resultaten ihres freiheitlichen Konkurrierens um Noten, Ausbildungs- und Arbeitsplätze zurückzuschließen auf die Existenz der inneren Potenz oder Disposition dazu, das zu werden, was aus einem in der Konkurrenz geworden ist. Die Ergebnisse der Konkurrenz werden rückübersetzt in die imaginierte Existenz eines dem Individuum eingeschriebenen (Miss)erfolgsgeheimnisses, das sich in der Verteilung der Konkurrenten auf die unterschiedlichen Karrieren des bürgerlichen Ausbildungswesens und Erwerbslebens manifestiert. Postuliert wird der Widerspruch eines abstrakten Vermögens, das losgelöst von den vom Subjekt unabhängigen materiellen Erfolgsbedingungen, losgelöst auch von der Beschaffenheit der von Staat und Kapital definierten Leistungsanforderungen den Erfolg oder Misserfolg aller mit Willen und Bewusstsein verrichteten Anstrengungen in der Welt der Konkurrenz vorausentscheidet, also »irgendwie« determiniert. So verschafft die Intelligenzforschung dem modernen Glaubenssatz, von den Fähigkeiten des Einzelnen, seine Chancen zu nutzen, hinge ab, was er im bürgerlichen Leben erreicht, eine wissenschaftlich fundierte Grundlage, deren ideologischer Nutzwert in der Rechtfertigung von Erfolg und Niederlage in der Konkurrenzgesellschaft besteht.

Für solche Konkurrenzsubjekte, die dazu neigen, ihren fehlenden Erfolg auf Funktionsdefizite ihrer Psyche zurückzuführen, die verhindern, dass ihre Persönlichkeit zur vollen Entfaltung ihrer erfolgsträchtigen Potenzen gelangt, liegt die Übernahme der wissenschaftlichen Vollversion des psychologischen Menschenbildes durchaus nahe, wonach der Mensch von den (unbewussten) widersprüchlichen Kräften seines seelischen Innenlebens dergestalt beherrscht wird, dass ihm um seines Seelenheiles und damit seines Bestehens in der realen Welt willen die Aufgabe obliegt, seinen Seelenhaushalt unter seine Kontrolle zu bringen. Die Rezeption der von der Psychologie fingierten seelischen Zwangsnotwendigkeiten, die angeblich hinter dem Tun und Treiben der Leute stecken, läuft freilich auf nichts anderes hinaus, als der ohnehin praktizierten Unterwerfung der Subjekte unter ihnen wenig bekömmliche Zwangsverhältnisse, die sie um jeden Preis als Mittel ihrer Erfolgsbewährung begreifen wollen, eine zusätzliche wissenschaftlich beglaubigte höhere Weihe zu verleihen. Kurzum fungiert die Psychologie als legitimierende und bestätigende Berufungsinstanz für die falschen Urteile, welche die Konkurrenzsubjekte über die Gründe ihres Misserfolges ohnehin bereits im Kopfe haben.

Umgekehrt schmarotzt die wissenschaftliche Psychologie in ihrer Theoriebildung über den »Menschen an sich« vom Zurechtkommensprogramm des bürgerlichen Individuums, indem sie die geistig-moralischen Leistungen, die das bürgerliche Individuum erbringt, wenn es sich mit dem Willen der Bewährung an den vorausgesetzten gesellschaftlichen Umständen abarbeitet, als wissenschaftliches Erklärungsmodell nachbildet und als Ausdruck einer so beschaffenen psychologischen Natur *des* Menschen vorstellig macht. Das gilt nicht nur für das Bedürfnis nach Anerkennung und Selbstwert, dessen Herkunft aus der bürgerlichen Konkurrenzgesellschaft kein Rätsel mehr sein sollte, sondern auch für das Phänomen der Gewissensbildung. Formen des falschen Bewusstseins wie das des Gewissens, die ihren Daseinsgrund darin haben, dass das Subjekt in der bürgerlichen Welt bei der Verfolgung seiner Anliegen andauernd auf gesellschaftliche Verbote und Gebote stößt, deren Befolgung sich der Gewissensmensch als Erfüllung seiner höheren moralischen Verpflichtungen einleuchten lässt und geistig zu eigen macht, bilden hier das willkommene Material für die psychologische Pflege des Bildes der von inneren Konflikten erfüllten und zerrissenen Menschennatur.

Die psychologische Weltanschauung – ob wissenschaftlich fundiert oder in ihren vulgärwissenschaftlichen Formen der Ratgeberliteratur – hält so ein klassenübergreifendes Deutungsangebot bereit. Ein Deutungsangebot, das den bürgerlichen Konkurrenzsubjekten, ob sie nun zu den Nutznießern der auch von ihnen unbegriffenen sozialen Verhältnisse oder aber zur Manövriermasse der Interessen von Staat und Kapital gehören, ihr Agieren und Mitmachen im demokratischen Kapitalismus als das alleinige wohlbegründete Werk ihres eigenen Willens erscheinen lässt. Als hätten sie sich die kapitalistische Konkurrenzgesellschaft, in der sie bei der staatlich konzessionierten Verfolgung ihrer Interessen auf die Schranke der Interessen anderer stoßen, höchstpersönlich als Mittel der Erfüllung ihrer Lebensinteressen ausgesucht.

Darauf beruht der durchschlagende Erfolg der psychologischen Betrachtungsweise unter modernen Bürgern. Sie bietet ihnen eine nachträgliche rechtfertigende Universalerklärung ihres Schicksals und eine Anleitung zum Gehorsam allein aus dem Ideal bürgerlicher Freiheit.

Als theoretischer Überbau der Konkurrenzmoral hat die psychologische Weltanschauung im späten 20. Jahrhundert verdientermaßen der Religion den Rang als Opium des Volkes abgelaufen. Die Verheißung der Psychologie ist nicht wie bei der Religion die Aussicht auf einen komfortablen Platz im Himmelreich durch ein gottgefälliges, in aller Regel arbeits- und entbehrungsreiches Leben, sondern besteht in einem durchaus diesseitigen Versprechen auf »personale Befriedigung«, das sich im Ideal der Selbstverwirklichung zusammenfasst. Dieses Ideal verheißt Versöhnung des Subjekts mit einer wie selbstverständlich als widrig unterstellten objektiven Welt, der es das jeweilige persönliche Lebensglück im Kampf mit sich selbst abzuringen gilt. Dieselbe Welt, die den Subjekten tagtäglich ihre Niederlagen im Lebenskampf beschert, ist in dieser Optik zugleich im Prinzip ein Reich der goldenen Möglichkeiten für den Menschen, um in ihr sein Glück und seine Zufriedenheit zu finden. Es kommt eben nur darauf an, ein gelungenes Selbstverhältnis des Subjektes zu sich selbst zu stiften.

So gehen Selbstverwirklichung und privates Glück letztlich im gesellschaftlichen Funktionieren auf: Wer seine Pflichten in Schule, Beruf und Familie erfüllt, ist per Definition mit sich und der Welt im Reinen und hat das eigene Selbst zu maximaler Entfaltung gebracht. Umgekehrt kann sich das im wirklichen Leben gescheiterte Subjekt mit der speziellen Erfolgstüchtigkeit trösten, bei allen Schicksalsschlägen das Bewusstsein seines Selbstwertes nicht verloren und die erforderliche seelische Stabilität zum Aushalten sämtlicher ihm auferlegter Belastungen gewahrt zu haben. Was bedarf es da noch der sinnstiftend-trostvollen Deutung der mühseligen Wanderung durch das irdische Jammertal als notwendiger Vorstufe zur Erlangung der späteren Freuden des Himmelreiches, wenn das seelisch erfüllte Leben bereits im Diesseits winkt?

In eben dieser Propaganda des irdischen Seelenfriedens des Subjektes, eines gelungenen Verhältnisses der Menschen zu sich selbst und damit zur Welt, ist die psychologische Weltanschauung eine einzige, das Bewusstsein vernebelnde Dienstleistung an der kapitalistischen Konkurrenzgesellschaft: das moderne Opium des Volkes, wie es im Untertitel des Buches heißt.

Die unbefangene Untersuchung der psychologisch verfremdeten Realität freiheitlicher Lebensverhältnisse würde freilich unweigerlich das Ende der psychologischen Weltsicht bedeuten. Wer beschließt, sich einmal praktisch um seine materiellen Belange in der bürgerlichen Welt zu kümmern, kommt einfach nicht darum herum, an die Stelle der psychologischen Selbstbespiegelung seiner Innenwelt die theoretische Klärung des Zustandes der äußeren Welt, der Fortschritte von Geschäft und Gewalt auf seine höchstpersönliche Agenda zu setzen. Auch dazu wollte die Kritik der Psychologie ein wenig anstiften.

Diskussion

1. Die Antwort des Faches auf die Kritik der Psychologie: Selbstdiskreditierung ist die beste Form der Verteidigung!

Roland Imhoff: Psychologie als Instrument[1]

Albert Krölls greift in seinem Buch eine These auf, die bereits an dem von ihm gewählten Untertitel »Das moderne Opium des Volkes« erkennbar wird. Die Psychologie als Ganzes und auch ihre Vertreter gelten ihm als Herrschaftsinstrument des Staates, eingesetzt zur legitimatorischen Absicherung von Krieg und Gewalt. Der Autor hat eine Anklageschrift gegen die Psychologie zusammengestellt, die nach initialen Grundvorwürfen die Indiziensammlung anhand ausgewählter Vertreter führt. Eine ausgewogene Gewichtung, gar eine Betrachtung von Schattierungen, Widersprüchen ist nicht sein Metier. Jede vermeintlich oder tatsächlich reaktionäre oder unlogische Aussage eines beliebigen Psychologen wird da zu einem Mosaiksteinchen in der Beweisführung gegen das Fach. Zu Beginn geht er ausführlich auf Freud und die Kritik an seinem Gedankenkonzept ein. Relativ akribisch und immer polemisch versucht Krölls, Inkonsistenzen und schlichtweg Unlogisches in Freuds Werk zu entlarven, was wie jeder, der Freud mal gelesen hat, weiß, keine allzu schwierige Aufgabe ist. In der Folge arbeitet er sich an den Überlegungen Adornos zum autoritären Charakter ab und wirft diesem u.a. vor, durch seinen Versuch, den Faschismus über Bedürfnisstrukturen zu erklären, ihn gleichsam zu entschuldigen. An dieser Stelle, wie auch später im Buch, blitzt eine interessante Fragestellung auf, die Krölls dann aber leider nicht in der Ausführlichkeit diskutiert, die Leserinnen sich vielleicht wünschen würden. Die Frage, ob psychologische Erklärungen für menschliches Verhalten tatsächlich immer gleichzeitig auch entschuldigende Konstrukte sind, wäre an dieser Stelle eine nähere Betrachtung wert gewesen. Als nächstes Opfer zielt Krölls auf B.F. Skinner und den Behaviorismus und dies macht er vergleichsweise überzeugend. Obwohl er sich auf nur ein Buch Skinners stützt, gelingt es ihm, eine ganze Reihe von logischen Widersprüchen und Inkonsistenzen aufzuspüren. Dies, so Krölls, unterscheide ihn von den bislang nur mit humanistischen Bedenken begründeten Kritiken. Der von ihm so talentiert beschossene Skinner ist aber ja tatsächlich ein Pappkamerad, der von Noam Chomsky in den 60ern schon so in seine Einzelteile zerlegt wurde, dass die hier vorgetragene Kritik nicht mehr als originell durchzugehen vermag. Zu guter Letzt werden auch noch die sozialpsychologischen Erklärungen von Vorurteilen und Ausländerfeindlichkeit sowie sämtliche Therapieformen abgewatscht. Der Autor sucht sich hier nach wohl bewährter Methode zwei,

[1] Rezension in: Phase 2, Nr. 24 (2007), Suppl., 3-4.

drei fragwürdige Zitate aus der deutschen Populärpsychologie zu Ausländerfeindlichkeit und kritisiert diese mit einer Vehemenz, als seien sie irgendwie von Belang. Die sehr umfangreiche Forschung jenseits des deutschen Tellerrandes übersieht er geflissentlich. Einen stärkeren Teil des Buches bildet im gleichen Kapitel Krölls' Kritik an der Kritischen Psychologie Holzkampscher Prägung und deren Vorstellung von Rassisten als vom Staatsrassismus irregeleitete emanzipatorische Subjekte. Die eben noch bewiesene Stärke rutscht jedoch in Untiefen herab, sobald Krölls seine ganz eigene Erklärung dagegen in Stellung bringt. Sind die Einzelkritiken an verschiedenen Vertretern des Faches für sich noch alle zumindest diskutabel, wenn auch nicht bahnbrechend, so wird es ärgerlich, wenn Krölls sich anmaßt, über die Psychologie als Ganzes zu sprechen. Da werden inflationär Vorwürfe verteilt, die Psychologie basiere auf zirkulären Argumentationen, sie erfinde einen Trieb für jede menschliche Regung, sie habe herrschaftslegitimierende Funktion qua ihrer Entschuldigung des Status quo als natürliches Resultat natürlicher Triebe etc. Die von Krölls hierfür gewählten Beispiele entsprechen allesamt nicht dem, was heute als wissenschaftliche Psychologie gelten kann. Im Gegenteil sind es ausnahmslos innerpsychologisch weitgehend diskreditierte Erklärungsansätze. Dass es tatsächlich keinerlei Erkenntnisgewinn bedeutet, aggressives Verhalten mit einem Aggressionstrieb zu erklären und als Beleg für die Existenz eines solchen Triebes auf das Vorhandensein von aggressivem Verhalten zu verweisen, ist unbestritten. Allein ist dies eine innerpsychologische Kritik an der inzwischen über 50 Jahre nicht mehr aktuellen Triebpsychologie, die jede Psychologiestudentin im ersten Semester auswendig lernt. Um dennoch zu beweisen, dass eine solch verquere Denke immer noch existiert, zieht er Alfred Mitscherlichs Ausführungen zum Aggressionstrieb (1983) heran – nur ein Beispiel für die sehr selektive Auswahl der untersuchten psychologischen Theorien. Fernab von dieser Suche nach dummen psychologischen Theorien, denen dann mit Heldenmut energisch widersprochen werden kann, formuliert Krölls jedoch zwei Kritiken, die grundlegender sind und tatsächlich die Psychologie als Fach betreffen: So weist er vehement die Behauptung von unbewussten Prozessen und Gedankeninhalten zurück und widerspricht damit einer sehr weit verbreiteten Annahme, dass Menschen zuweilen auch anders zu Entscheidungen und Verhalten kommen als durch bewusstes Nachdenken, Abwägen und Entscheiden. Die Suche der Psychologie nach weiteren Determinanten, die Verhalten beeinflussen (jenseits von bewusstem Willen und Entscheidungen), sei ein Versuch, Menschen kontrollierbar zu machen – im Zweifelsfall im Sinne des Staates. Krölls scheint sich zuweilen nicht bewusst zu sein, dass es der Psychologie nicht um streng deterministische Gesetze für alle Individuen geht, sondern lediglich um probabilistische Zusammenhänge. Wenn x, dann wahrscheinlich auch eher y, als wenn nicht x. Dies verstehen allerdings auch viele weitere Freunde und Feinde der Psychologie nicht: Die psychologische Anmaßung, Verhalten vorhersagen zu wollen, zielt nicht darauf ab, deterministische Aussagen zu treffen, sondern lediglich relative. Es geht also nicht um die Vorhersage von individuellem Verhalten, sondern um die Postulierung von Gesetzmäßigkeiten insgesamt gesehen über eine Menge von Leuten. Freilich ein für den Laienpsychologen sehr unbefriedigendes Ergebnis, hätte er und sie doch gerne eben jene klaren Erklärungen (so und nicht anders), wie Krölls sie der gesamten Psychologie vorwirft.

Eine solche Gesetzmäßigkeit ist die Neigung von Individuen, dem positiven Hypothesentesten zu unterliegen. Gibt man Individuen die Aufgabe, den Gehalt einer bestimmten Aussage zu überprüfen, so suchen sie vorgeblich nach Beispielen, die diese Hypothese bestätigen, und weniger nach falsifizierenden Beispielen. So kommt es, dass Ursprungshypothesen häufig angenommen und subjektiv bestätigt werden, auch wenn sich keine empirische Basis dafür ergibt. So ähnlich scheint es Albert Krölls gegangen zu sein, als er für die Kritik der Psychologie recherchierte. Beseelt von der Überzeugung, die Psychologie sei von A bis Z dumm, unlogisch und reaktionär, ist es ihm tatsächlich gelungen, einige eindrucksvolle Belege zu gewinnen, leider auf Kosten einer ausgewogenen Betrachtung und überaus polemisch zusammengestellt.

Aus einem vom Rezensenten an mich gerichteten Begleitbrief:
Auch ohne auf Freud'sche Konzeptionen eines Unbewussten zurückzufallen, lässt sich meiner Ansicht nach durchaus davon ausgehen, dass gewisse Verhaltensweisen und Gewohnheiten NICHT Resultat bewusster Entscheidungsprozesse sind, sondern mehr oder weniger automatisch ablaufen. Die Psychotherapeutenpraxen in der Republik sind voll mit Individuen, die an ihrem So-sein mehr oder weniger leiden. Ein Phobiker kann sich bewusst ganz klar dafür entscheiden, keine Angst mehr haben zu wollen, und trotzdem scheitert er, eine Depressive ist selten mit dem alleinigen Beschluss, ab jetzt fröhlicher zu sein, erfolgreich. Dafür verantwortlich sind wahrscheinlich gewisse Interpretations-, Wahrnehmungs- und Denkmuster, die nicht offen einsichtig sind.

Entgegnung

Im Namen der eigentlichen Psychologie gegen ihr unrepräsentativ-selektives Zerrbild

Die Verteidigung des Faches gegen die »Kritik der Psychologie« zeichnet sich über weite Strecken dadurch aus, dass zur Ehrenrettung der Disziplin ganze Abteilungen der Psychologie als unrepräsentative, überholte oder gar innerwissenschaftlich diskreditierte Erklärungsansätze über Bord geworfen werden. So die Psychoanalyse und der Behaviorismus,[2] immerhin zwei der drei

[2] Imhoff hebt umgekehrt die »vergleichsweise überzeugende« Auseinandersetzung der »Kritik der Psychologie« mit Skinner hervor. Diese soll freilich dadurch in ihrem

klassischen Grundströmungen der Psychologie.[3] Auch die dritte Hauptrichtung, die humanistische Psychologie, will Imhoff in keiner Weise verteidigen. Ob Hirnforschung, Motivations- oder kognitive Psychologie: Imhoff ergreift an keiner Stelle Partei für irgendeine der im Buch kritisierten Theorien oder für anderweitige psychologische Ansätze. Auch der innerpsychologischen Opposition, der Kritischen Psychologie, kann er nichts abgewinnen und lobt stattdessen die Auseinandersetzung mit Holzkamps Erklärung der Ausländerfeindlichkeit. Umgekehrt bemüht er sich nach Kräften, im Buch grundlegend kritisierte anerkannte Richtungen wie die Vorurteilsforschung bzw. die aggressions-frustrationstheoretische Erklärung der Fremdenfeindlichkeit in der Ex-DDR durch Hans-Joachim Maaz und Alice Miller unter der Rubrik der irrelevanten »deutschen Populärpsychologie« aus dem Kreis der wissenschaftlichen Psychologie auszugrenzen bzw. mit dem Prädikat der »dummen psychologischen Theorien« zu belegen. Wobei der damit einhergehende Vorwurf an mich, nicht über den Tellerrand der deutschsprachigen psychologischen Literatur zur Ausländerfeindlichkeit hinausgeblickt zu haben, das unfreiwillige Eingeständnis beinhaltet, dass man die gesamte inländische Theorieproduktion zu diesem Thema getrost abhaken könne.[4]

Imhoff scheint also mit mir vollständig darin einig, dass die Gesamtheit der in der »Kritik der Psychologie« abgehandelten psychologischen Theorien auf den Kehrichthaufen der Wissenschaft gehört. Angesichts dieser geradezu flächendeckenden Exkommunikation stellt sich freilich die Frage nach dem Ort der »eigentlichen«, wahrhaft-repräsentativen, intelligenten, den Ansprü-

---

Wert gemindert sein, dass ihr der Rezensent den von mir gar nicht begehrten Originalitätspreis nicht zuerkennen will. Regelmäßig dann, wenn der bürgerlichen Wissenschaft gegen die inhaltliche Widerlegung ihrer Theorien kein Argument zur Sache einfallen will, pflegt sie Einwände zu mobilisieren wie den Vorwurf der mangelnden Originalität eines Gedankens. Einmal unterstellt, Chomsky hätte schon vor vielen Jahrzehnten eine ähnlich überzeugende Skinner-Kritik vorgelegt: Warum sollte es der Wahrheitsfindung schaden, dass eine richtige Theorie, die anscheinend im wissenschaftlichen Diskurs kaum Resonanz gefunden hat, von einem anderen Autor inhaltlich wieder aufgenommen wird, um die Haltlosigkeit der behavioristischen Theoriebildung unter Beweis zu stellen? Nützlich wäre es auf jeden Fall angesichts der ungebrochenen Beliebtheit, der sich auch noch heutzutage behavioristische Lerntheorien oder die Verhaltenstherapie erfreuen. Einen ähnlichen Stellenwert hat die akademische Gepflogenheit, die Anzahl der zitierten Bücher eines Autors bzw. der zitierten Textstellen zum Gradmesser der Gültigkeit einer Aussage über das zitierte Gedankengut zu erheben. Wie viele Bücher eines Autors zu einem Gegenstand muss man gelesen und analysiert haben, um seriöserweise ein vernichtendes Urteil über dessen in einem bestimmten Buch abgehandelte Theorie fällen zu dürfen?

[3] Eine solche Gliederung des Faches findet sich bei J. Kriz, Grundkonzepte der Psychotherapie, 6. Auflage 2007, S. 154.

[4] Natürlich ist auch dort nichts anderes zu finden als ethno-psychoanalytische oder anderweitig gestrickte Fehlerklärungen wie etwa die Erklärung der Ausländerfeindlichkeit aus der Arbeitslosigkeit, wie sie auch im deutschen Sprachraum vorherrschen.

chen der Wissenschaftlichkeit genügenden modernen Psychologie, die ich aufgrund meiner tendenziös-unausgewogenen Auswahl angeblich habe unter den Tisch fallen lassen, um das mir vom Rezensenten unterstellte negative Generalvorurteil über die Psychologie verifizieren zu können. Die Antwort besteht bezeichnenderweise in einer absoluten Fehlanzeige: Imhoff weiß keine einzige Theorie zu nennen, die diesen Anforderungen genügen soll.

Verteidigung der psychologischen Weltanschauung

Das ist im doppelten Sinne kein Zufall. Erstens gibt es sie ohnehin nicht, jene die Fehler der Klassiker überwunden habende psychologische Theorie von heute. Zweitens bedarf es gemäß der speziellen Logik Imhoffs der positiven Beantwortung dieser Frage auch gar nicht. Denn ihm geht es darum, unabhängig von allen real existierenden psychologischen Theorien und deren Wahrheitsgehalt die Berechtigung der psychologischen Weltanschauung als solcher zu verteidigen. Wobei die Gültigkeit der deterministischen Geschäftsgrundlage der psychologischen Erkenntnistätigkeit – die Erklärung von Bewusstseinsakten aus einem Ensemble innerer und äußerer Bedingungen – außer Frage steht und deswegen auch durch den Nachweis der fehlenden Erklärungskraft bestimmter psychologischer Theorien gar nicht entkräftet werden kann.

Wie widersprüchlich, gar haltlos psychologische Erklärungen ausfallen mögen, kann in dieser affirmativen Optik niemals gegen die Psychologie als solche und deren vorausgesetzten Standpunkt sprechen. Von Psychologen selbst konstatierte Erklärungsmängel bilden umgekehrt das Schwungrad der unendlichen Fortsetzung des deterministischen Geschäfts in Gestalt der Suche nach neuen, bislang noch nicht berücksichtigten, der Aufgabe bislang favorisierter Determinanten oder der Neugewichtung von Variablen innerhalb von Faktorenbündeln etc. Selbst wenn ich mich nicht auf die Überprüfung der Stichhaltigkeit einiger exemplarischer Ansätze und Schulen beschränkt, sondern die Kritik der Psychologie auf die breitest mögliche empirische Basis der Gesamtheit aller psychologischen Theorien gestützt hätte, wäre mir kaum der Vorwurf der unzulässigen Verallgemeinerung erspart geblieben. Auch wenn alle Einzelkritiken für sich betrachtet »zumindest diskutabel« sein mögen, würde es in den Augen Imhoffs eine »Anmaßung« darstellen, aus diesen zutreffenden Einzelbefunden einen urteilenden Schluss auf die wissenschaftlichen Leistungen des Faches zu ziehen. Denn den »eigentlichen« Streitgegenstand bildet eben gar nicht die Stichhaltigkeit der einen oder anderen psychologischen Theorie, sondern die Leistungsfähigkeit des deterministischen Erklärungsschemas und seiner Kategorienwelt, die meine Streitschrift als den zeitlos-allgemeinen Fehler der psychologischen Theoriebildung überhaupt bestimmt hatte.

…mittels offensiven Bekenntnisses zu ihren Fehlern

Das offensive Bekenntnis zu den von den Konjunkturen psychologischer Theoriebildung unabhängigen wissenschaftlichen Fehlern psychologischer Beweisführung hat der Rezensent in seine Auseinandersetzung mit dem angeblichen nichtrepräsentativen Anachronismus des Belegmaterials bzw. in die Ausführungen hineingelegt, mit denen er den von der »Kritik der Psychologie« an das Fach gerichteten allgemeinen Determinismusvorwurf zu entkräften sucht.

Zur ungebrochenen Aktualität der Aggressions-Kategorie

So geht die Inschutznahme der Disziplin vor dem Vorwurf der Zirkularität der Beweisführung aufs Schönste einher mit der Parteinahme für die logischen Schnitzer, die mit der psychologischen Schlüsselkategorie der Aggression verbunden sind. Die »bahnbrechende« Leistung dieser Kategorie besteht darin, eine menschliche Urneigung schlechthin zur Gewaltanwendung, ohne Zweck, Grund und Gegner zu unterstellen, die sich dann ausgelöst durch äußere Bedingungen an einem mehr oder weniger beliebig ausgewählten Gegenstand auszutoben pflegt. Gewalt, ob sie nun von Staaten oder Individuen ausgeübt wird, ist aber immer ein Mittel zur Durchsetzung von Interessen gegen andere, niemals Selbstzweck. Weswegen die Irrationalität von Aggressionstheorien jeder Machart bereits mit der Konstruktion des Erklärungsgegenstandes der »Aggression« bzw. der »Gewalt« selbst beginnt und nicht etwa erst mit dem zirkulären Beweis der Existenz der Gewaltausübungstendenz durch die gewalttätige Aktion.

In diesem Zusammenhang sollte auch keineswegs unterschlagen werden, dass moderne Psychologen bisweilen die notorische Schwäche des zirkulären Beweisverfahrens bemerken. Es sind freilich dieselben Psychologen, die gar nichts intellektuell Anstößiges daran finden, aus dem Einsatz von Gewalt tautologisch auf die Existenz der gewalttätigen Menschennatur zurückzuschließen bzw. die allgemeine Gewaltbereitschaft ohne nähere Begründung als »Annahme« in den wissenschaftlichen Diskurs einzubringen. Moderne Psychologen auch noch des 21. Jahrhunderts pflegen diese selbstzweckhafte leere Gewaltpotenz regelmäßig dann zur Erklärung heranzuziehen, wenn es um Phänomene wie Jugendgewalt oder Amokläufe von Verlierern der Schulkonkurrenz etc. geht. Diese Tendenz ist inzwischen nicht mehr mit dem mehrheitlich verpönten biologistischen Namen des Triebes verknüpft, sondern hat andere Bezeichnungen erhalten wie Gewaltbereitschaft oder -potenzial, doch dies ändert am zu beurteilenden Sachverhalt rein gar nichts. Von daher geht der Hinweis auf die seit 50 Jahren von der Fachwelt als überholt verabschiedete Freudianische Variante der Aggressionstheorie zielgerichtet an der Sache vorbei: nämlich der Haltlosigkeit der Kategorie der Aggression und damit sämtlicher auf ihr gründender Theorien der Vergangenheit und Gegenwart. Die vernichtenden Ausführungen über den Erkenntniswert dieser Kategorie im Rahmen des Freud-Kapitels (S. 49ff.) haben deshalb gleichermaßen Geltung für alle Spielarten der Aggressionstheorie von Freud über Mitscherlich bis hin zu den Autorinnen, die mit diesem kategorialen Raster die Zunahme der weiblichen Gewaltbereitschaft analysieren.[5] Es liegt im Übrigen am zeitlosen ideologischen Gehalt dieser Kategorie, dass sie sich bestens zur Rechtfertigung auch von staatlichen Gewaltakten eignet, weshalb dieses Legitimationsmuster auch keineswegs mit Mitscherlich ausgestorben ist. Inhaltlich gleichlautende Ausführungen über den »unleugbaren Zusammenhang zwischen Krieg und menschlicher Aggressivität« kann man in jedem zeitgenössischen Lehrbuch der Psychologie unter dem Stichwort »Aggression« nachlesen.[6]

Kontinuität im Wandel des deterministischen Erklärungsschemas

Mit der tendenziellen Verdrängung des triebökonomischen Vokabulars aus dem Argumentationshaushalt moderner Psychologie ist auch keineswegs das deterministische Erklärungsmuster selbst unmodern geworden. Ganz im Gegenteil. Ob man die unabhängigen Variablen nunmehr Dispositionen, Verhaltens- oder Kognitionsmuster nennt oder ihnen entwicklungspsychologische Namen gibt und anstelle monokausaler Erklärungen aus einer einzigen Determinante Variablenbündeln aus mehreren »Faktoren« den Vorzug gibt, denen es allesamt an einer bewirkenden Qualität fehlt, ändert nichts am Grundmuster des Erklärungsmodus, sondern hebt dessen fehlerhaften Charakter nur auf eine höhere Stufe.[7]

Inflationäre Erfindung von gleichnamigen Antrieben des Handelns?

Keineswegs übertrieben-inflationären Charakter hat auch die von Imhoff beanstandete Aussage über die Tendenz der psychologischen Theorieproduktion, für jede Handlung einen gleichnamigen Antrieb zu erfinden. Diese Ten-

---

[5] Brandaktuelles Anschauungsmaterial für die ungebrochene Logik der modernen Aggressionsforschung liefert die Studie von Svendy Wittmann und Kirsten Bruhns vom Deutschen Jugendinstitut in München zum Thema weibliche Jugendgewalt, über deren Ergebnisse ein Bericht im Hamburger Abendblatt vom 23.6.2007 informierte. Die Autorinnen bekommen es glatt hin, die maßgeblichen subjektiven Gründe für die Gewaltausübung von Mädchen und Jungen zu benennen, um sie dann in »Auslöser« für die Betätigung des im Menschen verankerten allgemeinen Gewaltpotentials zu verkehren: »Auslöser für die Gewalt sind Beleidigungen, Verleumdungen oder die ›Infragestellung von partnerschaftlichen Besitzansprüchen‹. Also die alte Frage: Wer gehört zu wem? Während Streitereien um Geld, Statussymbole oder um die ›Ehre‹ bei Jungs Auslöser von Gewalt sind, ist es bei den Mädchen ein ›dummer Spruch‹, ein ›schräger Blick‹ einer Geschlechtsgenossin.«

[6] Stellvertretend für alle: Nolting, 2005: 142, der den Krieg als Form der »kollektiven Aggression« vorstellig macht.

[7] Zur Widerlegung dieser einschlägigen Schutzbehauptung der Disziplin, die moderne Psychologie habe Abschied genommen vom deterministischen Erklärungsmuster, ist das Nötige bereits ausgeführt in Kapitel 1 unter der Überschrift »Determinismus als universelles Erklärungsprinzip der Psychologie« S. 32ff.

denz ist vielmehr die notwendige Konsequenz des dogmatischen Beschlusses, den Grund für menschliche Handlungen ziemlich grundsätzlich in innerpsychische Umstände zu verlegen, welche die Menschen so handeln lassen, wie sie handeln. Moderne Psychologen pflegen aus diesem selbsterzeugten Zwang zur Tautologie die Tugend der differenzierten Kreation zu machen, wenn sie sich rühmen, bereits 20 verschiedene »Antriebskräfte« entdeckt und damit die Bornierung auf die gerade einmal zwei Grundtriebe Freuds überwunden zu haben.[8]

Phobien und automatisierte Verhaltensweisen
streiten bei näherer Betrachtung auch nicht für die von Imhoff behauptete Existenz von »unbewussten« Entscheidungsprozessen und Handlungsabläufen im Sinne einer jenseits von Wille und Bewusstsein ablaufenden Fremdsteuerung des Subjekts.

Zunächst einmal stellt sich die Frage, mit welcher Berechtigung Psychologen dazu kommen, immer dann, wenn Denk- oder Handlungsweisen einen irrationalen oder aus dem gesellschaftlichen Rahmen fallenden Inhalt haben, den Ursprung derartiger Gedanken außerhalb des Denkens zu suchen und sie als Werk des »Unbewussten« einzustufen. Warum soll es ausgeschlossen sein, dass der Mensch zwei sich widersprechende Gedanken im Kopf hat? Im Falle des Phobikers einerseits die Pflege der zur Zwangsvorstellung entwickelten Angst beispielsweise vor Spinnen, Aufzügen oder Brücken und anderseits zugleich den Willen, sich aufgrund der damit verbundenen sozialen Folgewirkungen von diesen Ängsten zu befreien? Wenn der Mensch Entscheidungen trifft, dann heißt dies keineswegs automatisch, dass der Entscheidungsprozess auf vernünftigen Erwägungen beruht, wie die Gleichsetzung irrational = unbewusst suggeriert. Vielmehr ist auch ein unvernünftiger Gedanke wie bspw. das generalisierte Misstrauen gegenüber den Gesetzen der Bau- oder Ingenieurskunst oder die unbegründete Furcht vor gänzlich harmlosen Geschöpfen der Tierwelt ein Gedanke.

Im Übrigen strafen die auf der Annahme der Steuerung des Denkens durch unbewusste Prozesse aufbauenden Therapien ihre eigene theoretische Grundlage Lügen. Dies geschieht insbesondere dann, wenn Psychotherapeuten zielgerichtet an den Rest der »Vernunft« anknüpfen, über die der Patient in Gestalt des Willens zur Wiederherstellung seiner (sozialen) Funktionstüchtigkeit verfügt. Würde die Psychotherapie ihre eigene Basisannahme Ernst nehmen: die Lenkung des Menschen durch Umstände jenseits von Wille und Bewusst-

---

[8] Vgl. die Zusammenfassung der Ergebnisse der einschlägigen motivationspsychologischen Forschungen von H.A. Murray durch Schultheiss/Brunstein in Straub/Kempf/Werbik 2005: 299: »Murrays Arbeit zielte darauf ab, die im Menschen wirkenden Antriebskräfte und Bedürfnisse ... in eine systematische Ordnung zu bringen. Dabei entstand ein Katalog von etwa zwanzig mehr oder weniger fundamentalen menschlichen Bedürfnissen wie zum Beispiel den Bedürfnissen nach Leistung, nach sozialem Anschluss, nach Machtausübung oder nach Aggression.«

sein, dann würde sie ihre therapeutischen Bemühungen erst gar nicht aufnehmen, dem Willen zur Überwindung der Angstzustände ihre Unterstützung zu verleihen. Oder als Frage an die Therapie ausgedrückt: Warum soll bei der Bildung von Neurosen und Phobien immerzu der Wille des Betroffenen ausgeschaltet sein, derselbe Wille aber bei der Heilung die entscheidende Produktivkraft bilden?

Es liegt in der Natur dieses sich innerhalb des Bewusstseins abspielenden Kampfes zweier Linien, dass dieser nicht bereits mit dem puren Beschluss des Patienten, von seinem »Tick« abzulassen, entschieden ist, sondern damit gerade erst seinen Anfang nimmt. Weder die Notwendigkeit des Kampfes selbst noch sein vielfach erfolgloser Ausgang lassen den von Imhoff gezogenen Rückschluss darauf zu, dass der Klient der Wirkkraft unbewusster seelischer Mächte unterliegt. Seine zur Phobie ausgewachsene Angstvorstellung wird den Patienten vielmehr solange beherrschen, wie er sich nicht selbst von der Verkehrtheit der seinem Gefühl zugrunde liegenden Gedanken überzeugt hat.

Auch automatisierten Verhaltensweisen wie dem Paradebeispiel der Suchtabhängigkeit fehlt es an der erforderlichen Beweiskraft für das Walten außerhalb von Wille und Bewusstsein ablaufender Handlungsprozesse. Es stimmt zwar, dass Kettenraucher oder Trinker rein gewohnheitsmäßig zu ihrem Suchtmittel greifen, sich nicht bei jeder Zigarette oder jedem Glas Alkohol aufs Neue Rechenschaft über ihre Gründe ablegen und sich dann in der Abwägung des Für und Wider entscheiden. Oftmals nehmen sie sich vor, mit der schlechten, weil unbekömmlichen Angewohnheit Schluss zu machen, und ertappen sich dann dabei, dass sie trotzdem nicht damit aufhören (können), obwohl sie es »eigentlich« wollen. Sie haben sich eben durch den bloßen Vorsatz noch nicht in ihrem Tun und Lassen umgestellt. Der Konsum der beruhigenden oder anregenden »psychoaktiven Substanz« ist ihnen zur Gewohnheit geworden, mit der sie den Alltagsstress überstehen, das Feierabendvergnügen steigern oder Krisensituationen bewältigen.

Hinzu kommt, dass sich bei den meisten Suchtkrankheiten eine körperliche Abhängigkeit einstellt, die diese Lebensgewohnheit zu einer physiologischen Notwendigkeit macht. Diese Notwendigkeit ist aber relativ, sie lässt sich außer Kraft setzen. Entscheidet sich der Patient für den Entzug, so stehen ihm medizinische Hilfsmittel zur Verfügung, die heutzutage meist einen undramatischen Ausstieg aus der körperlichen Abhängigkeit ermöglichen. Dann bleibt ihm die Aufgabe, seinen Entschluss aufrecht zu erhalten – gegen sein drängendes Verlangen oder seine angenehmen Erinnerungen –, und er muss sich bewusst kontrollieren, um nicht in »alte Verhaltensmuster« abzurutschen. Das heißt, er muss willentlich konsequent darauf achten, seine früheren Entscheidungen zu revidieren. Der Alkoholiker hat es ja nicht mit einer (unbewussten) Determination oder Disposition zu tun – also nicht mit der Flasche, die zu ihm spricht: Trink mich aus! –, sondern mit den Resultaten seiner früheren Willensleistungen.

Ob ein Suchtabhängiger eine Konsumgewohnheit oder ein Depressiver eine Denk- oder Handlungsgewohnheit ausbildet, der Vorgang vollzieht sich jedenfalls nicht ohne Beteiligung von Wille und Bewusstsein, auch wenn im Resultat der automatisierten Handlungsweise der ausdrückliche überlegte Entschluss fehlt.

Es geht hier also immer um Entscheidungen, die sich zuweilen auf den ganzen Habitus der Person bis hin zur Physis auswirken – unter Umständen in jahrelanger Übung antrainiert und verfestigt –, und nicht um Stoffwechselstörungen etc., die angeblich das betreffende Verhalten bedingen. Wer sich als Alkoholiker auf den morgendlichen Gang zum Kiosk macht, das endlose Versteckspiel am Arbeitsplatz oder in der Familie spielt, schließlich alle Lebensgewohnheiten an diesem einen Bedürfnis ausrichtet, kann sich mit diesen Zeugnissen enormer Willenskraft bis zum Delirium tremens hinarbeiten, in dem tatsächlich die Bewusstseinstätigkeit ausgelöscht ist und dessen nachfolgende Entzugserscheinungen gebieterisch die Fortsetzung des eingeschlagenen Wegs verlangen. Genau so können sich Depressionen so weit entwickeln, dass der Patient von der Ausweglosigkeit seines quälenden Daseins überwältigt wird. Auch hier gilt, dass keine therapeutische Intervention anders verfahren kann, als an den Rest des Patienten-Willens zur Überwindung seiner Suchtabhängigkeit anzuknüpfen und ihn darin zu bestärken, die Revision seiner früheren Lebensentscheidungen konsequent durchzustehen.

Probabilismus – eine Spielart des psychologischen Gesetzmäßigkeitswahns

Die Natur eines argumentativen Eigentores hat schließlich auch der Hinweis Imhoffs darauf, dass die (aktuelle) Psychologie gar nicht die ihr angeblich auch von mir unterstellte Suche nach »strengen« absoluten Gesetzmäßigkeiten betreibe, sondern »lediglich« mit dem Anspruch der Feststellung von Auftretens-Wahrscheinlichkeiten versehene relative Aussagen und Vorhersagen treffen wolle. Zunächst einmal hatte ich die probabilistische Bescheidenheit durchaus als eine Spielart des theoretischen Schwindels entlarvt, der mit dem Korrelationsbeweis verbunden ist und darin besteht, das gehäufte gleichzeitige oder aufeinanderfolgende Auftreten von Ereignissen in Ursache-Wirkungs-Beziehungen umzudeuten (S. 29f.). Ein in der modernen Psychologie außerordentlich beliebtes Verfahren, das beispielsweise zum Einsatz kommt, um Ursachenzusammenhänge zwischen der Konsumrate von PC-Killerspielen und Schüleramokläufen zu konstruieren. Am Tatbestand der fingierten Kausalität ändert sich freilich überhaupt nichts, wenn unter Hinweis auf die angebliche Beweiskraft von Prozentsätzen und Häufigkeitsverteilungen nicht die Zwangsläufigkeit, sondern lediglich die höhere Wahrscheinlichkeit behauptet wird, dass die Betrachtung von Gewaltvideos die Entstehung von Gewaltbereitschaft fördere.[9]

[9] Vgl. dazu ausführlich Huisken 2007: 79ff. (85).

Die Entdeckung angeblicher Bedingungszusammenhänge nach dem Muster »Wenn x, dann wahrscheinlich auch eher y, als wenn nicht x« lässt im Übrigen den Gesetzmäßigkeitsfanatismus der Variablenpsychologie keineswegs zu einem relativ bescheidenen Ende kommen. Das psychologische Ideal einer vollständigen Ableitung der zu erklärenden Handlungen aus dem Ensemble innerer und äußerer Bedingungen verlangt vielmehr geradezu nach einer Fortsetzung. Dementsprechend mündet die einschlägige Forschung in der Regel in die Suche nach zusätzlichen Determinanten, welche für die ganze Bandbreite unterschiedlicher Verhaltensweisen von Subjekten unter gleichartigen Umständen verantwortlich sein sollen. Am Beispiel des angeblichen Kausalzusammenhanges zwischen Computer-Gewalt-Spielen und Schülergewalttaten stellen sich dann so sinnige Anschlussfragen, warum nicht aus jedem Fan solcher Spiele gleich ein schießwütiger Amokläufer wird und welche Gewaltbereitschaft fördernden oder hemmenden Faktoren zusätzlich zu der bereits ermittelten Variablen sonst noch im Spiel sind. Aber dass es einen – wenn auch »nur« wahrscheinlichen – Zusammenhang zwischen dem Genuss von Gewaltvideos oder PC-Killer-Spielen und Schüleramokläufen gibt, das steht für die empirische Psychologie so fest wie das Amen in der Kirche. Und aus diesen »empirisch untermauerten« Befunden pflegen Psychologen Handlungsempfehlungen an die Politik abzuleiten, wie beispielsweise durch das Verbot von Gewaltvideos und Killerspielen das gewaltpräventive soziale Kontrollregime des Staates verbessert werden könnte.

Abgesehen davon ist es schon ein besonderes Kunststück, ausgerechnet aus dem Eingeständnis, dass die Psychologie nicht die Vorhersage und Kontrolle des individuellen Verhaltens, sondern »lediglich« desjenigen von Gruppen intendiere, ein Dementi des dieser Wissenschaft zugrundeliegenden Kontroll- und Steuerungsideals verfertigen zu wollen. Als ob die Suche lediglich nach relativen Wirkungszusammenhängen zwecks Einflussnahme auf das Verhalten von Gruppen irgendetwas an dem »Gesetzmäßigkeitswahn« ändern würde, welcher das psychologische Geschäft beherrscht.

Klarstellungen zur Psychologie als sozialtechnologischer Herrschaftswissenschaft

Klarer kann man umgekehrt die sozialtechnologische Zielsetzung der Psychologie kaum formulieren. Diese verfolgt die Psychologie freilich nicht als Auftragsarbeit des Staates, wie es Imhoff meint, aus den Ausführungen des Buches herauslesen zu können. Das reale Dienstverhältnis zwischen der kapitalistischen Konkurrenzgesellschaft und ihrem staatlichen Garanten einerseits und der Psychologie andererseits ist um einiges härter als die agententheoretisch-instrumentelle Verharmlosung, die Imhoff mir unterschiebt. Die Psychologie wird nicht etwa vom Staat als Instrument der ideologischen Herrschaftssicherung eingesetzt, sondern diese Wissenschaft erfüllt die besagte Aufgabe der sozialen Anpassung, ohne vom Staat in die Pflicht genommen werden zu müssen, aus ihrer selbstgewählten sozialen Verantwortung: als

Hilfestellung für das Zurechtkommen des Individuums in der Gesellschaft. Die verschwörungstheoretische Lesart der nützlichen Dienste der Psychologie für die kapitalistische Gesellschaft mag zwar gut in das allgemeine Bild hineinpassen, das sich der Rezensent von der »Kritik der Psychologie« als Produkt einer fixen Idee zur Denunziation der Psychologie als Herrschaftswissenschaft macht. Mit dem Inhalt der sozialen Leistung der Psychologie für die demokratisch-kapitalistische Gesellschaftsordnung, die im Untertitel »Das moderne Opium des Volkes« zum Ausdruck gebracht wird, hat die Bestimmung der Psychologie als staatliches Herrschaftsinstrument freilich kaum etwas gemein. Selbstredend liefern psychologische Theorien auch Legitimationen für Krieg und Gewalt, freilich ohne dass diese vom Staat extra bestellt werden müssten. Der legitimatorische Nutzwert der Psychologie liegt vielmehr in der ideologischen Natur ihrer deterministischen Ideenwelt, die hinter allen Erscheinungen menschlichen Tuns einen tieferen Grund sucht und zielstrebig auch findet und damit zwangsläufig lauter Entschuldigungen verfertigt. Darin erschöpft sich ihr legitimatorischer Charakter freilich nicht. Der spezifische, im Untertitel angesprochene, soziale Nutzwert der psychologischen Weltanschauung besteht darin, dass sie das falsche geistige Untertanenbedürfnis des freiheitlichen Staatsbürgers aufs Trefflichste mit einer psychologisierten Konkurrenzmoral bedient, indem sie ihm das geistige Rüstzeug an die Hand gibt, alle Zumutungen, die ihm die kapitalistische Gesellschaftsordnung auferlegt, als Bewährungschance für seine werte Persönlichkeit zu begreifen, bzw. ein Leben lang den Glauben an sich selbst als eigentliches Subjekt von Erfolg und Misserfolg in der kapitalistischen Konkurrenzgesellschaft zu bewahren. Wer sich also die psychologischen Interpretationsmuster mit Willen und Bewusstsein zu eigen gemacht hat, der erfüllt in idealer Weise das Anforderungsprofil des demokratisch-kapitalistischen Staatsbürgers. Dass ich diesen affirmativen Funktionszusammenhang zwischen der psychologischen Theoriebildung und ihrem Gebrauchswert für die Funktionsfähigkeit der kapitalistischen Konkurrenzgesellschaft schwerpunktmäßig an höchst aktuellen Produkten der psychologischen Ideenwelt aufgezeigt habe (S. 47f.), konnte mich natürlich nicht vor der Generalverurteilung des Rezensenten bewahren, die »Kritik der Psychologie« auf ein interessiert-unrepräsentatives Zerrbild dieser Wissenschaft gegründet zu haben. Auf diesen, auf der Distanzierung von ganzen Strömungen der psychologischen Disziplin beruhenden Vorwurf kürzen sich letztlich alle Argumente zusammen, welche die vom Rezensenten repräsentierte Fachöffentlichkeit gegenüber der »Kritik der Psychologie« aufzubieten weiß.

Die Selbstdistanzierung der Vertreter des Faches von ganzen Abteilungen der Psychologie erfolgt bezeichnenderweise nur gegen Angriffe von außen. Im Innenverhältnis des Faches hingegen ist die Beziehung der Schulen und Ansätze zueinander durch ihre pluralistische Konkurrenz gekennzeichnet, welche auf der prinzipiellen wechselseitigen Anerkennung der unterschiedlichen bzw. sich teilweise ausschließenden psychologischen Gedankengebäude beruht. Kritik, die sich nicht darauf beschränkt, den Geltungsanspruch konkurrierender Theorien im Lichte des eigenen Ansatzes zu relativieren, sondern darauf abzielt, anderen Ansätzen durch den Nachweis ihrer Fehler schlichtweg den wissenschaftlichen Gehalt ihrer Theorien zu bestreiten, hat demgegenüber den Charakter einer exotischen Ausnahme. Dementsprechend haben in jeder Überblicksdarstellung über den Stand des Faches die angeblich überholten und nicht (mehr) repräsentativen Schulen wie insbesondere der behavioristischen Verhaltenswissenschaft und der Psychoanalyse ihren anerkannten Platz, und zwar nicht etwa als Irrlehren, sondern als Grundlagen der Psychologie.[10] Solange jedenfalls die psychologische Zunft solche Erklärungsansätze wie die Psychoanalyse, die humanistische Psychologie oder den Behaviorismus als ihren Bestandteil betrachtet und nicht aus der Hall of Fame der Wissenschaft verbannt, wird sich die Disziplin gefallen lassen müssen, dass das Urteil über solche Theorien zugleich auch immer ein Urteil über den geistigen Zustand des Faches ist. Doch was wäre eine Psychologie ohne die deterministische Kategorienwelt des Verhaltens, der verhaltensauslösenden Bedingung, der Aggression und Motivation und des Unbewussten, das Pseudobeweisverfahren der Korrelationsstatistik und ganz ohne Bedienungsanleitungen zur Pflege des Selbstwertes?

2. Antworten auf Leserbriefe und Diskussionsbeiträge

Freiheit oder Determination des Willens? – Eine grundlegend falsche Fragestellung

Leserzuschrift: Ist der menschliche Wille frei?

(1) In dieser Frage stehen sich die Positionen der Deterministen und der Indeterministen unversöhnlich gegenüber. Nennen wir ein Beispiel und zeigen wir daran, wie diese Positionen bestimmt sind.

Hole ich mir jetzt nach dem Mittagessen noch ein Speiseeis zum Dessert? Vor einer solchen Entscheidung haben schon viele Menschen gestanden und die Frage ist, in welcher Weise in diesem Fall die Freiheit oder Unfreiheit des Willens demonstrierbar ist. Schauen wir uns die erste Position an.

[10] Oder warum sollte ein Standardwerk wie die Einführung in die Psychologie von Straub/Kempf/Werbik auch noch in der neuesten 5. Auflage von 2005 unter dem Titel »Philosophische Grundlagen und übergreifende theoretische Orientierungen« allein der Darstellung der Tiefenpsychologie 27 Seiten widmen – etwa um die generelle Unhaltbarkeit des psychoanalytischen Erklärungsansatzes unter Beweis zu stellen?

Position A: *Meine Entscheidung ist determiniert.*

In mir kämpfen zwei verschiedene Motive. Das stärkere Motiv, egal welchen Inhalts, wird sich in jedem Fall durchsetzen, schließlich ist es deshalb ja das stärkere. Mein Ich wird dem stärkeren Motiv Folge leisten. Es kann nicht gegen das stärkere Motiv »gewinnen«, eben wegen der Stärke.

Das erste Motiv ist das des Genusses: Ich mag Eis besonders gern. Ich habe ein Bedürfnis danach. Das zweite Motiv ist kombiniert aus Eitelkeit und Gesundheit: Ein wenig schlanker zu sein, stünde mir gut und wäre gesundheitlich vorteilhaft. Eis macht aber dick. Die Frage ist: Wie kommt die Entscheidung »Speiseeis – pro oder contra« jetzt zustande?

Der Determinist sagt, dass mein Ich dem stärksten Motiv folgen wird, z.B. dem Genuss statt der Gesundheit. Es kann auch das andere Motiv das stärkere sein und zum Tragen kommen. Das hängt von meiner inneren Verfassung ab. Diese ist mir so gegeben, wie sie ist. Von ihr gehe ich aus. Wenn aber das Ich dem jeweils stärksten Motiv folgt (egal welches es inhaltlich ist), ist meine Entscheidung nicht frei, sondern determiniert.

Die Motive wären demnach die hier willensbestimmenden Kräfte, die das Ich in seiner inhaltlichen Entscheidung festlegen, also determinieren. (Diese Position scheint u.a. auch A. Schopenhauer zu vertreten.)

Position B: *Ich entscheide mit freiem Willen.*

Die Annahme von willensbestimmenden Motiven jenseits oder außerhalb des Willens ist falsch. (Diese Annahme wird z.B. in der Psychologie dogmatisch vorausgesetzt.) Ich fälle ein Urteil, eine Entscheidung, ob ich heute mehr der Gesundheit oder dem Genuss den Vorzug gebe. Nicht Gesundheit und Genuss in Gestalt von Motiven sind also willensbestimmend, sondern das Ich ist immer Herr der Entscheidung. Das Ich kann – u.U. nach reiflicher Überlegung – sich frei für den Genuss oder die Gesundheit entscheiden.

Aber was ist, wenn das Eis doch sehr verführerisch präsentiert wird, das Wetter sehr heiß ist und ich mir schon seit längerem kein Eis mehr gegönnt habe? Zudem habe ich in letzter Zeit fünf Pfund abgenommen. Das sind gleich vier Faktoren auf einmal, die den angenehmen Gedanken an Genuss jetzt sehr stark werden lassen und den an Gesundheit deutlich abschwächen werden. Bin ich jetzt wirklich trotzdem völlig frei in meiner Entscheidung oder haben die genannten vier Faktoren nicht doch die Freiheit ausgehebelt und lassen sie eben nur noch *eine bestimmte* Entscheidung zu??

Es dürfte ein Fehler in der Annahme liegen, dass »frei« immer bedeute, alles (an Entscheidungen) sei möglich. Freiheit als diese völlige Offenheit, Neutralität, existiert gar nicht. – Vielleicht ist es an dieser Stelle richtig, Hegel zu folgen. Er sagt: »Wille ohne Freiheit ist nur ein leeres Wort, so wie die Freiheit nur als Wille, als Subjekt wirklich ist.« (Rph) Das könnte bedeuten, dass der Akt, etwas Bestimmtes zu wollen, gerade die Betätigung der Willensfreiheit ist. Damit steht diese Auffassung der anderen, sehr verbreiteten gegenüber, wonach der freie Wille gerade der unbestimmte, also durch nichts beeinflusste Wille sei. Nach Hegel und Peter Bieri (»Das Handwerk der

Freiheit«) ist aber der durch nichts bestimmte Wille, der ganz unbestimmte Wille gar kein Wille.

Sobald eine Kraft (?) den anfangs unbestimmten Willen in einen bestimmten umgewandelt hat, ist der Wille, so glauben die Deterministen, nicht mehr frei. Frei heißt hier, bei ihnen, also frei von, befreit von. In Hegels Konzept des Willens heißt demgegenüber Freiheit: frei *zu etwas.*

Der Fehler der Deterministen könnte zusammengefasst also darin liegen, dass sie sich – innerhalb ihrer Analyse einer Willensentscheidung – den menschlichen Willen als zunächst völlig neutrales, unbeeinflusstes, unbestimmtes Etwas vorstellen. In diesem Zustand – und nur in diesem Zustand – halten sie den Willen für frei – nicht begreifend, dass dies überhaupt kein Wille ist. Der menschliche Wille existiert immer nur als bestimmter und er verwirklicht in dieser Bestimmtheit seine Freiheit.

(2) In diesem Zusammenhang ist die Manipulationsproblematik anzusprechen. Die Manipulationsthese (Menschen sind durch andere Menschen, die auf ihren Willen Einfluss nehmen, verführbar zu bestimmten Gedanken oder Handlungen) stellt – dem ersten Anschein nach – einen starken Einwand gegen das Konzept der Willensfreiheit auf.

Beispiel: Kann ich (als Verkäufer) nicht – entscheidenden (!) – Einfluss nehmen auf die Kaufentscheidung eines Konsumenten, indem ich z.B. durch eine vergrößerte Umverpackung einer Ware ein größeres stoffliches Volumen vortäusche und damit eine für den Käufer angeblich günstige Kaufentscheidung suggeriere? Der Konsument kauft daraufhin ein alternatives Produkt, eines, das er ursprünglich gar nicht haben wollte. Sicher – *er* entscheidet, dass er jetzt das andere Produkt nimmt, insofern bleibt es zunächst eine freie Entscheidung, daran ändert sich auch nichts durch die erfolgte Täuschung. Gleichwohl habe *ich*, als Verkäufer, ihn dahin gebracht, so und nicht anders zu entscheiden. Wenn daher ich es bin, auf den das Ergebnis der Entscheidung ursächlich zurückgeht, kann nicht gleichzeitig der Konsument frei gewesen sein in seiner Willensentscheidung. Insofern steht der Konsument eben doch (manchmal) unter äußeren, nicht (sämtlich) von ihm kontrollierbaren und auch nicht in Gänze für ihn durchschaubaren Mechanismen. Der Konsument kann Objekt einer Manipulation werden, die seinen Willen von außen beeinflusst bzw. steuert.

Zusammengefasst: Wenn eine Person A eine Person B zu einer Entscheidung bringt, mag diese Entscheidung zwar durch B in formalem Sinne frei getroffen sein, sofern eben B sie gefällt hat, wenn aber A letztlich ursächlich dafür ist, wie die Entscheidung inhaltlich ausfiel, ist die Rede von freier Willensentscheidung von B in diesem Fall nicht mehr sinnvoll, besser gesagt: falsch. Ein Manipulierter hat keine freie Willensentscheidung gefällt.

Wenn die o.a. Beschreibung zutrifft, bedeutet das nicht, dass der Gedanke der Willensfreiheit damit generell widerlegt wäre. Im Gegenteil ist dann nur sichtbar geworden, dass es auch Fälle gibt, in denen der freie Wille Einschränkungen unterliegt. Man könnte geradezu sagen, dass die versuchte Einflussnahme eines Fremden auf meinen Willen gerade beweist und unterstellt, dass ich (normalerweise) freie Willensentscheidungen tätige. Wenn mein Wille determiniert wäre, müsste mein Wille auch für jeden anderen Menschen determiniert sein, wäre also durch jedermann unbeeinflussbar. Das bedeutet: Wäre mein Wille stets determiniert, müssten alle Versuche fremder Menschen, meinen Willen zu steuern, völlig aussichtslos sein und stets scheitern. Das ist aber nicht so, denn:

Etliche tausend *Haustürgeschäfte* in Deutschland beweisen, dass es offensichtlich gelingen kann, jemanden, der ursprünglich keinerlei Kaufabsichten hatte, zu einem Kauf zu bewegen. Sicher, der Konsument hat sich dann die »Argumente« des Vertreters zu eigen gemacht und ist zu dem Urteil, ja zu seinem Urteil gelangt, dass ein Kauf das Richtige ist. Und theoretisch möglich wäre auch gewesen, dass er jeglichen Kauf abgelehnt hätte. Trotzdem bleibt es ein Faktum, dass letzten Endes häufig die Überredungskünste des Vertreters den Ausschlag für die Kaufentscheidung ergeben. Dass dabei eine arg problematische Einflussnahme auf den Willen eines Konsumenten stattfindet, hat ja auch der Gesetzgeber gemerkt und anerkannt, wenn er für Haustürgeschäfte ein Widerrufsrecht einräumt. Dies wäre völlig sinnlos, ohne Realitätsbezug, wenn nicht tatsächlich immer wieder Fälle aufgetreten wären, in denen die Konsumenten sich – wahrscheinlich fast immer zu Recht – überrumpelt gefühlt und nach einer kurzen Frist des Nachdenkens ihre Kaufentscheidung bereut und den Wunsch entwickelt haben, sie ungeschehen zu machen. Hier eine Kaufentscheidung zu bereuen, bedeutet doch: Ich habe bei ruhigem Nachdenken entdeckt, dass mein Wille hier gegen meine Wünsche, Absichten, Neigungen beeinflusst wurde. Hier ist es sachangemessen, die problematischen Haustürgeschäfte (nicht alle) als eine Instrumentalisierung des freien Willens zu bezeichnen. Soweit ich die Rechtslage dabei verstehe, geht es hier vermutlich darum, dass die freie Willensbildung als grundsätzliche Voraussetzung für Geschäfte (Verträge) jeglicher Art im Falle problematischer Haustürgeschäfte als hier nicht gegeben angenommen wird. Daher ein Recht auf Widerruf.

Manipulation ist also möglich und sie widerlegt nicht die Existenz eines freien Willens. Sie zeigt nur, dass der freie Wille zeitweilig außer Kraft gesetzt werden kann. (Das kann ja auch durch die Einnahme von Drogen oder durch eine hirnorganische Erkrankung geschehen.) Manipulation setzt auch nicht die Existenz eines Unbewussten voraus, noch führt sie zu dem Widerspruch, die Vertreter der Manipulationsthese hielten alles für manipuliert, nur sich selber nicht – als diejenigen, die die Manipulationen als einzige durchschauen würden. Die Manipulationsthese darf nicht generalisiert werden (was weiter unten begründet wird) und sie ist auch nicht mit der These vom »universalen Verblendungszusammenhang« der Kritischen Theorie identisch. Erfolgreiche Manipulation setzt voraus, dass die Betroffenen sich gerade nicht für manipuliert halten, vom Manipulationsvorgang nichts merken. Es trifft auch nicht der gelegentlich zu lesende Vorwurf gegen die Manipulationsthese zu, dass der Manipulator das Bewusstsein des Betroffenen unter Umgehung von dessen Bewusstsein zu steuern versuche. Nein, der Manipulator beeinflusst direkt das Bewusstsein des Manipulierten, freilich ohne dass der dabei bemerkt, gesteuert zu werden.

Es ist wie bei der *Lüge*. Mein Gegenüber kann mich nur belügen, indem es mir direkt etwas sagt, was mein Bewusstsein beschäftigt. Ich höre und verstehe, was mir gesagt wird, weiß aber nicht, dass es eine Lüge ist. Hinzu kommt als weitere Bedingung, dass ich glauben muss, mir werde die Wahrheit erzählt. Nur dann kann das Lügen überhaupt funktionieren: Es setzt die Wahrheit als den Normalfall voraus! Wer jede Äußerung, die er hört, unter den Verdacht der Lüge stellt, kann nur äußerst schwer, wenn überhaupt, belogen werden. Am wirkungsvollsten und leichtesten kann man bekanntlich diejenigen belügen, die »leichtgläubig« sind, d.h. die arglos daran festhalten, sogar bei gegenteiligen Erfahrungen, dass jedermann stets die Wahrheit sagt.

Ebenso bei der Manipulation: Sie funktioniert nur, wenn das Manipulieren gerade nicht der Regelfall ist und der Manipulierte ahnungslos bleibt. (Das schließt natürlich nicht aus, dass der irgendwann später entdeckt, getäuscht, manipuliert oder belogen worden zu sein.)

(3) Ergänzende Fragen/Überlegungen:
Wenn Menschen bei Entscheidungen ihren Bedürfnissen folgen, entscheiden sie dann frei oder unfrei? Entscheide ich mich dann frei, meinen Bedürfnissen zu folgen? Schließlich könnte ich mich ja auch dazu entschließen, gegen meine Bedürfnisse zu handeln. Habe ich dabei dann ein Handlungsmotiv, das stärker als diese Bedürfnisse ist? Oder unterstellt die Rede von »Motiv« stets eine falsche Vorstellung von einem »bewegenden Etwas« außerhalb des Entscheidungszentrums einer Person?

Kann ich überhaupt gegen meine Bedürfnisse handeln? Was ist, wenn ich Hunger habe und nichts esse? Auf den ersten Blick handele ich dann gegen mein Bedürfnis. Aber woher kommt die Idee, Essen zu verweigern? Sie kommt daher, dass ich mich vor einer Woche zu einer radikalen Fastendiät entschlossen habe. Mein neues Bedürfnis, das Fastenziel zu erreichen, ist daher stärker als das, meinen Hunger zu stillen. Ich handele also zwar gegen eines meiner Bedürfnisse, aber nur deshalb, weil ein anderes stärker ist, mithin nicht gegen meine Bedürfnisse insgesamt.

Gegen die kritisierte Psychologie wird der Vorwurf erhoben, sie entferne die entscheidungserheblichen Faktoren von menschlichen Willensentscheidungen aus der denkenden, wollenden und handelnden Person und verlagere sie an eine externe Stelle, vor der aus sie angeblich ihre entscheidende Wirksamkeit entfalten. Sofern und solange die Psychologie dies als unbewiesenen Glaubenssatz in ihren Analysen stets voraussetzt, praktiziert sie einen dogmatischen Determinismus. Soweit so klar und nachvollziehbar. Diese Verlagerung erscheint willkürlich und unbegründet.

Allerdings steht dem die Gegenrechnung entgegen: Ist es nicht ebenso willkürlich, vom Gegenteil auszugehen? Wonach alles Entscheidungsrelevante sich stets innerhalb des Bewusstseins abspiele und jegliche extern auf den menschlichen Willen einwirkenden Faktoren prinzipiell unmöglich seien? Der Beweis, dass dies so ist, scheint mir in dem Werk »Kritik der Psychologie« zu fehlen. Ein Dogma aber nur durch ein Gegendogma auszutauschen, hilft nicht weiter. Dass und wie z.B. Manipulation als externe Steuerung des freien Willens funktioniert, wurde oben gezeigt.

Zu Ihrer Generalthese über den Willen: Im Vortrag 2012 (Fn., S. 3) lese ich, die Vorstellung eines »bedingten Willens« sei ein »Widerspruch«. Entweder sei der Wille unbedingt, d.h. frei, und setze sich folglich seine Zwecke selbst oder der »Wille« werde durch externe Kräfte außerhalb des Willens bestimmt, dann sei es freilich gar kein Wille. Aber auch hier frage ich mich wieder: Wieso ist keine externe Steuerung des Willens möglich?

Mein weiter oben geschildertes Beispiel des (mit der Verpackung) manipulierten Konsumenten zeigt exakt, dass dabei ein Wille sich »seine Zwecke unbewusst vorgeben lässt«, was nach der erwähnten Fußnote 2 Ihres Vortrags unmöglich ist.

Und das Widerrufsrecht bei Haustürgeschäften müsste aus Ihrer Sicht abgeschafft werden, weil dabei Manipulationen gar nicht vorkommen können.

Methodische Anmerkung: Ob der menschliche Wille frei ist oder nicht, manipulierbar oder nicht, ist eine Sachfrage, die nicht definitorisch entschieden werden kann. Also zu sagen, ein Wille, der von außen gesteuert wird, dessen Zweck extern vorgegeben wird, ist überhaupt kein Wille, löst nicht die Sachfrage durch diese begriffliche Definition, was Wille heißen darf und was nicht.

Wenn ich z.B. definitorisch festlege: Ein Wille betätigt sich erst und nur als solcher, wenn er sich frei Zwecke setzt, dann folgt daraus, dass ein fremder Einfluss auf die Zweckbildung eines Menschen die dabei normalerweise wirksame Freiheit aufhebt.

Aber wieso würde der Betreffende in diesem Fall angeblich gar keinen Willen ausbilden? Entscheidet er sich danach für etwas (zwischen zwei Alternativen z.B.), ist sein Wille doch praktisch wirksam geworden. Dass dort gar kein Wille vorhanden war, ist anscheinend nicht zutreffend.

Das bedeutet im Ergebnis, dass die fremde Einflussnahme auf die Willensbildung eines Menschen unter Umständen den freien Charakter der Willensbildung einschränken bis aufheben kann, aber nicht die Willensbildung insgesamt vereitelt.

Das bestätigt erneut die Thesen: Manipulation ist möglich. Die Möglichkeit der Manipulation ist kein Einwand gegen den freien Willen.

Entgegnung

(1)

Das Leitmotiv der Stellungnahme, die Aufnahme der bei Philosophen und Psychologen so überaus beliebten Fragestellung »Ist der menschliche Wille frei (oder determiniert)?«, ist Programm. Es ist das Programm einer falschen theoretischen Alternative, die den Erklärungsgegenstand des Willens systematisch um die Ecke bringt.

Die Existenz des Willens als praktischer Seite des Bewussteins ist nämlich »eigentlich« eine recht banale empirische Tatsache. Die geisteswissenschaftlich unverbildete Betrachtung des Denkens und Handelns offenbart, dass die Subjekte Zwecke fassen und ihren Zwecken nachgehen, Urteile über Gott und die Welt fällen und dieselben ihren Mitmenschen mitteilen und mit ihnen darüber streiten, ihre Auffassungen ändern, Gefühle bilden etc. Sie lieben ihren Nächsten und hassen Ausländer, sie gehen arbeiten und wählen oder lassen es sein. Alle diese Betätigungsformen der Subjektivität sind Willensakte. Die Freiheit des Willens liegt schlicht darin, dass jeder ein Bewusstsein von seinen Bedürfnissen und Bestrebungen hat, sich vom Standpunkt seiner Interessen praktisch auf die Welt bezieht, sein Wille also mit seinen subjektiven (Handlungs)gründen – auch Motive genannt – zusammenfällt. Der Verstand kennt und beurteilt die Gründe, gemäß denen der Mensch sein Handeln bestimmt. Als unnütz erkannte Zwecke wird er aufgeben, aus seiner Sicht als weniger wichtig erachtete Vorhaben zurückstellen usw.

Von daher ist bei der Beschäftigung mit Willensakten allein die Beurteilung des Willensinhaltes angesagt. Das heißt die Befassung mit dem, was der Mensch will und was für Gründe er dafür hat. Sind diese vernünftig oder gründen sie auf einer unzutreffenden Bestimmung der äußeren Welt und seiner Stellung in dieser, setzt er sich vielleicht falsche Zwecke, bedient er sich bei der Verwirklichung seiner Anliegen untauglicher Mittel? Erklärungsbedürftig an Willensäußerungen ist also rationellerweise ausschließlich der Inhalt des Wollens und Handelns.

Philosophen und Psychologen hingegen bringen es fertig, mit ihrer Alternative von Freiheit oder Determination des Willens bei der Bestimmung des Willens den Willensinhalt für prinzipiell unmaßgeblich zu erklären. So als ob es eine Erklärung irgendeiner Tat wäre, dass einer etwas tut, weil er es *will* (Freiheit) oder weil er es *muss* (Determination). Den Generalfehler dieser Fragestellung hatte die Kritik der Psychologie (2. Auflage 2007, S. 173) pointiert wie folgt zusammengefasst:

»Auf dem Spitzenplatz der Agenda der (psychologischen) Menschenbildkonstruktion steht nicht von ungefähr die Frage nach der Freiheit und/oder der Determination des Willens. Wobei die Behauptung eines ›bedingten Willens‹ ebenso ein Denkwiderspruch ist wie der ›freie Wille‹ ein Pleonasmus. Ebenso falsch ist es, das Postulat der Willensfreiheit gegen den Determinismus hochzuhalten. Aussagen der Art, die getrennt vom Inhalt der Tätigkeit den Willen als Grund des Handelns festhalten wollen, nach dem Muster ›ich tue es, weil ich es will‹, sind eine bloße inhaltsleere Tautologie, ebenso tautologisch wie die Rückführung konkreter menschlicher Handlungen auf gleichnamige innere Impulse, Verhaltensmuster oder Triebe. Genauso verkehrt ist schließlich auch die Synthese beider Fehlbestimmungen des Willens in der Grundgestalt des psychologischen Menschenbildes, welches sich den elementaren Widerspruch leistet, den Menschen zugleich als abhängige Variable eines Ensembles innerer und äußerer Bedingungen und als Steuermann derselben Kräfte zu konstruieren, deren Einfluss er unterliegt.«

(2)

Das besondere Fehlverständnis des Leserbriefs besteht darin, die »Kritik der Psychologie« dieser falschen theoretischen Kontroverse zwischen Deterministen und Indeterministen zu subsumieren und die Auseinandersetzung mit dem psychologischen Determinismus als Streitschrift für die gegenteilige Position der Freiheit des Willens aufzufassen. Damit hat die Kritik der psychologischen Weltanschauung aber nichts am Hut. Man sollte sie nicht als antideterministisches Gegenprogramm missverstehen, das der Generalbehauptung der Gesteuertheit des Denkens und Handelns die Gegenthese der Freiheit der Willensbildung entgegensetzt, um bei allem, *was* der mit Verstand und Bewusstsein begabte Mensch denkt und treibt, als entscheidenden beweiserheblichen Umstand festzustellen, *dass* tatsächlich überall sein Wille und Bewusstsein am Werke sind.

Ein solches Beweisziel verbietet sich bereits deshalb, weil empirische Tatsachen wie die Existenz des Willens einem theoretischen Beweis gar nicht zugänglich sind. Die empirische Tatsache gibt vielmehr den Gegenstand vor, auf den sich theoretische Bemühungen richten. Sie ist der Ausgangspunkt dafür, dass es theoretische Kontroversen gibt. Nur Psychologen kommen auf die Idee, die augenscheinliche Faktizität des Willens, von der sie selbst im Ausgangspunkt ihrer Theorien über den Willen ausgehen, mittels theoretischer Konstrukte bestreiten zu wollen. Der Widersinn dieses Unternehmens schlägt sich konsequenterweise in der gedanklichen Widersprüchlichkeit derartiger Konstrukte nieder, deren Quintessenz in der Kategorie des »bedingten Willens« besteht.

(3)

Diese Generalaussage über die Natur des Willens als »bedingter Wille« ist nämlich ein Widerspruch in sich selbst. Sie beinhaltet die Behauptung, dass die wesentliche Bestimmung des Willens seine Beeinflussung, d.h. seine Außerkraftsetzung durch die Wirkkraft von Mächten bildet, die außerhalb des Willens liegen. Dann aber gibt es ihn auch nicht. Denn ein Wille, der sich seine Zwecke (unbewusst) vorgeben lässt, der ohne eine eigene geistige Stellung zu den Vorgaben der (äußeren) Welt als bewusstseinsloser Vollzugsagent innerer Kräfte oder fremder Zwecke fungiert, ist kein Wille. Man kann den Widerspruch dieser Willenskonstruktion auch so ausdrücken: Was ist das für ein seltsamer Wille, der – vom Autor des Leserbriefes unbestritten – einen Inhalt hat, wo der Träger des Willens also etwas will, bestimmte Ziele und Zwecke fasst und verfolgt und gleichzeitig mit der Behauptung der »Fremdsteuerung« in Abrede gestellt wird, dass das handelnde Subjekt selbst es ist, das hier mit seinem Willen und Bewusstsein agiert?[11]

Bezeichnenderweise leistet sich die Psychologie mit ihrer Kategorie des »bedingten Willens« den offenkundigen Widerspruch, dass sie die Existenz des Willens selbst voraussetzt, weil er ansonsten ja auch gar nicht determiniert werden könnte. Die Psychologie geht also selbst in ihrer Theoriebildung vom Willen aus, dessen Freiheit sie mit dem Attribut seiner »Bedingtheit« zu dementieren pflegt. Der Wille, dessen Existenz sie selbst logisch voraussetzt, ist freilich recht eigentümlicher Natur. Es ist ein leerer, inhaltsloser Wille, der seine Bestimmung erst durch das Ensemble der Kräfte, Einflüsse oder Faktoren erfährt, die auf ihn einwirken. So basiert also der psychologische Determinismus auf der Vorstellung eines im Ausgangspunkt leeren Willens, eines Willens ohne ein »Was«, einer Vorstellung, die der Verfasser des Leserbriefes in Übereinstimmung mit der Kritik der Psychologie als irrationale Denkfigur einstuft.[12]

Die elementare logische Widersprüchlichkeit der Kategorie des bedingten Willens will der Autor des Leserbriefs aber nicht zur Kenntnis nehmen, sondern hält die Freiheit des Willens für eine definitorische Setzung, ebenso dogmatisch und unbewiesen wie die umgekehrte Behauptung seiner Determination. Nach seiner Auffassung hätte sich die »Kritik der Psychologie« wohl das Programm des Beweises des Willens auf die Fahnen schreiben müs-

---

[11] Insofern ist die Redeweise vom *freien* Willen ohnehin ein Pleonasmus. Die Freiheit fügt dem Willen also keine zusätzliche Bestimmung hinzu. Die verdoppelnde Redeweise vom freien Willen verdankt sich lediglich dem Umstand der deterministischen Bestreitung des Willens durch den (psychologischen) Determinismus, der als Gegenpol die Betonung der Freiheit des Willens entgegengesetzt wird.

[12] Zur Klarstellung: Mit den gesellschaftlichen Bedingungen, unter die der Wille im demokratischen Kapitalismus gestellt ist, mit dem berühmten stummen Zwang der ökonomischen Verhältnisse, welcher der Mehrheit der bürgerlichen Konkurrenzsubjekte die Notwendigkeit aufherrscht, sich in den Dienst der Mehrung des Reichtums privater Wirtschaftsunternehmen zu stellen, hat die psychologische Konstruktion eines bedingten oder determinierten Willens nichts zu tun. Ein bedingter Wille und ein Wille, dessen Betätigung (gesellschaftlichen) Bedingungen wie dem Zwang des Geldverdienens ausgesetzt ist, sind sehr verschiedene Angelegenheiten. Auch wenn der Mensch im Kapitalismus keineswegs tun und lassen kann, was er will, und andauernd auf die gesellschaftlichen Schranken seiner Interessenverfolgung stößt, ändert das nichts daran, dass die Unterwerfung unter die gesellschaftlichen Verhältnisse immer noch ein Willensakt ist, der sich den Zwang einleuchten lässt und das Verlangte aus »freien« Stücken tut, also dieser Wille gerade kein »bedingter« ist. Der Zwang zum Geldverdienen, dem sich die Individuen in der bürgerlichen Gesellschaft ausgesetzt sehen, gilt unbedingt. Man muss ihm aber nicht folgen, sondern kann ihm auch so begegnen, dass man sich den ökonomischen Notwendigkeiten verweigert, also seine bürgerliche Existenz aufgibt.

sen und ist diesen Beweis glatt schuldig geblieben. Die Existenz eines empirischen Faktums wie das des Mondes oder das des Willens beweisen zu wollen, ist jedoch aus den oben dargelegten Gründen ein grundlegender wissenschaftlicher Fehler. Die »Kritik der Psychologie« hat sich deshalb ganz sachgerecht darauf »beschränkt«, die logischen Widersprüche aufzuzeigen, in die man sich zwangsläufig bei dem Unternehmen verwickelt, das Faktum des Willens dadurch zu bestreiten, dass man die Determination des Denkens und Handelns durch eine Kombination innerer und äußerer Wirkkräfte unter Beweis zu stellen sucht. Eine inhaltliche Auseinandersetzung mit diesen Argumenten gegen den Determinismus findet beim Verfasser des Leserbriefs nicht statt. An deren Stelle findet sich in einem Begleitschreiben die Aussage, nicht nachvollziehen zu können, worin denn der Fehler der deterministischen Erklärungsweise liegen soll.[13] Zur Beantwortung dieser Frage wird Bezug genommen auf die Ausführungen in Kapitel 1 zum Grundfehler der tautologischen Verdoppelung des Erklärungsgegenstandes. Der Autor des Leserbriefes scheint jedenfalls nichts Kritikables an einem durchgehenden Erklärungsmuster zu finden, wonach jedwedes Denken und Handeln auf das Walten gleichnamiger Kräfte, Triebe, Dispositionen im Inneren des Menschen zurückgeführt und umgekehrt die vorgebliche Existenz dieser Kräfte belegt wird durch die Existenz der Handlungen, aus denen zuvor die Kräfte, Triebe etc. »erschlossen« worden waren. Handelt es sich etwa nicht um eine zirkuläre und damit falsche Erklärung, wenn bspw. der Krieg auf eine allgemeine Tendenz zur Gewaltausübung zurückgeführt wird (Aggressionstrieb) und die Existenz des Aggressionstriebs damit »bewiesen« wird, dass sich die Menschen doch allenthalben insbesondere im Krieg gewalttätig aufführen? Von der Verwendung falscher theoretischer Abstraktionen wie »Mensch« und »Gewalt« einmal ganz abgesehen.

An dieser fehlerhaften Logik psychologischer Beweisführung, die ihren Grund im Beweisziel besitzt, die Determination oder Bedingtheit des Willens unter Beweis zu stellen, will dem Verfasser des Leserbriefes anscheinend nichts auffallen. Demgemäß fließen ihm solche Fragen locker aus der Feder, ob sich die Menschen frei oder unfrei entscheiden würden. Als ob Entscheidung und Wille nicht identisch wären – das mit Wille und Bewusstsein begabte Subjekt entschließt sich zu einem bestimmten Willensinhalt –, werden im Ausgangspunkt Entscheidung und Wille systematisch voneinander getrennt, um sie hinterher mittels des Prädikates der »(un)freien« Entscheidung wieder zusammenzufügen. Die Vorstellung einer »unfreien« Entscheidung ist jedoch ebenso widersinnig wie die Vorstellung eines Willens ohne Willensinhalt. Mit dem negativen Attribut der Fremdbestimmung des Wil-

[13] »Was mir einleuchtet, sind Ihre Ausführungen dazu, dass in der Psychologie stets ein Dogma vorausgesetzt wird, nämlich, dass es innere und äußere Kräfte gibt, die das menschliche Handeln determinieren. Dass diese Voraussetzung gemacht wird, scheint mir klar, nicht aber, worin genau der inhaltliche Fehler dieser Annahme liegt.«

lensinhaltes wird die erste Person Singular »*Ich* will etwas« theoretisch aus dem Willen eliminiert.

(4)

Die Generallinie der Argumentation des Leserbriefs, bei der Betrachtung von Willensakten sowohl Momente der Freiheit als auch der Bedingtheit des Willens aufzufinden, dokumentiert sich insbesondere dort, wo der Autor am Beispiel von Entscheidungen, die sich auf der Ebene der Befriedigung materieller Bedürfnisse abspielen, die Existenz eines freien, d.h. nicht gesteuerten Willens als Normalform menschlichen Denkens und Handelns entdeckt hat. Von dieser Entdeckung des Momentes der Willensfreiheit zeugen solche Aussagen, wonach das Ich der »Herr der Entscheidung« sei. Dabei ist es schon höchst fragwürdig, in Anbetracht einer Entscheidung unter Absehung vom Inhalt derselben als Erkenntnis festhalten zu wollen, dass das Subjekt des Beschlusses tatsächlich der Autor der Entscheidung ist. Die rhetorischen, aus dem Geist des Determinismus stammenden Gegenfragen, mit denen der Autor des Leserbriefs diese seine »Erkenntnis« konfrontiert, lassen erkennen, dass mit der grundsätzlichen Bejahung der Existenz des Willens der Glaube an dessen Determination keineswegs überwunden ist. Denn wie soll man es beim Beispiel der Abwägung zwischen Genuss und Gesundheit verstehen, wenn plötzlich von »gleich vier *Faktoren*« auf einmal die Rede ist, »die den angenehmen Gedanken an Genuss jetzt sehr stark werden lassen und den an Gesundheit deutlich abschwächen werden. Bin ich jetzt wirklich trotzdem völlig frei in meiner Entscheidung oder haben die genannten vier Faktoren nicht doch die Freiheit ausgehebelt und lassen sie eben doch nur noch *eine bestimmte* Entscheidung zu??« Bereits im Ausgangspunkt falsch ist die Übersetzung der Freiheit des Willens in die Kategorie der *Wahl*freiheit. Denn auch wenn die Welt dem Subjekt nur eine einzige Entscheidungsmöglichkeit offeriert, ist der beschließende Wille am Werk, wenn er sich entscheidet, dieses Angebot zu seinem Willensinhalt zu machen. Der zentrale Fehler der Argumentation besteht im widersprüchlichen Konstrukt einer Willensentscheidung, deren Freiheit in der Beschlussfassung des Subjektes darüber liegt, welche der in seinem Kopfe existierenden widerstreitenden Kräfte, die dort mit unterschiedlicher Wirkmacht als Produzenten (lateinisch Faktoren) der Entscheidungsbildung um die Vorherrschaft kämpfen, letztinstanzlich sein Handeln bestimmen soll. Der Rezensent landet damit bei der im Buch (2. Aufl., S. 21/3. Aufl., S. 36) kritisierten kognitiven Lerntheorie Banduras, gemäß derer sich das Subjekt entscheidet, von welchen Einflussfaktoren es sich steuern lässt. Ein wunderschönes Beispiel für die vom Autor des Leserbriefs favorisierte Synthese von Fremd- und Eigensteuerung. Zu solchen Fragen gelangt man eben, wenn man sich losgelöst vom Willensinhalt an der falschen Alternative »Freiheit versus Determination« abarbeitet und »im Prinzip« beide Standpunkte für berechtigt hält und demgemäß die (falsche) Frage Freiheit *oder* Determination des Willens durch ein »sowohl als auch« beantworten will. Die Vereinigung beider Standpunkte nimmt im Leserbrief die Gestalt eines Beweisantrittes für die theoretische Koexistenz der Freiheit des Willens mit seiner Fremdsteuerung an.

(5)

Der so geartete Versuch, die (ausnahmsweise) Existenz der inhaltlichen Steuerung des Willens qua Manipulation am Beispiel des Haustürgeschäftes zu belegen, leidet unter dem zentralen Widerspruch, dass ausgerechnet diejenige Instanz, deren maßgebliche Existenz bestritten werden soll – nämlich der Wille –, in allen seinen dort waltenden Erscheinungsformen ausgemalt wird. So werden vom Autor des Leserbriefs die Kalkulationen, Berechnungen und Überlegungen des verführten, überredeten, belogenen oder getäuschten Subjekts in aller Ausführlichkeit ausgebreitet. Er spricht in diesem Zusammenhang sogar von »Urteilen«, zu denen der geschädigte Käufer gelangt. Um dann im nächsten Moment die tätige Mitwirkung des Bewusstseins, das den Überredungskünsten des Werbers erliegt, den Versprechungen bereitwillig Glauben schenkt, als Beleg für das glatte Gegenteil, nämlich die »Außerkraftsetzung« des freien Willens, zu nehmen. Von einer Ausschaltung, einer (zeitweiligen) Außerkraftsetzung oder einer Beschränkung der freien Willensbildung kann aber bei einem Betrug gerade nicht die Rede sein.[14] Wenn man in diesem Zusammenhang von einer Instrumentalisierung des Willens sprechen will, darf man nicht unterschlagen, dass der Wille des Instrumentalisierten bei diesem Akt maßgeblich beteiligt ist. Denn dieser hat sich täuschen lassen, hat gutgläubig-interessiert auf eine Prüfung der behaupteten Tatsachen verzichtet, hat es willentlich unterlassen, die Versprechungen auf ihren Wahrheitsgehalt zu untersuchen. Von daher ist auch die zusammenfassende Aussage unzutreffend, wonach der Manipulator das Bewusstsein des Manipulierten »direkt« beeinflusst habe. Wenn man schon von einer Fremdsteuerung sprechen will, dann von einer »indirekten«, die sich vermittelt über die Benutzung des freien Willens des Getäuschten vollzieht. Der Verkäufer nimmt eben mit seinen Versprechungen auf den Willen des Käufers nur insoweit »Einfluss«, als die Absatzpropaganda des Verkäufers erfolgreich am Interesse des Käufers anzuknüpfen weiß, sich also der Käufer bei seiner Kaufentscheidung von dessen Aussagen über den Nutzen der Ware für den Käufer, das günstige Preis-Leistungs-Verhältnis etc. bestimmen lässt.

Zu diesem Akt kann man meinetwegen »Manipulation« sagen, nur hat dieser Sachverhalt der ungewussten auf (Selbst)täuschung beruhenden Selbstschädigung nichts zu tun mit der psychologischen Manipulationstheorie, wel-

---

[14] Von daher ist auch die zur Plausibilisierung des Gedankens bemühte angebliche Analogie mit Phänomenen der Ausschaltung oder Störung des freien Willens mittels Drogenkonsum oder durch hirnorganische Defekte völlig fehl am Platz. In diesen Fällen ist das Bewusstsein tatsächlich funktionsgestört, beim Betrogenen dagegen entwickelt ein vollfunktionsfähiges Bewusstsein einen falschen Gedanken.

che die Möglichkeit der Fremdsteuerung von Wille und Bewusstsein *unter Ausschaltung* des Bewussteins behauptet. Ein solches psychologisches Manipulations*ideal* existiert offenkundig in der Werbepsychologie, bei Hirnforschern, in Wahlkämpfen etc. Insofern ist Manipulation nicht einfach eine Erfindung, sondern kennzeichnet das Selbstverständnis bürgerlicher Wissenschaftler und Akteure. Diese unterscheiden sich von dem im Beispiel genannten geschulten Verkäufer dadurch, dass sie tatsächlich daran glauben, dass sie unbewusste, subliminale, verhaltenssteuernde Signale aussenden bzw. bewusstseinslenkende Mechanismen beherrschen.

(6)

Die Argumente, die der Leserbriefautor im Zusammenhang mit der Manipulationstheorie ins Feld führt, um den (Ausnahme-)Tatbestand einer Einschränkung der Freiheit des Willens zu belegen, legen im Übrigen Zeugnis von dem spezifischen (philosophischen) Ideal eines freien Willens ab, das in dessen Kopfe existiert und ihm ein Stück weit die Feder führt. Einen wahrhaft freien Willen scheint es in dieser Sicht »eigentlich« nur dann zu geben, wenn sich die Entscheidungsfindung frei von der (nötigenden bzw. täuschenden) Einflussnahme anderer vollzieht, die den Willen ihrer Gesellschaftsgenossen in eine bestimmte Richtung zu lenken, ihn für ihre Zwecke zu instrumentalisieren suchen. Ein wahrhaft freier Wille kann nach dieser Vorstellung nur vorliegen, wenn der Wille einen vernünftigen, für das Individuum objektiv nützlichen Inhalt hat. Ein Wille, der sich selbst Schaden zufügt, der zu seinem Schaden statt zu seinem Nutzen agiert, ist gemäß dem Motto »Das kann man doch nicht wollen« qua dieser idealistischen Willens-Definition umgekehrt kein echter Wille, sondern ein Fall von Fremdbestimmung des Willens.[15]

Diese Vorstellung ist das passende Ideal zu einer Gesellschaft, in der das gesamte ökonomische Leben auf Erpressungsverhältnissen beruht, in denen die Subjekte bei der Verfolgung ihrer (gegensätzlichen) Zwecke darauf angewiesen sind, den Willen anderer Personen zu respektieren, die die eigene Schädigung betreiben. Anders gesagt: Eine Gesellschaft, in der sich der Wille auf der Basis des Privateigentums notgedrungen für die Verrichtung nützlicher Dienste an fremdem Eigentum einspannen lässt, bildet den produktiven Nährboden für die komplementäre Vorstellung einer wirklichen Autonomie des Willens.[16]

---

[15] Diese Argumentationsweise weist auffällige Parallelen auf zu der geläufigen psychologischen Tour, aus der als »verrückt« deklarierten Qualität mancher Willensakte wie insbesondere (politisch motivierter) Amokläufe oder Massenattentate einen Rückschluss darauf ziehen zu wollen, dass nicht der freie Wille der Subjekte, sondern ihre (unbewusste) psychische Innenwelt der letztendliche Urheber ihrer Gedanken und Taten sein soll. (s. S. 18, Fn. 2)

[16] Der Widerspruch des selbstschädigenden Verhaltens, der hier bemerkt wird, ist falsch gefasst, wenn dieser negativ als Abweichungstatbestand, d.h. als Verstoß gegen das Ideal eines wahrhaft autonomen Willens erklärt wird. Theoretische Klarheit ver-

Die antikritische Leistung der Subsumtion sämtlicher Willensakte unter den Formalismus der Selbst- oder Fremdbestimmheit besteht in der systematischen Ausblendung der spezifischen Qualität der Willensleistungen, die unter bürgerlichen Verhältnissen von den Subjekten abgefordert und erbracht werden: Nämlich sich auf die aufgeherrschten sozialen Bedingungen der Konkurrenz, welche der großen Mehrheit der Leute zum Schaden gereichen, als positive Voraussetzung ihres individuelles Wohlergehens zu beziehen, diese als Chance und Bewährungsprobe für das werte Ich zu begreifen. Die Betrachtung des Tuns und Treibens der Subjekte unter der Schablone von Freiheit oder Determination ist ein prinzipieller Nichtbefassungsbeschluss mit den Willensinhalten und den sozialen Bedingungen, an denen sich der Wille unter bürgerlichen Verhältnissen affirmativ abarbeitet.

Die geheime Macht des Unbewussten – Ein untauglicher Rettungsversuch der Psychoanalyse

Leserzuschrift: Krölls über Psychologie

Psychologie begreift menschliches Handeln nicht als von Subjekten mit Willen und Bewusstsein hervorgebracht, sondern determiniert durch innere und äußere Wirkfaktoren. Erstere nimmt sie als ihren Gegenstand. Sie sieht ab vom Inhalt der Gedanken, die sich Menschen zu ihrem Handeln machen. Damit sieht sie ab von den Gründen für Handeln und entsprechend von den Zwecken, die sich Subjekte setzen. Das, was Menschen tun, ist bedingt durch Faktoren, tautologisch bestimmt als innere Wirkkräfte, abgeleitet aus dem, was sichtbar ist, und kann umgekehrt bewiesen werden an dem, was sichtbar ist. Also z.B. weil es in der menschlichen Geschichte immer Kriege gab, muss der Mensch einen Aggressionstrieb in sich haben. Der Aggressionstrieb beweist sich daran, dass es Kriege gibt. Darüber hinaus gewinnt der Krieg dann noch einen Sinn jenseits der politischen Zwecke der Kriegsherren: Er bietet den Individuen Gelegenheit, ihren Aggressionstrieb endlich mal rauszulassen.

In Kapitel 2 geht's um Psychoanalyse. Im ersten Teil davon kritisiert Krölls das Instanzen-Modell von Freud: ES-ICH-ÜBERICH. Im zweiten Teil kritisiert er die Begründungen dafür, dass es das Unbewusste (Ubw) gibt. Im dritten Teil geht's um die ideologischen Leistungen dieser zentralen Kategorie der Psychoanalyse.

Über Begründungen zur Notwendigkeit der Annahme des Unbewussten

Zum zweiten Teil: Krölls grenzt den psychoanalytischen Begriff Ubw ein. Es geht nicht um Unbewusstes, insofern menschlichem Handeln falsche Schlüsse zugrunde liegen und das Subjekt sich über die objektiven Zwecke, die es

schafft nur die Beschäftigung mit den sozialen Umständen und Bedingungen, mit denen der Wille im praktischen Lebensalltag zurechtzukommen hat, und denen er sich akkommodieren wollen muss, wenn er seine Vorstellungen realisieren will.

realisiert, oder tatsächliche Bestimmungen im Unklaren ist. In der Psychoanalyse ist das Ubw nicht als falsches Bewusstsein bestimmt, im Sinne von, wenn Leute sich klar werden über bestimmte Gegenstände, das bedeuten würde, dass Ubw bewusst wird. Inhalte, mit denen man sich absichtsvoll nicht beschäftigt, indem man sich gedanklich z.B. anderem zuwendet, sind damit auch nicht gemeint und ebensowenig der Zeitraum zwischen Sinnesreiz und bewusster Verarbeitung.

Krölls zitiert aus Freud, »Das Unbewusste« (1915). Darin wird das Ubw mit »psychischen Akten« begründet, die sich nur unter der Annahme des Ubw erklären lassen: Träume, Fehlhandlungen, psychische Symptome, Zwangserscheinungen, Einfälle und Denkresultate unbekannter Herkunft. Krölls greift Denkresultate auf, die sich einem Außenstehenden nicht erschließen. Es sei nichts Besonderes, dass man Schlüsse nicht nachvollzieht, denn aus anderer Perspektive können sie fehler- und lückenhaft sein. Für den Schließenden selbst sei das jedoch nicht so. Zitat: »Der denkende Mensch selber erblickt in der objektiven Zusammenhanglosigkeit, Widersprüchlichkeit oder Lückenhaftigkeit seines Denkens deshalb in der Regel auch keinen Mangel und hat deshalb auch keinen Bedarf, diesen ihm gar nicht bewussten Mangel durch ergänzende Lückenfüllung beheben zu wollen. Hat der Mensch aber ein Mängelbeseitigungsinteresse wie beispielsweise im Falle so genannter Erinnerungslücken, hilft nur die Anstrengung des Gedächtnisses.« (Krölls, 2. Aufl., S. 53)

Das ist nichts als eine Behauptung, die gleich in zweifacher Hinsicht anzuzweifeln ist. Erstens ist es nicht ungewöhnlich, dass der denkende Mensch einen Mangel in seinem Denken erkennt. Beispiele sind zwanghafte Phantasien, paranoide Vorstellungen und irrationale Befürchtungen. Da ist die Herkunft der Gedanken dem denkenden Menschen fremd. Das passt nicht in sein sonstiges Denken. Darüber hinaus ist es oft belastend, weil diese Gedanken (vorsichtig formuliert) unangenehm sind bzw. wirken und als fremd erlebt werden. Solches Denken lässt sich im Übrigen abgrenzend vom zielgerichteten Gedanken verfolgen, z.B. um einen Standpunkt oder Handlungen zu begründen. Bei Krölls liest sich das so, als wenn er letzteres betont, um dann zu sagen, dass es nicht logisch sein muss – womit er natürlich Recht hat. Damit geht er aber an den Phänomenen vorbei, die Freud erwähnt, um die Annahme des Ubw plausibel zu machen.

Zweitens hilft nicht nur bei diesen Phänomenen die Anstrengung des Gedächtnisses allein eben nicht. Auch das ist gerade charakteristisch an solchen »Denkresultaten«, wie z.B. das Bedürfnis, auch nach der zehnten Wiederholung nochmal zu prüfen, ob das Licht wirklich aus ist; ihre Herkunft bleibt unklar, strengt man sich auch noch so an, ihren Ursprung herauszubekommen. Das soll nicht heißen, dass ihre Herkunft nicht herausbekommen werden kann, nur funktioniert das nur unter Annahme von unbewussten Prozessen und in einem längeren Prozess, i.d.R. in einem Beziehungsgeschehen (zu Psychotherapie siehe unten).

Krölls' Argumentation geht dann weiter, dass er Freud zitiert mit der Aussage, dass das Ubw sich nicht vom bewussten Denken unterscheide, nur eben in dem einen Aspekt, dass es unbewusst sei. Laut Krölls sei damit die Existenz des Ubw aber hinfällig, denn warum bräuchte es ein Ubw, wenn es identisch mit dem Bewussten (Bw) ist, außer eben in dem Aspekt, in dem sich beide unterscheiden?

Das Zitat, ebenfalls aus »Das Unbewusste« (1915), lautet: »Immerhin ist es klar, daß die Frage, ob man die unabweisbaren latenten Zustände des Seelenlebens als unbewußte seelische oder als physische auffassen soll, auf einen Wortstreit hinauszulaufen droht. Es ist darum ratsam, das in den Vordergrund zu rücken, was uns von der Natur dieser fraglichen Zustände mit Sicherheit bekannt ist. Nun sind sie uns nach ihren physischen Charakteren vollkommen unzugänglich; keine physiologische Vorstellung, kein chemischer Prozeß kann uns eine Ahnung von ihrem Wesen vermitteln. Auf der anderen Seite steht fest, daß sie mit den bewußten seelischen Vorgängen die ausgiebigste Berührung haben; sie lassen sich mit einer gewissen Arbeitsleistung in sie umsetzen, durch sie ersetzen, und sie können mit all den Kategorien beschrieben werden, die wir auf die bewußten Seelenakte anwenden, als Vorstellungen, Strebungen, Entschließungen u. dgl. Ja, von manchen dieser latenten Zustände müssen wir aussagen, sie unterscheiden sich von den bewußten eben nur durch den Wegfall des Bewußtseins. Wir werden also nicht zögern, sie als Objekte psychologischer Forschung und in innigstem Zusammenhang mit den bewußten seelischen Akten zu behandeln.« (Krölls zitiert ab: »... sie können mit all den Kategorien...«)

Freud argumentiert an dieser Stelle gegen diese Ansicht, dass unbewusste psychische Prozesse eigentlich physischer Art seien. Deswegen rückt er die unbewussten Prozesse in die Nähe der bewussten. Er schreibt, dass MANCHE der unbewussten Prozesse sich ansonsten nicht vom bewussten Denken unterscheiden und dass das Ubw in den gleichen Kategorien wie das bewusste Denken beschrieben werden kann. In anderen Schriften ist dagegen das Ubw im Gegensatz zum bewussten Denken dargestellt: Es ist »primärhaft«. Das Denken von Kleinkindern wie unbewusste Denkprozesse sind vom Primärvorgang charakterisiert: sie entbehren einer Ausrichtung an der Realität, sind zeitlos und kennen keine Widersprüche. Es gehorcht nur den Wünschen der jeweiligen Person (das Lustprinzip). Das ist nebenbei bemerkt ebenfalls in der Schrift »Das Unbewusste« ausgeführt, aus der Krölls reichlich zitiert, und zwar im Teil V mit dem Titel: »Die besonderen Eigenschaften des Systems UBW«. Insofern geht Krölls' Argument von einer falschen Voraussetzung aus; ubw und bw Denken sind nicht identisch; es besteht aber keine Notwendigkeit, ersteres in komplett anderen Kategorien als letzteres zu beschreiben.

Ein weiteres Argument von Krölls ist, dass, wenn das Ubw das Bw bestimmt, es eines Bw gar nicht bedürfte. Wenn das Ubw außerdem dem Bw entzogen wäre, könnte es auch nicht erkannt werden. Letzteres stimmt insofern nicht, da das Ubw ja nicht das Unerkennbare schlechthin ist. Im Subjekt kann Ubw zu Bw werden: »Wie sollen wir zur Kenntnis des Unbewußten kommen? Wir kennen es natürlich nur als Bewußtes, nachdem es eine Umsetzung oder Übersetzung in Bewußtes erfahren hat. Die psychoanalytische Arbeit läßt uns alltäglich die Erfahrung machen, daß solche Übersetzung möglich ist. Es wird hiezu erfordert, daß der Analysierte gewisse Widerstände überwinde, die nämlichen, welche es seinerzeit durch Abweisung vom Bewußten zu einem Verdrängten gemacht haben.« (Freud, Das Unbewusste, 1915) Zweitens »bestimmt« das Ubw das Bw auch nicht. Es bestimmt Aspekte des Erlebens und Handelns, nicht jedoch komplett. Es mischt sich auch zumeist mit bewusster Verarbeitung, der sog. sekundären Bearbeitung. Zum Beispiel werden Träume laut Psychoanalyse in einen gewissen dramaturgischen Ablauf gebracht oder durch ubw verursachtes Verhalten mit für andere und einen selbst nachvollziehbaren Erklärungen belegt (Rationalisierung).

Das nächste Argument von Krölls ist, dass es eine Widersprüchlichkeit ob der Verdrängung gibt, da diese selbst unbewusst sei und zugleich bestimme, was dem System Ubw angehört. Krölls zitiert Freud mit dessen Bild von einem großen Vorraum mit lauter Leuten – das System Ubw, den Salon – das Bw – und dem Wächter, der an der Schwelle zwischen beiden weilt und entscheidet, ob jemand eintreten darf – die Verdrängung. Der Wächter selbst müsste nun aber einerseits einer der Leute im Vorraum sein, da er selbst unbewusst ist, andererseits entscheidet er über den Übertritt in den Salon. Er kann nicht von ihm selbst abgewiesen sein; ebenso wenig sind Verdrängungen aber bewusste Entscheidungen. Daher setzt die Erklärung das zu Erklärende voraus und sei nicht haltbar.

Auf das Bild des Wächters bezogen ist der Einwand von Krölls richtig. Tatsächlich lässt sich ja auch das topographische Modell von Freud (Unbewusst, Vorbewusst, Bewusst nebeneinander angeordnet) nicht einfach überführen in das Strukturmodell (ICH-ES-ÜBERICH); die Verdrängung ist dem ICH zugeordnet und zugleich unbewusst, das heißt dass Ubw mindestens an dieser Stelle nicht auf das ES beschränkt ist.

Die Frage, anhand welcher Kriterien die Verdrängung erfolgt, ist mit dem Bild von Freud aber auch nicht beantwortet. Es handelt sich um eine Veranschaulichung. Tatsächlich muss dieser Prozess einerseits einem Automatismus unterliegen, denn niemand kann entscheiden, was er/sie verdrängt, oder aufgrund einer Entscheidung eine Verdrängung rückgängig machen, da diese ebenso unbewusst ist. Andererseits kann sie selbst nicht aus einer Verdrängung resultieren, weil sie sich dann selbst voraussetzen würde. Eine mögliche Erklärung wäre, dass das ICH bei seiner Bildung in der Kindheit zu belastende Erlebnisse nicht komplett verarbeitet, wobei dann das Kriterium, was zu belastend ist, nicht vom Kind selbst entschieden wäre. Aber das ist ja durchaus denkbar. Es ist auch denkbar, dass die zentralen Beziehungen zu den Bezugspersonen in der Kindheit internalisiert werden und damit unbewusst sind, nur dass schädliche Aspekte, in denen das Kind abgelehnt wird, negativ weiter wirken, während eine das Kind bejahende Beziehungsgestaltung keine Probleme im Leben der Person macht, aber ebenso ins Ubw internalisiert ist (auch dazu siehe unten).

Triebe als alleinige (?) Ursachen menschlicher Leistungen

Krölls fährt fort mit einem Abschnitt »Die Welt als Produkt verdrängter oder sublimierter sexueller Triebe«. Laut Freud sind die Inhalte des Ubw bestimmt durch die Triebe, die sexueller Natur sind. Krölls kritisiert dann Freud dafür, dass er sämtliche menschliche Leistungen aus diesen Trieben erkläre. Krölls bringt drei Zitate von Freud:

1. »(...) daß Triebregungen, welche man nur als sexuelle im engeren wie im weiteren Sinn bezeichnen kann, eine ungemein große und bisher nie genug gewürdigte Rolle in der Verursachung der Nerven- und Geisteskrankheiten spielen. Ja noch mehr, daß dieselben sexuellen Regungen auch mit nicht zu unterschätzenden Beiträgen an den höchsten kulturellen, künstlerischen und sozialen Schöpfungen des Menschengeistes beteiligt sind.« Das Zitat ist aus der ersten Vorlesung zur Einführung in die Psychoanalyse von 1916. Freud stellt zwei zentrale Behauptungen der Psychoanalyse heraus – das Seelische nicht auf das Bewusste zu beschränken, sondern dieses als Spezifikum des eigentlich unbewussten Seelenlebens zu erkennen, und die zentrale Rolle sexueller Triebe bei der Verursachung psychischer Krankheiten wie auch sonstiger Kulturleistungen. Diese zwei Behauptungen der Psychoanalyse sind laut Freud auf besondere Ablehnung gestoßen.

Gegen Krölls, der in seiner Argumentation behauptet, dass Freud alle menschlichen Leistungen ausschließlich auf das Ubw zurückführt, kann festgehalten werden, dass Freud hier von einem »nicht zu unterschätzenden Beitrag« zu »den schöpferischen Leistungen des Menschengeistes« spricht. Er führt also keinesfalls alles menschliche Tun auf die Triebe zurück. (Damit soll nicht gesagt sein, dass die jeweiligen psychoanalytischen Erklärungen der Leistungen des Menschengeistes, die Freud selbst und seine Nachfolger so herausgefunden zu haben meinen, nicht der Kritik wert sind.)

2. Krölls schließt mit einem weiteren Zitat direkt an: »Der Kastrationskomplex ist die tiefste *unbewusste* Wurzel des Antisemitismus, denn schon in der Kinderstube hört der Knabe, daß dem Juden etwas am Penis – er meint ein Stück des Penis – abgeschnitten wird, und dies gibt ihm das Recht, den Juden zu verachten.« Das Zitat ist eine Fußnote in der Fallgeschichte über den kleinen Hans. Krölls zitiert Freud falsch, indem er das Wort »unbewusste« weglässt. Krölls gibt Freud damit falsch wieder. Die Kastrationsangst wird als Wurzel des Antisemitismus relativiert, indem sie als die »wichtigste unbewusste Wurzel« bezeichnet ist. Das heißt, es gibt bewusste Wurzeln.

3. »Die Analytiker sind längst einig darüber, daß den vielfachen Triebregungen, die man als Analerotik zusammenfaßt, eine außerordentliche, gar nicht zu überschätzende Bedeutung für den Aufbau des Sexuallebens und

der seelischen Tätigkeit überhaupt zukommt. Ebenso, daß eine der wichtigsten Äußerungen der umgebildeten Erotik aus dieser Quelle in der Behandlung des Geldes vorliegt, welcher wertvolle Stoff im Laufe des Lebens das psychische Interesse an sich gezogen hat, das ursprünglich dem Kot, dem Produkt der Analzone, gebührte. Wir haben uns gewöhnt, das Interesse am Gelde, soweit es libidinöser und nicht rationeller Natur ist, auf Exkrementallust zurückzuführen und vom normalen Menschen zu verlangen, daß er sein Verhältnis zum Gelde durchaus von libidinösen Einflüssen frei halte und es nach realen Rücksichten regle.«

Das Zitat stammt aus der Fallgeschichte über den Wolfsmann. Krölls zitiert aber nur von »Ebenso« bis »gebührte«. Damit unterschlägt er, dass Freud das Interesse am Geld unterteilt in ein libidinöses und ein rationelles. Unabhängig davon, was man unter einem libidinösen Interesse an Geld versteht, stimmt Krölls' Unterstellung gegen Freud daher auch hier nicht: dass dieser alles menschliche Handeln auf die Triebe zurückführt. Freud macht explizit, dass es ein rationelles Interesse am Geld gibt. (Aufschlussreichere Ausführungen über das Verhältnis von Analerotik und Geld nach Freud, für die sich Krölls aber auch nicht zu interessieren scheint, finden sich in dem kurzen Text »Charakter und Analerotik« von 1908. Da nimmt Freud als Ausgangspunkt seine Beobachtung, dass die drei Charaktereigenschaften Ordentlichkeit, Sparsamkeit und Eigensinn oftmals zusammentreffen. Er stellt dann einen Zusammenhang her zu der analen Entwicklungsphase des Kindes. Diese sei bei den so charakterisierten Leuten konstitutionell besonders ausgeprägt. Sie sublimieren diese Triebhaftigkeit in ihrer Ordnung, in ihrem Eigensinn und eben in ihrer Sparsamkeit, d.h. im Umgang mit Geld. Die Verbindung von Kot und Geld besteht laut Freud in Kultur und Ubw, wofür er verschiedene Beispiele bringt (das Sprichwort »Geld scheißen« z.B.).

Die beiden Zitate dienen Krölls zum einen dazu, die Absurdität der psychoanalytischen Erklärungen menschlicher »Leistungen« und zugleich des Prinzips, letztere auf Triebregungen zurückzuführen, darzustellen. Man muss Krölls in seinem allgemeinen Urteil über Psychologie damit Recht geben. Freuds Hinweis zu Antisemitismus und die Erklärung von Sparsamkeit aus den Trieben sieht ab von Inhalten und Zwecken, die die Individuen bewusst haben könnten. Es wird sich weder der Antisemitismus genauer angeschaut – welche Urteile zeichnen ihn aus, in welcher Gesellschaft wird er jeweils wie geäußert, welche Eigenschaften werden den Juden zugeschrieben usw.? Es wird auch nicht gefragt, welche Gründe Menschen für Sparsamkeit haben, z.B. Armutserfahrungen. Für beides gilt aber, dass Freud keine Ausschließlichkeit mit seinen Erklärungen beansprucht, wie Krölls behauptet. Solche »Erklärungen«, wie die zitierte über Antisemitismus, sind äußerst beliebig und dienen dazu, sich nicht mit den jeweils geäußerten Urteilen zu beschäftigen. Die Generalisierung, Psychoanalyse beurteile jegliches menschliche Handeln in dieser Weise, entspringt aber Krölls' Argumentationsziel und nicht der Befassung mit Psychoanalyse.

Der Traum

Laut Krölls gibt es laut Psychoanalyse keinen bewussten Willen, sondern stattdessen einen unbewussten Willen, der sich im Traum uneingeschränkt äußere. Indem nun Krölls (in Übereinstimmung mit der Psychoanalyse, was ihm offensichtlich nicht klar ist) den Traum als Denken frei von Vernunft und Zielgerichtetheit beschreibt, meint er damit die Psychoanalyse zu blamieren, insofern als die Abwesenheit vom Willen im Traum den Willen unter Bewusstsein im Wachzustand beweise: »Die [von der Psychoanalyse] angeführten Belege aus der Welt der Träume beweisen also gerade nicht die Existenz eines dem Bewusstsein entzogenen unbewussten Willens, sondern umgekehrt die Alleinexistenz des bewussten Denkens und Wollens.« (Krölls, 2. Aufl., S. 61; [3. Aufl., S. 67]) Mit der angeblichen Auffassung der Psychoanalyse über den Traum blamiert sich Krölls aber allenfalls selber. Die verschiedenen tiefenpsychologischen Konzepte über Träume sehen den Traum als Mechanismus, um das Schlafen bei der ziel- und zweckfreien Geistestätigkeit zu ermöglichen, was nicht immer gelingt. In ihm werden die aus dem Ubw aufsteigenden Gedanken, Affekte und Phantasien (laut Freud fast ausschließlich Wünsche) mit dem bewussten Denken vermischt und in eine mehr oder minder komplexe und nachvollziehbare Dramaturgie gebracht. Das nennt Freud die Traumarbeit. Hinter dem manchmal erinnerbaren »manifesten Trauminhalt« gilt es also, sofern einen das subjektiv Ubw interessiert, die diesem zugrunde liegenden »latenten Traumgedanken« herauszubekommen, die sich dem Träumenden je nach der Ausprägung der Abwehr entziehen. Das geht vor allem mit den Assoziationen des Träumenden zu den Inhalten des Traumes, also mit seiner Geistestätigkeit.

Wenn Krölls schreibt: »Weil das Denken der Menschen als selbstständiges bestritten wird, ist der Traum für die Psychoanalyse von zentraler Bedeutung« (S. 60 [67]), dann ist das falsch. Die Psychoanalyse bestreitet nicht das Denken der Menschen als selbstständiges. DerTraum hat für sie eine zentrale Bedeutung, weil sich in ihm das Ubw weniger beschränkt äußert, als es im Wachzustand der Fall ist. Denn während des Schlafes ist der Widerstand gegen das Ubw herabgesetzt.

Psychoanalyse als Therapie

Im 6. Kapitel schreibt Krölls über Psychotherapie, im ersten Teil über Psychoanalyse und im zweiten über die Gesprächstherapie nach Rogers. Krölls will dem Einwand begegnen, dass Psychotherapie trotz der zugrunde liegenden unhaltbaren Theorien doch einen Nutzen für die Patienten habe, insofern sie ihnen gegen ihre seelischen Schwierigkeiten helfe. Laut Krölls kann aber die falsche Erklärung des Leidens nicht helfen. Psychotherapie leistet etwas anderes – was und wie, meint er an Psychoanalyse und Gesprächstherapie zu beantworten.

Zur Psychoanalyse. Krölls leitet ein: »Die Untersuchung der klassischen Psychotherapie nimmt ihren Ausgang bei der Betrachtung der Bewusstseinsverfassung des Menschen, der mit Schwierigkeiten im Umgang mit Berufskollegen, dem anderen Geschlecht und ähnlichen Problemen beladen sich freiwillig auf die Couch des Therapeuten begibt.« (2. Aufl., S. 141f.; [3. Aufl., S. 147f.]) Das ist schon mal eine merkwürdig selektive Wiedergabe der Probleme, mit denen Leuten sich angeblich in Psychoanalyse begeben. Tatsächlich sind das vor allem: Depressionen, Ängste und Phobien, Panikstörungen, Süchte, Beziehungsprobleme, sexuelle Probleme und Essstörungen; meistens in Kombinationen. Wenn Krölls meint, dass sich all diese Probleme unter »Schwierigkeiten im Umgang mit Berufskollegen, dem anderen Geschlecht und ähnlichen Problemen« subsumieren lassen, dann wäre spannend zu erfahren, wie.

Krölls fährt fort, dass mit dem Begeben in Psychoanalyse die jeweilige Person den Grund des Nicht-Zurechtkommens in sich selber sieht, zugleich aber nicht anders könne, es also nicht ihr obliegt, sich für ein anderes Zurechtkommen zu entscheiden. Tatsächlich liegen die Ursachen aber in den gesellschaftlichen Verhältnissen und den subjektiven Urteilen über sie: »So blendet man systematisch alle Fragen danach aus, wer oder was da wem in die Quere kommt, warum das so ist und ob das Nicht-Zurechtkommen in der Welt einer gesellschaftlichen Notwendigkeit folgt. Der Patient ist voreingenommen von goldenen Möglichkeiten überzeugt und deshalb immer gleich bei der Schuldfrage vor jeder Frage nach Ursachen.« (S. 142; [148]) Differenzieren ist Krölls' Sache nicht, Pauschalisieren und kurzgeschlossene Argumente dafür umso mehr. Dass es wahrscheinlich tatsächlich zahlreiche Menschen gibt, die wenig an einer objektiven Bestimmung über die gesellschaftliche Situation und ihrer damit verbundenen Rolle interessiert sind, heißt eben nur in Krölls' Logik, dass deswegen alle, die sich in Therapie begeben, »von goldenen Möglichkeiten« in dieser Welt überzeugt sind. Wie kommt Krölls darauf? Warum sollte das so sein? Im Gegenteil ist es doch z.B. oft so, dass Therapie einhergeht mit einer Absage an die Arbeitswelt und die bisherigen karrieremäßigen Ziele.

Und warum sollte mit dem Begeben in Psychotherapie das Urteil verbunden sein, dass die Problematik ausschließlich im Innenleben besteht? Es besteht einfach keine Notwendigkeit zwischen den beiden Urteilen, etwas über sich, unbekannte Seiten an einem selber und deren Zusammenhang mit psychischen Problemen mit fremder Hilfe herausbekommen zu wollen, einerseits, und andererseits dem Urteil, dass es sich um die perfekte aller möglichen Welten handelt und Lohnarbeit z.B. eine super Gelegenheit ist, Karriere zu machen und damit sich selbst zu verwirklichen und dass, wenn man daran scheitert, es nur an einem selbst und seinem konflikthaften Innenleben liegen kann. Weswegen sollte zwischen beiden ein notwendiger Zusammenhang bestehen? Es kann natürlich sein, dass Leute, die sich in Therapie begeben, eine »Generalschuldzuweisung« gegenüber sich selbst machen, wie Krölls behauptet. Dann muss man aber deswegen nicht gegen Psychotherapie anrennen, sondern an den falschen Urteilen über die Gesellschaft arbeiten.

Die Behauptung also, dass es sich bei therapiebedürftigen »psychisch Kranken« um »Konkurrenzidealisten« handelt, ist falsch. Man kann eine beliebige Stellung zum Konkurrenzgeschehen haben und sich in Therapie begeben. Tatsächlich gibt es in dieser Gesellschaft natürlich zahlreiche Konkurrenzidealisten und dementsprechend auch zahlreiche Konkurrenzidealisten mit psychischen Problemen. Von denen werden sich aber viele nicht in Therapie begeben, da sie an ihrem Urteil festhalten, bei Problemen und Scheitern sich nicht ausreichend zusammengerissen und angestrengt zu haben.

(Mit diesen Argumenten soll im Übrigen nicht gesagt sein, dass Psychotherapeuten in ihrer Mehrzahl richtige Urteile über die Gesellschaft hätten. Aus falschen Urteilen von dieser Seite kann auch sicherlich einiges an schlechter Therapie folgen. In einer Gesellschaft mit dem Zweck der Kapitalverwertung ist das Leiden der Menschen sowieso vorprogrammiert. Das hat Freud nun in dieser Spezifik nicht erkannt, sondern das menschliche Leiden anthropologisiert – Staat und Nation gleich dazu. Dass der Mensch aber auch nach erfolgreicher Psychoanalyse weiterhin an der Problemen jenseits der innerpsychischen Konflikte scheitern kann, hat er nebenbei auch explizit gemacht.)

Mangelhaft an Krölls' Kritik ist weiterhin, dass er an keiner Stelle selbst positiv ausführt, was denn das nun für Fehlurteile über die Gesellschaft sind, die z.B. zu Depression oder Panikstörungen führen. Krölls erwähnt an verschiedenen Stellen im Buch den bürgerlichen Staat und dessen Rolle für die gesellschaftlichen Gegensätze (Privateigentum), das antagonistische Lohnarbeitsverhältnis, das Selektionsinstrument Schule und die Ehe mit ihren kaum zu verwirklichenden Anforderungen an Gegenseitigkeit und Kindererziehung. Aber wie entsteht aus ihnen und den Vorstellungen, die die Leute über sie haben, ein psychisches Problem? Warum wird der eine depressiv, der nächste zwanghaft, der dritte trinkt bei Arbeitslosigkeit, der vierte bei beruflichem Erfolg? Was sind denn das für Fehlurteile, die sich Leute so machen, und wie führen sie genau zu den psychischen Problemen, unter denen sie leiden? Wenn man die psychologischen Erklärungen für solche Phänomene kritisiert, dann gehört wohl dazu, mindestens exemplarische Erklärungen, also konkrete Fälle mit konkreten Fehlurteilen für eben diese Phänomene beizubringen. Das macht Krölls nicht.

In der restlichen Darstellung über die Psychoanalyse zieht Krölls verschiedene Freud-Zitate heran, um zu zeigen, dass die psychoanalytische Therapie auf dem »Brechen« des Willens des Patienten beruht. Der Therapeut soll eine Autorität sein, sodass seine Deutungen vom Patienten trotz ihrer Abwegigkeit geglaubt werden. So werde der falschen Selbstzuschreibung des Patienten, dass seine Probleme durch sein Innenleben verursacht sind, von der professionellen Seite Geltung verschafft, indem sie der Selbstzuschreibung mit unhintergehbaren Deutungen Substanz verleiht.

Tatsächlich geht Psychoanalyse davon aus, dass sich ein Teil der Ursachen des menschlichen Verhaltens und Erlebens dem Bewusstsein des jeweiligen Subjekts entzieht. Das heißt, es gibt eine Abwehr (begrifflich manchmal synonym mit Verdrängung gebraucht), die verhindert, dass Phantasien und Gedanken, oder, wie in Objektbeziehungstheorien mehr betont, Beziehungsaspekte zu den Bezugspersonen während der Kindheit, erinnert und bewusst werden können. Dabei geht es um die »psychische Struktur«. Diese könnte man als Zusammenspiel von bewusster Verarbeitung, Abwehr und unbewussten Vorgängen beschreiben. Die psychische Struktur wird von rationalem Wissen nicht tangiert. Deswegen schreibt Freud: »Was müssen wir also tun, um das Unbewußte bei unserem Patienten durch Bewußtes zu ersetzen? Wir haben einmal gemeint, das ginge ganz einfach, wir brauchten nur dies Unbewußte zu erraten und es ihm vorzusagen. [Bis hierher zitiert Krölls.] Aber wir wissen schon, das war ein kurzsichtiger Irrtum. Unser Wissen um das Unbewußte ist nicht gleichwertig mit seinem Wissen; wenn wir ihm unser Wissen mitteilen, so hat er es nicht an Stelle seines Unbewußten, sondern neben demselben, und es ist sehr wenig geändert.« (Freud, 27. Vorlesung, Die Übertragung)

Daran anschließend bringt Krölls folgendes Zitat: »Wenn der Arzt sein Wissen durch Mitteilung auf den Kranken überträgt, so hat dies keinen Erfolg. (...) das Wissen (muss) auf einer inneren Veränderung im Kranken beruhen (...), wie sie nur durch eine psychische Arbeit mit bestimmtem Ziel hervorgerufen werden kann.« (Freud, 18. Vorlesung, Die Fixierung an das Trauma, das Unbewußte) Laut Krölls ist laut Psychoanalyse dieses Ziel das Brechen des Willens des Patienten. Laut Psychoanalyse ist es die Veränderung der psychischen Struktur durch Arbeit mit dem Patienten an der Abwehr des Patienten, sodass ubw Wirkendes verarbeitet werden kann und damit nicht mehr schädlich wirksam ist.

Richtig daran ist, dass die Beziehung zwischen Patient und Analytiker asymmetrisch ist. Da sich die für die psychische Störung relevanten Aspekte des Ubw dem Bewusstsein des Patienten entziehen, muss das auch so sein. Das Wissen über diese Aspekte gewinnt der Analytiker im Idealfall über verschiedene Quellen (oben sind Träume erwähnt, die auch zumeist nur in Zusammenarbeit mit dem Patienten mal mehr, mal weniger verstanden werden können). Relevant ist hauptsächlich die Übertragungs- und Gegenübertragungsbeziehung. Übertragung meint, dass der Patient unbewusst wirksame Beziehungserfahrungen unabhängig von Bewusstsein in der Beziehung zum Analytiker reinszeniert. Letzterer nimmt die Reinszenierung auf, indem er sich in einer bestimmten Rolle gegenüber dem Patienten wiederfindet und bestimmte Impulse und Affekte gegenüber dem Patienten empfindet und reflektiert. Diese versucht er unter Hinzunahme der vom Patienten bewusst gegebenen Informationen, z.B. aktuelle Beziehungserfahrungen außerhalb der Analyse, auf die frühere, schädliche Beziehung hin zu deuten. Solche Deutungen können sehr simpel und asexuell sein, im Gegensatz zu der Aussage von Krölls, dass es sich dabei immer um inhaltliche Zumutungen à la Penisneid und Sie-wollen-mit-Ihrer-Mutter-schlafen handelt. Mit seinen Deutungen kann der Therapeut falsch liegen, er kann z.B. mit seinem Urteil über die Problematik des Patienten voreingenommen sein. Der Patient ist insofern tatsächlich den Fähigkeiten des Therapeuten ausgeliefert. Nicht nur aus diesem Grund kann der Prozess scheitern, sondern z.B. auch weil der Patient zu stark am Ubw festhält. Dabei hat der Therapeut nicht die Möglichkeit, einen Willen zu brechen.

Das Kriterium für eine zutreffende Deutung ist tatsächlich nicht das bewusste Urteil des Patienten zu der Deutung. Ist dieser von einer Deutung in seiner psychischen Struktur zu stark bedroht, insofern die damit offenbarten Tatsachen zu überwältigend wären, wird er die Deutung abstreiten und sich nicht weiter mit ihr befassen. (Umgekehrt kann auch ein übereifriges Bejahen jeder Deutung deren Wirkung zunichtemachen, wenn der Bejahung keine Befassung folgt.) Nicht ohne Grund ist die Verdrängung in der Kindheit des Patienten notwendig gewesen – ohne die emotionale Abhängigkeit von der Bezugsperson ist sie das nicht mehr; allerdings muss der traurigen Wahrheit über die erfahrene Ablehnung dann erstmal ins Gesicht geschaut werden. Deswegen ist Psychoanalyse ein längerer Prozess des schrittweisen Durcharbeitens und daher schreibt Freud,dass die Ablehnung einer Deutung durch den Patienten keinen Hinweis auf deren Richtigkeitdarstellt. Ein pragmatisches Kriterium kann aber sein, inwieweit eine Deutung vom Patienten verarbeitet wird und zu Änderungen im Erleben führt oder z.B. Erinnerungsprozesse auslöst. All das interessiert Krölls überhaupt nicht, weil es ihm nur darum geht, seine These von Psychoanalyse als Willen-Brechen und Gefügig-Machen für die bürgerliche Gesellschaft plausibel zu machen.

Wenn Krölls also schreibt: »Entsprechend dem Zweck der Veranstaltung [der psychoanalytischen Therapie] sind dabei die Restbestände vernünftiger Verstandestätigkeit beim Patienten systematisch zu ignorieren bzw. als Beleg für das Gegenteil zu interpretieren«, dann ist das falsch. Im Gegenteil ist der ganze Prozess abhängig von der vernünftigen Verstandestätigkeit und dem Willen des Patienten: beim schrittweisen Erinnern, beim Assoziieren, beim selbstständigen Verstehen der psychischen Symptome, beim Willen, den Prozess kontinuierlich zu verfolgen, usw. Jederzeit kann der Patient die Therapie abbrechen.

Krölls gesteht der Psychoanalyse im Resultat einen relativen Heilungserfolg zu: »Auf jeden Fall ist der Heilungserfolg äußerst merkwürdiger Art. Die Angst, der gestörte Wille besteht fort, verfestigt sich, indem der Patient sich mit den falschen psychoanalytischen Deutungen derselben im Zaum hält und sich so selbst seine Funktionsfähigkeit aufzwingt. Der Erfolg der Therapie besteht also darin, dem Patienten zum Ertragen von Situationen verholfen zu haben, an denen er im Leben gescheitert ist, indem er sich gemäß den irrationellen Deutungen seiner Leidenssymptome durch die Psychoanalyse selbst therapiert, seinen gestörten Willen dergestalt domestiziert, dass er sich die Grundlosigkeit seines neurotischen Verhaltens vorsagt.« (2. Aufl., S. 146; [3. Aufl., S. 152]) Krölls weiß also – nach jahrelanger klinischer Erfahrung? –, dass die angebliche Hilfe gar keine Hilfe ist. In Wirklichkeit besteht das Leiden = »gestörter Wille« fort. Irgendwie sind die Symptome also weg, aber in Wirklichkeit sind sie gar nicht weg, sondern es ist eine »merkwürdige Heilung«. Der Patient erträgt jetzt Situationen, die er vorher nicht ertragen hat, weil er sich permanent selbst suggeriert, dass die Deutungen stimmen und seine Depression z.B. grundlos ist. Schön wäre es, wenn das tatsächlich so funktionieren würde! Dann wäre es auch ziemlich egal, ob es eine merkwürdige Heilung ist oder nicht, Heilung ist Heilung. Wenn man einen Gegenstand so falsch versteht wie Krölls die Psychoanalyse, kann man zu so einem widersprüchlichen Schluss kommen, in dem der Heilungserfolg zugleich an- und aberkannt wird.

Krölls' Auffassung von Psychoanalyse ist falsch; davon, was psychoanalytische Therapie ausmacht, hat er keine Ahnung. Alles, was er über Psychoanalyse schreibt, ordnet er seinem Vorurteil von Psychoanalyse als Instrument der Unterwerfung unter bürgerliche Zwänge unter. Nach diesem wählt er seine Zitate aus und kürzt diese so zurecht, dass sie sich in seine Beweisführung einfügen.

Entgegnung

Das allgemeine Prinzip der Verteidigung der Freud'schen Theorie

Die der Ehrenrettung der Freudianischen Theorie gewidmeten Darlegungen zu den Kapiteln 2 und 6 meines Buches »Kritik der Psychologie« (2. erweiterte Auflage, 2007) gehorchen einer eigenartigen affirmativen Logik. Diese besteht darin, mittels Relativierung des Geltungsanspruches der psychoanalytischen Theorie deren Erklärungsprinzip selbst, insbesondere die zentrale Kategorie des Unbewussten, aus der Schusslinie ziehen zu wollen. Anders gesagt, durch die Selbstdistanzierung des Rezensenten von den irrationalen Auswüchsen der Freudianischen Theorie soll ein angeblicher rationeller Kern der Psychoanalyse vor deren grundsätzlicher Kritik geschützt werden.

Zur psychoanalytischen Fehlerklärung von Geld und Judenhass

Ein exemplarisches Bespiel für diese Rettungslogik ist der Umgang mit der psychoanalytischen Erklärung des Geldes bzw. des Antisemitismus aus dem Unbewussten, die wohl auch der Verfasser des Leserbriefs als Fehlerklärungen einstuft. Ungeachtet dessen sucht er meine Kritik an dieser Erklärung ausgerechnet durch den Hinweis zu entkräften, dass Freud Erklärungen dieser Phänomene als Bewusstseinsakte keineswegs ausgeschlossen haben soll. Geeignet zur Ehrenrettung der Theorie sind diese Fundstellen, deren Existenz ich absichtsvoll unterschlagen haben soll, freilich ganz und gar nicht. Im Gegenteil:

Als ob die Erklärung des Geldes als Produkt unbewusster analerotischer Kindheitskonflikte auch nur einen Deut weniger abenteuerlich wäre, wenn

Freud an anderer Stelle das glatte Gegenteil behauptet und das Geld bzw. das Interesse am Geld als reinen Akt des menschlichen Bewusstseins bestimmt hätte. Der Preis des untauglichen Rettungsversuchs der Freud'schen Konstruktion ist ein neuer unauflösbarer Widerspruch. Denn entweder ist das Geld ein Werk der bewussten Tat oder aber ein Produkt des Unbewussten. Beides gleichzeitig ist ein Ding der logischen Unmöglichkeit. Der Verfasser des Leserbriefs freilich bringt das Kunststück fertig, diesen logischen Schnitzer als Bonuspunkt für Freud abzubuchen, der so bescheiden gewesen sei, nicht auf einem Ausschließlichkeitsanspruch seiner Theorien zu beharren.

Dieselbe verquere apologetische Logik waltet bei der Deduktion des Judenhasses aus der unbewussten Kastrationsangst.[17] Dort meint der Verfasser des Leserbriefs einen Treffer zugunsten von Freud gelandet zu haben durch den Hinweis darauf, dass die Verwendung des Ausdrucks »tiefste *unbewusste* Wurzel des Antisemitismus« darauf schließen lasse, dass gemäß Freud der Judenhass seine Wurzeln *nicht nur* im Unbewussten, *sondern auch* in der bewussten politischen Programmatik seiner Propagandisten haben könne. Ob Freud das so gemeint hat oder nicht – die streitgegenständliche Formulierung erlaubt mit zumindest gleicher Berechtigung die Lesart, dass neben der Kastrationsangst noch *weitere unbewusste* Quellen des Judenhasses existieren könnten –, kann getrost dahinstehen. Denn die Reduzierung des Geltungsanspruches seiner tiefenpsychologischen Antisemitismustheorie durch das Zugeständnis der Existenz auch bewusster Quellen des Antisemitismus ändert mitnichten etwas an der absurden Qualität ihres gedanklichen Gehaltes. Mit dieser Freud vom Autor des Leserbriefs wohlmeinend unterstellten »Sowohl-als-auch-Logik« hätte Freud vielmehr den logischen Widersprüchen seiner Theorie einen weiteren hinzugefügt durch das gleichgültige = gleichgeltende Nebeneinander zweier sich wechselseitig ausschließender Erklärungen.[18]

---

[17] Das vom Autor des Leserbriefs vollständig wiedergegebene Freud-Zitat zum Thema Antisemitismus eignet sich nun überhaupt nicht zu der intendierten Inschutznahme des Wiener Tiefenpsychologen, sondern stellt umkehrt auf exemplarische Weise die Absurdität seiner Argumentation unter Beweis. Da wird behauptet, der Knabe höre in der Kinderstube, dass dem Juden etwas am Penis abgeschnitten werde, und das gäbe ihm das Recht, den Juden zu verachten. Es wird also bereits unterstellt, dass der Knabe erstens weiß, dass es den Menschenschlag der Juden gibt, und dass er zweitens diesen Menschenschlag verachtet (aus welchen Gründen auch immer). Zusätzliches Wissen über Gebräuche dieses Menschenschlags vermittelt ihm Legitimation für seine Verachtung (die er offenbar schon ohne sein Wissen über die Beschneidung – also aus anderen Gründen – gehegt hat), gibt ihm also einen (zusätzlichen) Grund für diese Verachtung. Und all das Wissen und Urteilen (sich bestätigt sehen) soll dann wieder im Unbewussten verschwinden? (Diese Anmerkung wurde nachträglich in die Leserbriefantwort eingefügt.)

[18] Wahrscheinlich soll man sich die vom Autor des Leserbriefes präferierte theoretische Koexistenz von bewussten und bewussten Quellen des Judenhasses dergestalt vorstellen, dass bei den einen der Judenhass aus den unbewussten Abgründen des Seelenlebens entstammt, bei den anderen ein Werk ihres originären Bewusstseins ist. Auf die naheliegende Frage, woran man eigentlich den Unterschied erkennen kann, dass in dem

Das theoretische Fundament der Tiefenpsychologie lässt sich durch die noch so vehemente Distanzierung von den Erklärungen des Judenhasses oder des Geldes aus unbewussten Triebregungen ohnehin nicht retten. Etwa indem man die unbewussten Handlungsantriebe von ihrer abstrusen Bestimmung durch unterdrückte frühkindlich-sexuelle Regungen ablöst und das Unbewusste mit alternativen, weniger absurd anmutenden Inhalten versieht. An der Fehlerhaftigkeit des Grundgedankens, der heimlichen Steuerung des Bewusstseins durch das Unbewusste, ändert dies rein gar nichts. Es ist deshalb auch alles andere als eine unzulässige Generalisierung, als allgemeine Wesensbestimmung der psychoanalytischen Erklärung festzuhalten, dass unabhängig von der Natur des jeweiligen Erklärungsgegenstandes das Denken und Handeln der Menschen von Neurosen über Kultur und Wissenschaft bis hin zum Krieg auf die Existenz unbewusster Triebregungen zurückgeführt wird. Anders ausgedrückt: Was auch immer die Psychoanalyse sich als Gegenstand ihrer Erklärung vornimmt, wird gedeutet als Resultat eines seelischen Kräfteparallelogramms, in dem das unbewusste »Es« die entscheidende Rolle spielt. Diese Weise der Welterklärung ist »als solche« die zentrale Zielscheibe meiner Kritik an der Psychoanalyse. Der Beweis für die theoretische Unhaltbarkeit dieses Verfahrens wird in erster Linie geführt durch den Nachweis der immanenten Widersprüchlichkeit der Grundkonstruktion, allenfalls in zweiter Linie durch den ergänzenden Hinweis auf die offensichtlich aberwitzigen Resultate seiner Anwendung. Psychoanalytische Erklärungen des Judenhasses oder des Geldes aus unbewussten Triebregungen sind also lediglich die Spitze des Eisberges. Sie begründen nicht die Kritik an der Kategorie des Unbewussten, sondern demonstrieren lediglich die zuvor an der Konstruktion des Unbewussten aufgezeigte hochgradige Widersprüchlichkeit des psychoanalytischen Erklärungsverfahrens. Deswegen ist das Unternehmen des Rezensenten, den Erklärungsmodus des Unbewussten durch die Distanzierung von dessen »Spitzenleistungen« retten zu wollen, *notwendig* zum Scheitern verurteilt.

Fragen, die den Rezensenten bewegen: Recht, Kunst, Kultur, Wissenschaft, Staat etc. – alles oder nur fast alles ist Sublimation?

Auf dieselbe Weise nimmt der Rezensent Freud auch gegen die Kritik in Schutz, dieser habe ja – im Gegensatz zu meiner unzutreffenden Behauptung – gar nicht die *Gesamtheit* aller schöpferischen geistigen Werke des Menschen auf unbewusste (sublimierte) Triebregungen zurückführen wollen. Wird die Deduktion von Wissenschaft, Recht, Kunst, Geld, Ethik, Kultur, Staat etc. dadurch irgendwie rationeller, dass Freud möglicherweise einen Teilbereich des menschlichen Lebens von dieser Erklärung ausgenommen

---

einen Fall der Judenhass ein Akt des Bewusstseins ist, in dem anderen aber ein Produkt des Unbewussten, müsste der Rezensent freilich notwendigerweise eine schlüssige Antwort schuldig bleiben.

haben sollte? Die geradezu universelle Reichweite des Erklärungsanspruchs Freuds hinsichtlich der »Produktionskraft« des Unbewussten wird jedenfalls nicht davon berührt, dass der Rezensent möglicherweise noch ein paar Gegenstände aufzählen kann, die Freud von der Einstufung als Schöpfungen des Unbewussten ausgespart hat. Der relativierende Zusatzhinweis darauf, dass Freud doch lediglich von »nicht zu unterschätzenden Beiträgen« des Unbewussten bei der Entstehung der Schöpfungen des Menschengeistes gesprochen habe, macht die Sache auch nicht besser. Der theoretische Unfug einer Ableitung beispielsweise des Staates aus unbewussten seelischen Regungen wird dadurch nicht geringer, dass nach Freud andere Faktoren bei der Genese des Staates möglicherweise auch noch eine Rolle gespielt haben. Und selbst wenn Freud in ursprünglicher theoretischer Bescheidenheit dabei geblieben wäre, die Kategorie des Unbewussten »lediglich« auf die Entstehung von Neurosen zu beschränken, wäre es um die Erklärungskraft dieser Kategorie auch nicht besser bestellt. Die immanente Widersprüchlichkeit dieser Kategorie – der Gedanke der inhaltlichen Steuerung von Bewusstseinsakten durch dem Denkenden nicht bewusste seelische Regungen – wird von der Reduzierung des Geltungsanspruchs dieser Kategorie nicht tangiert.

Es wird ja schon so sein, dass es Freud selbst (und ihm folgend der Rezensent) für keinen logischen Widerspruch hält, einerseits das »Unbewusste« als eine das Bewusstsein heimlich steuernde seelische Instanz zu definieren, andererseits aber davon auszugehen, dass die Existenz dieser Steuerung durch das Bewusstsein erkannt werden kann und sich der durch das Unbewusste dirigierte Mensch durch die Einsicht in die Mechanismen, die es steuern, von der Determination seines Bewusstseins befreien kann. Doch die Beweiskraft der Zitate, mit denen der Rezensent Freud in diesem Zusammenhang ausführlich zu Wort kommen lässt, ist gleich Null. Da mag sich Freud unter Zustimmung des zitatfesten Rezensenten in epischer Breite darüber auslassen, dass und wie das Bewusstsein die Existenz des Unbewussten zutage fördern und durch die Bewusstmachung des Unbewussten die Befreiung des Subjektes von der Macht des Unbewussten herbeiführen soll. Der objektive Widerspruch, den sich Freud mit seiner Definition des Unbewussten als dem Bewusstsein entzogene, den Inhalt des Bewusstseins ohne Kenntnis des Subjektes bestimmende Instanz eingefangen hat, lässt sich damit nun einmal nicht aus der Welt schaffen. Wenn nämlich das Unbewusste so bestimmt ist, wie Freud es tut, ist dessen Existenz qua seiner eigenen Definition der (Er)kenntnis nicht zugänglich, weder durch das Subjekt selbst noch durch Dritte.[19] Wenn die Qualität des Unbewussten nämlich gerade in seiner heimlichen Steuerung des Bewusstseins besteht, dann ist es dem Bewusstsein des

[19] Es ist übrigens derselbe theoretische Schwindel bzw. Selbstwiderspruch, welcher der Manipulationstheorie zugrunde liegt. Wenn alles Denken manipuliert wäre, könnte keiner darauf kommen, dass man der Manipulation unterliegt. Vgl. dazu Kapitel 3.6 dieses Buches.

Menschen verwehrt, das Wirken des Unbewussten wahrzunehmen, gleichgültig, ob es sich um den eigenen oder einen fremden Seelenhaushalt handelt. Insofern ist das Unbewusste also entgegen der Auffassung des Rezensenten tatsächlich das schlechthin Unerkennbare.[20] In diesem Zusammenhang stellt sich ferner die Frage, warum das durch unbewusste psychische Mechanismen determinierte Subjekt eigentlich auf das Interesse verfallen soll, sich von der Herrschaft der seelischen Kräfte zu befreien, von deren Existenz es gar keine Ahnung hat. Dieses Interesse einmal unterstellt, fragt sich, woher das Individuum eigentlich die Fähigkeit für diesen Selbstbefreiungsakt nehmen sollte, wo es doch durch die unbewussten seelischen Triebkräfte beherrscht wird. Und schließlich könnte die Fremdsteuerung durch innere Mächte, die jenseits von Wille und Bewusstsein existieren, den Tatbestand der Fremdsteuerung gar nicht beseitigen. Denn diese Wirkkräfte liegen ja laut der psychoanalytischen Definition außerhalb des Einflussbereiches des bewussten Willens. Wie passt das zusammen, dass das Unbewusste einerseits ein Werk des Bewusstseins ist, das das Unbewusste aus dem Bewusstsein ausschließt, andererseits aber das Bewusstsein nichts von der Existenz seines Abspaltungsproduktes weiß und sich von dieser ihm unbekannten seelischen Macht sein bewusstes Denken und Handeln kommandieren lässt? Noch einmal anders gewendet: Wie soll das gehen, dass das Bewusstsein einerseits die abhängige Variable des Unterbewusstseins bildet und andererseits zugleich das Bewusstsein als Steuermann der Kräfte fungiert, die es heimlich und unerkannt beherrschen?

Diese unaufhebbaren theoretischen Widersprüche, welche die freudianische Erfindung des Unbewussten kennzeichnen, interessieren den Rezensenten freilich herzlich wenig. Gilt es doch, um jeden Preis an der Berechtigung der Annahme eines Unbewussten festzuhalten. Sofern überhaupt eine Auseinandersetzung mit den gegen die Freud'sche Konstruktion gerichteten sachlichen Einwänden erfolgt, beschränkt sich diese weitgehend darauf, unter Verweis auf eine angeblich interessiert-selektive Zitatauswahl bzw. Zitatauswertung den Geltungsanspruch der Freud'schen Theorie des Unbewussten zu reduzieren, um auf diese Weise der Grundsatzkritik an der Psychoanalyse den Wind aus den Segeln zu nehmen.

Zur widersprüchlichen Doppelexistenz von Bewusstsein und Unbewusstem

Diesem Muster gehorchen auch die vom Rezensenten angeführten Belegstellen von Freud zum Verhältnis von bewussten und unbewussten Denkakten, mit denen unter Beweis gestellt werden soll, dass ich sinnentstellend den Kon-

[20] Der Rezensent vermag denn auch für seine Auffassung der Erkennbarkeit des Unbewussten nichts anderes ins Feld zu führen, als dass die Psychoanalyse dieses Geschäft tatsächlich betreibt. Der Charakter dieser »Erkenntnisprozesse« beweist sich nicht zuletzt an den Ergebnissen, die bei der spekulativen Suche dabei herauskommen, von welchen unbewussten Regungen der Mensch angeblich so getrieben sein soll.

text besagter Zitatstellen außer Acht gelassen hätte. Dass Freud die von mir aufgespießte Übereinstimmung der Leistungen des bewussten und des unbewussten Denkens in Abgrenzung zu dem von ihm selbst erfundenen Pappkameraden des physiologischen Charakters des Unbewussten ins Feld führt und dabei zwischen zwei Formen des Unbewussten unterscheidet, soll nicht bestritten werden. Dass das Unbewusste nach Freud nicht nur Resultat von Verdrängungsleistungen ist, sondern seine Quellen auch in den originären Triebregungen des »ES« haben soll, was die »Kritik der Psychologie« keineswegs unter den Tisch fallen lässt (vgl. 2. Aufl., S. 51, Abs. 2; [3. Aufl., S. 58, Abs. 2]), ist für den Streitgegenstand der »Identität von Bewusstsein und nichtbewussten Denkakten« jedoch ohne jede Bedeutung. Mal ganz abgesehen davon, dass ein nichtbewusster Denkakt schon für sich genommen eine Nonsenskategorie ist,[21] spielt diese Differenzierung für den hier allein interessierenden Punkt, nämlich die tiefenpsychologische Herleitung des Denkens und Handelns aus unbewussten Triebregungen, überhaupt keine Rolle. Oder handelt es sich bei den unbewussten (libidinösen) Triebkräften des ES etwa nicht um Formen des Begehrens, des Wünschens und Wollens, welche den Inhalt der später verdrängten unbewussten Triebregungen ausmachen, die dann entweder für die Entstehung von Neurosen verantwortlich sein sollen oder im Wege der Sublimation für die Schöpfungen des Menschengeistes von der Wissenschaft bis zum Staat sorgen? Auch der Umstand, dass Freud im streitgegenständlichen Zitat nach der ausdrücklichen Feststellung der Identität der Betätigungsformen des bewussten und unbewussten Denkens eine wie auch immer geartete Differenz zwischen beiden Kategorien andeutet, vermag in keiner Weise die Gültigkeit meiner Feststellung zu relativieren, wonach es laut Freud eben »keinen Unterschied zwischen den Leistungen von Bewusstsein und Unbewusstem (gibt)«. »Das Unbewusste tut haargenau dasselbe wie das bewusste Denken, es stellt sich etwas vor, es will etwas und es trifft Entscheidungen.« (S. 54) Freudimmanent gedacht: Wie auch sonst sollte das Unbewusste beschaffen sein, wenn es die Leistung erbringen soll, dem Bewusstsein die Inhalte von dessen Wünschen und Wollen und dessen Entscheidungen zu diktieren? Dann muss es doch wohl selbst ebenso wie das Bewusste eine Ansammlung von Willensinhalten bilden. Was soll also die ganze vom Rezensenten betriebene Zitatenhuberei? Außer der Belesenheit des Kritikers stellt sie gar nichts unter Beweis.

---

[21] Da es nun einmal selbst nach Freud die Qualität des Bewusstseins ausmacht, dass ein Subjekt von den Objekten der Außenwelt weiß, über sie nachdenkt oder sie fühlt, ist ein unbewusstes Bewusstsein schlicht widersinnig. Ich soll fühlen, denken, vorstellen – ohne es zu merken. Doch was soll das für ein Gefühl sein, das nicht gefühlt, was soll das für ein Gedanke sein, der nicht gedacht wird?

Die Deduktion des Unbewussten aus der angeblichen Zusammenhangslosigkeit des bewussten Denkens

Als ebenso untauglich erweist sich der Versuch, die Kritik an der Freud'schen Ableitung des Unbewussten als notwendigem Lückenfüller des angeblich lückenhaft-zusammenhangslosen Denkens für gegenstandslos zu erklären unter Hinweis darauf, dass die Kritik an dieser Konstruktion von einer falschen empirischen Prämisse ausgehe. Nämlich von der unzutreffenden Behauptung, dass alle Subjekte, denen es am Zusammenhang ihres Denkens mangelt, diesen Mangel im Weg einer Anstrengung des Bewusstseins zu beheben trachten würden. Vielleicht hilft eine klarstellende Anmerkung hinsichtlich der Argumentationslogik meiner Ausführungen und des Stellenwertes, den die inkriminierte Aussage im fraglichen Zusammenhang besitzt.

1. Die Prämisse Freuds – die Behauptung der Lückenhaftigkeit oder Zusammenhangslosigkeit des Denkens – ist ohnehin eine Chimäre, gestiftet aus dem Bedürfnis Freuds, das Unbewusste als Lückenfüller oder Zusammenhangsstifter ins Spiel bringen zu können. Es handelt sich dabei um eine Spielart der üblichen psychoanalytischen Argumentationsweise, aus einem dem Denken angedichteten Mangel oder Defizit auf die unbewusste Quelle dieses Mangels schließen zu wollen. Prominentes Beispiel: Aus der behaupteten »Irrationalität« bestimmter Gedankeninhalte bspw. von Judenhass oder Amokläufen wird gefolgert, dass diese unmöglich das Werk des Bewusstseins sein können und deshalb ihren tieferen Grund in unbewusst-dunklen Triebregungen des gestörten Geistes besitzen müssten. Dieser Logik gehorcht auch die Deduktion des Unbewussten als Stifter des fehlenden Zusammenhanges im angeblich zusammenhangslosen oder lückenhaften Denken.

2. Wenn man einmal wohlwollend die behauptete Lückenhaftigkeit des Denkens mit so etwas wie »Erinnerungslücken« übersetzt, würde daraus – so meine Aussage – *rationellerweise* niemals ein Übergang in die Welt des Un- oder Unterbewusstseins resultieren. Wieso auch sollte man Defizite des Bewusstseins ausgerechnet durch Nichtbewusstseinsakte beheben wollen? Sondern vielmehr wäre zur Schließung der Erinnerungslücken das glatte Gegenteil, nämlich eine Anstrengung des Bewusstseins namens Erinnerung, angesagt, welche die vergessenen Bewusstseinsinhalte zutage fördert. Das jedenfalls wäre die logische Konsequenz aus der Feststellung von Gedächtnislücken.

3. Damit freilich ist nicht ausgeschlossen, dass psychologisch verbildete Menschen stattdessen den Weg in die Abgründe ihres unbewussten Seelenlebens beschreiten, um dort das Füllmaterial für den fehlenden Zusammenhang ihres bewussten Denkens zu suchen und zu finden. Den Hinweis auf dieses unbestreitbare, vom Autor gar nicht geleugnete Phänomen psychologisierter Menschen scheint der Rezensent allen Ernstes für ein beweiskräftiges Argument zu halten. Dessen Substanz besteht darin, den Beweis für die Existenz des Unbewussten dadurch anzutreten, dass es eine nicht unerhebliche Anzahl von Leuten gibt, die die psychologische Denkweise praktizieren, die (ver-

meintliche) Zusammenhangslosigkeit ihrer Gedanken durch den Rekurs auf unbewusste Gedankeninhalte aufheben zu wollen.[22]

Traumdeutung

Nicht ganz zufällig besteht die »Widerlegung«, die der Rezensent meinem Zerriss der Psychoanalyse angedeihen lässt, über weite Strecken darin, dass er die gegen die Widersprüchlichkeit der Freud'schen Konstruktionen gerichteten Einwände ausgerechnet mit Freud-Zitaten konfrontiert, mit denen dieser sich offensiv zu seinen Denkwidersprüchen bekennt. Von dieser Widerlegungstour zeugen insbesondere die Darlegungen zur Traumdeutung.

Mir ist ja durchaus bekannt, dass sich Freud die Sache so zurechtlegt, dass die (weitgehende) Abwesenheit des Bewusstseins im Traum es wegen des reduzierten Widerstandes des Bewusstseins gegen das Unbewusste ermögliche, die »latenten« unbewussten Traumgedanken herauszubekommen, die das »eigentliche« Wollen des Subjektes ausmachen würden. Nur entfaltet dieses Referat von Freuds spekulativen Behauptungen über den Sitz des Unbewussten im Traum und das dort angeblich herrschende Verhältnis zwischen Bewusstsein und Unbewusstem keinerlei Beweiskraft. Denn das, was zu beweisen wäre, die Existenz des Unbewussten, wird dort als existent vorausgesetzt.

Abgesehen davon ist die Wiedergabe meiner Kritik an der Traumdeutung ein Zerrbild der Analyse der psychoanalytischen Konstruktion des Verhältnisses von Bewusstsein und Unterbewusstsein, welche ihrem objektiven Gehalt nach die Leugnung des freien Willens beinhaltet. Denn wer das Bewusstsein als Resultat einer Steuerung durch das Unbewusste behauptet, der bestreitet dessen *selbständige* Existenz. Ein determinierter Wille, d.h. ein Wille, der sich seine Inhalte vorgeben lässt und dazu auch noch durch das ihm nicht bekannte Unbewusste, ist eben kein Wille. Der Traum ist im Rahmen der psychoanalytischen Logik der Steuerung des Bewusstseins durch unbewusste Gedankeninhalte insofern von zentraler Bedeutung, als hier Freud den Sitz bzw. Ort des unbewussten Denkens gefunden zu haben meint, welches heimlich das Bewusstsein dirigiert. Dass Freud selbst bei seiner psychoanalytischen Kategorienbildung nicht das Programm der Leugnung des Willens im Kopfe hatte, ändert nichts daran, dass die psychoanalytische Theorie bei objektiver Betrachtung ihrer immanenten Logik eben diese Leistung erbringt.

Im Übrigen zielen meine Ausführungen darauf ab, den Wahnwitz der »Traumarbeit« aufzuspießen, ausgerechnet in dem durch die Abwesenheit des Bewusstseins während des Schlafes erzeugten Chaos der Trauminhalte einen tieferen Sinn entdecken zu wollen, in den Worten des Rezensenten hinter der wirren Zufälligkeit der Trauminhalte das Walten »einer mehr oder minder

[22] Dieser »Schluss« beruht auf der höchst zweifelhaften Logik, wonach die Tatsache, dass viele Menschen an Allah glauben (und dort ihre innere Heimat finden), dies dessen Existenz beweisen würde.

komplexen und nachvollziehbaren Dramaturgie« nachweisen zu wollen – und das ausgerechnet bei einer »ziel- und zweckfreien Geistestätigkeit«.

Blamiert wird die Freud'sche Traumdeutung entgegen der Lesart des Autors des Leserbriefs in erster Linie durch die Feststellung auf S. 60 (2. Aufl.; [3. Aufl., S. 66]), dass mit der Aufspaltung des Willens in bewusste und unbewusste Denkakte das Verhältnis von Traum und Wachzustand auf den Kopf gestellt wird. Dort wo der Mensch den lieben langen Tag zweckgerichtet handelt, wird die eigenständige Existenz von Willen und Bewusstsein mit Berufung auf angeblich waltende hintergründig-unbewusste Zwecke bestritten. Umgekehrt ausgerechnet dort, wo Wille und Bewusstsein sich schlafen gelegt haben und nur noch in Restbeständen existent sind, wo das zweckgerichtete Handeln gerade nicht stattfindet, will die Traumdeutungslogik einen eigentlichen unbewussten Willen am Werk sehen.

Der ergänzende Hinweis im Buch (2. Aufl., S. 60, letzter Absatz; [3. Aufl., S. 67, 3. Abs.]) darauf, dass der Beweis für die Existenz des Unbewussten gelegentlich durch empirische Beispiele (Wunschtraum, Stein des Weisen etc.) geführt werden soll, die vom glatten Gegenteil, nämlich der Fortexistenz bewusster Willensinhalte im Traum zeugen, hat hingegen lediglich den Status des Aufweises eines Nebenwiderspruches, den sich die Anhänger der Freud'schen Traumdeutung leisten.

Die Verteidigung der Psychotherapie vor der Kritik an deren (ideologischen) Leistungen

Ein Zerrbild meiner Psychologiekritik: Psychotherapie als gewaltsame Anpassung des Subjektes an die Erfordernisse des Kapitalismus?

Die Wiedergabe meiner Kritik an den Leistungen der Psychotherapie in Kapitel 6 des Buches leidet unter dem elementaren Mangel, dass der Rezensent meine zentralen Aussagen teilweise geradezu auf den Kopf stellt. Das betrifft insbesondere seine Behauptung, dass ich der Psychotherapie das Programm unterstellen würde, den Willen des Patienten zu *brechen* und ihn damit gewaltsam an die Anforderungen des Kapitalismus anzupassen. Das stimmt in zweifacher Hinsicht nicht. Weder beurteilt die »Kritik der Psychologie« die Psychotherapie als Bruch des Willens noch als Programm der Anpassung und Unterwerfung unter den Kapitalismus. Meine ganze Beweisführung ist vielmehr gemäß der Überschrift zu Kapitel 6, »Geistige Hilfen für das Zurechtkommen ...«, darauf gerichtet, die Psychotherapie als Angebot an den Willen des Patienten dazustellen, im Weg geistiger Selbstzurichtung den seelischen Frieden mit sich selbst und damit mit der Gesellschaft zu finden. Dieser Weg verläuft in der klassischen Therapie Freuds durch die willentliche Übernahme der Deutungsangebote der Psychoanalyse im Hinblick auf die angebliche Herkunft seelischer Leiden aus der Geisterwelt verdrängter, ins Unbewusste abgeschobener Triebregungen. Psychotherapie funktioniert also nur auf der Grundlage der Betätigung des freien Willens des Patienten, der sich die Fehlerklärungen des Therapeuten als Grund seiner psychischen Leiden einleuchten lässt. Insofern stimme ich mit dem Rezensenten voll und ganz überein, nach dessen Aussage der ganze Prozess abhängig von der Verstandestätigkeit und dem Willen des Patienten verläuft.

Nur »vernünftig« – wie dies der Rezensent behauptet – ist diese Verstandestätigkeit des Patienten nun wahrlich nicht, sich die absurden Deutungsangebote des Therapeuten aus der frei erfundenen seelischen Hinterwelt des Unbewussten geistig zu eigen zu machen. Dementsprechend dreht sich der von mir gegen die Psychotherapie aufgemachte Streit einzig um die Rationalität ihrer Erklärungen seelischer Leiden und die ideologischen Leistungen der Umsetzung ihrer systematischen Fehlerklärungen in die psychotherapeutische Praxis.

Von einem Gefügigmachen des Patienten für die bürgerliche Gesellschaft ist hingegen in der »Kritik der Psychologie« an keiner Stelle die Rede. Diesen Zweck hat die Psychoanalyse nicht, sie versteht und betätigt sich als Anwalt für das leidgequälte Subjekt, als Vermittler und Instanz der Harmoniestiftung im Verhältnis von Gesellschaft und Individuum. Dass die Wahrnehmung ihrer Hilfsangebote eine Hilfe für das Zurechtkommen der Individuen in der kapitalistischen Konkurrenzgesellschaft darstellt und sie insofern einen Beitrag für die Anpassung an die Sachzwänge des kapitalistischen Lebens leistet, ist eine Sache. Aber nicht die Psychologie passt – wie mir der Autor des Leserbriefs unterstellen will – gewaltsam unter Bruch des Willens der Subjekte diese an die Erfordernisse der kapitalistischen Gesellschaft an. Die Anpassung ist als Selbstanpassung unter Gebrauch des Willens der Subjekte deren eigene Leistung. Die Psychoanalyse liefert dazu lediglich entsprechende geistige Hilfen, die das bereits vorhandene falsche Bewusstsein bedienen oder bekräftigen. Ihre Leistung besteht darin, die geistige Selbstunterwerfung der Leute in die Bahnen einer psychologischen Weltsicht zu lenken, in der die Realität als unverrückbares Faktum bestimmt ist, an die – so die Empfehlung psychologischer Ratgeber – der Mensch sich wegen seiner selbst und seines Seelenheiles akkommodieren solle, etwa durch die Herstellung der Kongruenz zwischen Selbstbild und Selbstbildideal (Rogers). Angesichts dieses symbiotischen Verhältnisses bei der Pflege des falschen Bewusstseins ist daher ein doppelter Kampf angesagt: sowohl gegen das falsche Bewusstsein der Subjekte, welche die ihnen vorgegebenen gesellschaftlichen Einrichtungen und Zwänge im Prinzip als Mittel ihrer individuellen Wohlfahrt begreifen, als auch gegen eine Wissenschaft, die dieses falsche Bewusstsein so prächtig mit ihren Hilfsangeboten bedient und nährt.

Das psychologisierte Ausgangsbewusstsein der Klientel der Psychotherapie

Die Kritik an den Bestimmungen der Bewusstseinslage der hilfebedürftigen Klientel, die sich unter die Betreuung der Psychotherapie begibt, unterstellt mir in Gestalt des Vorwurfes der selektiven Wahrnehmung seelischer Problemlagen einen Zweck, den ich gar nicht hatte: Nämlich die gesamte Bandbreite psychischer Leiden abzuhandeln. Worum es hier anhand exemplarischer Beispiele einzig ging, war den Inhalt der Selbstdefinition herauszustellen, die Leute mit Liebeskummer und Partnerschaftsschwierigkeiten ebenso wie solche hegen, die an mangelnder Anerkennung im Beruf oder Stress im Berufsleben leiden und sich zur Behebung ihrer Probleme in die Psychotherapie begeben. Diese Leute sind nämlich bereits mit einer ausgebauten psychologischen Weltsicht ausgestattet. Will heißen: Sie gehen felsenfest-dogmatisch davon aus, dass ihr mangelnder Erfolg auf den verschiedenen Feldern, an denen der psychologisch verbildete Mensch sein Anerkennungs- und Geltungsstreben verwirklicht, an ihrer mangelnden Erfolgsfähigkeit liegt, an psychischen Defekten ihrer werten Persönlichkeit, an seelischen Verklemmungen oder Hemmungen, die ihre tiefere Ursache in den Abgründen ihrer Psyche besitzen. Diese »Ursachen« gilt es dann mit Hilfe des psychoanalytischen Sachverstandes aus dem verborgenen Unbewussten auf die Ebene des Bewusstseins zu heben.

Mit dieser psychologischen Selbstdiagnose hat sich die Klientel der Psychoanalyse meilenwert von den tatsächlichen Problemen entfernt, die vielleicht einmal den Ausgangspunkt ihrer Unzufriedenheit beispielsweise mit den tatsächlichen Zumutungen des Berufslebens gebildet haben mögen. Wer Probleme mit der Höhe des Lohnes und den Arbeitsbedingungen hat, wer damit unzufrieden ist, unter dem Diktat von Vorgesetzten seinen materiell wenig einträglichen Dienst an den Interessen der Wirtschaft zu verrichten, oder wer von den Anstrengungen der Berufsausübung körperlich oder geistig lädiert ist, den würde sein Weg zur Gewerkschaft, in eine sozialistische Partei, zum Arzt, in die Kur oder zur Berufsberatung führen. In die Hände eines Psychologen begibt man sich umgekehrt nur, wenn man bereits über eine psychologische Selbstdiagnose verfügt, gemäß derer die in Anerkennungs- und Selbstwertprobleme verwandelten Zumutungen des Berufslebens ihren letztendlichen Grund in einem selbst besitzen, auf einer falschen subjektiven Stellung zu den als zu bewältigenden Problemlagen definierten Anforderungen gründen. Dasselbe gilt für seelische Leiden auf dem Felde der Liebe. Nichts gegen einen simplen Liebeskummer, der sich daraus speist, dass einem die Liebste das Ende ihrer Zuneigung verkündet hat. Zu einem existenziellen Problem wächst sich das erst aus – besser gesagt, in ein solches wird es verwandelt –, wenn man das Ende der Liebe als persönliche Niederlage, als Bescheinigung der fehlenden Liebenswürdigkeit wertet und dies zu einem generellen Zweifel an der eigenen Person ausbaut. Mit einem solchen »Loser-Bewusstsein« versehen ist man natürlich glänzend aufgehoben bei der Zunft der Psychologen, deren Anstrengungen darauf abzielen, das lädierte Selbstbewusstsein des Klienten aufzupäppeln. Dabei ist es ziemlich gleichgültig, ob dies auf die moderne gesprächspsychologische Tour durch Stiftung bzw. Stärkung des Selbstwertgefühls oder klassisch durch die Verortung von Partnerschaftsproblemen in unbewältigten unbewussten Kindheitskonflikten geschieht. Eines ist jedenfalls gewiss: Dass man in den Therapiestunden keinen Funken einer korrekten Kritik am Liebeswahn hört, von einer Kritik am Selbstwert und Anerkennungsbedürfnis schon gar nicht. Dieses falsche geistige Bedürfnis soll ja umgekehrt durch die Therapie gestärkt werden.

Das vernichtende eindeutige Urteil über die Hilfestellung, welche die Psychotherapie dem psychologisch verbildeten Bewusstsein der Hilfebedürftigen leistet, nämlich die affirmative geistige Hilfe zum Zurechtkommen mit den Bedingungen der bürgerlichen Konkurrenzgesellschaft, hat der Rezensent zielstrebig verdreht in einen angeblichen Selbstwiderspruch des Kritikers: Dieser soll einerseits die Hilfe in Abrede gestellt haben, welche die Psychologie leiste, aber andererseits einen Heilungserfolg zugestanden haben. Nein: Er hat ganz einfach den Charakter dieses leider überaus erfolgreichen Hilfsangebotes einer Prüfung unterzogen.

Das Ergebnis dieser Prüfung läuft keineswegs darauf hinaus, dass Psychologen keine Hilfe leisten würden. Im Gegenteil: Sie greifen mit ihren Ratschlägen dem psychologisch verbildeten Bewusstsein der Verlierer der Konkurrenzgesellschaft tatkräftig unter die Arme. Diese werden mit geistigen Rezepten ausgestattet, mit den Zumutungen, welche ihnen die kapitalistische Welt bereitet, geistig so klarzukommen, dass sich der mangelnde Erfolg insbesondere im Berufsleben oder das Unglück in Liebesdingen nicht gleich zur Identitätskrise auswächst. Aus Niederlagen geht man so seelisch gestärkt hervor. Frustrationstoleranz ist doch eine wunderschöne Sache. Sie befähigt einen dazu, alles, was einem Schlechtes in Schule und Berufsleben widerfährt, auszuhalten und im Ertragen von Niederlagen einen Sieg besonderer Art, nämlich über sich selbst, zu feiern.

Was der Rezensent anscheinend als Einwand gegen die Bestimmung des Ausgangsbewusstseins der Klientel psychologischer Beratungsangebote ins Feld führt – die Zielsetzung, »unbekannte Seiten an einem selber und deren Zusammenhang mit psychischen Problemen mit fremder Hilfe herausbekommen zu wollen« –, bestätigt unfreiwillig die angegriffene Auffassung. Dieses Programm ist nämlich 1.) nur eine andere Ausdrucksweise für die fertige psychologische Selbstanalyse, dass in der eigenen Psyche unbekannte = unbewusste Kräfte hausen würden, die für das seelische Leiden verantwortlich seien und dann unter Hilfe der Deutungen des Psychologen ans Licht gebracht werden sollen. Das dieser Selbstdiagnose zugrunde liegende Urteil, dass der Grund für die psychischen Probleme in den eigenen seelischen Untiefen liege, beinhaltet 2.) zugleich den Freispruch für die gesellschaftlichen Verhältnisse, die damit als maßgebliche Ursache des Scheiterns in und an der Welt ausgeschieden werden. Von einem Kurzschluss des Autors hinsichtlich dieses Zusammenhangs kann also auch hier nicht die Rede sein.

Meine Ausführungen über die Bewusstseinslage von Leuten, die sich auf die Couch des Psychiaters begeben, missversteht der Rezensent wiederum als empirische *All*-Aussage dahingehend, dass ausnahmslos jeder, der psychologische Beratung aufsucht, ein offensiv bekennender Parteigänger der Konkurrenz sei, um dann zur Widerlegung Beispiele aufzuzählen, in denen dies möglicherweise nicht der Fall ist. Womit wieder einmal bewiesen wäre, dass ich mich in der »Kritik der Psychologie« unzulässiger Verallgemeinerungen bedienen würde. Der Rezensent verkennt hier einfach, dass die monierte Aussage erkennbar gegen in den 1960er Jahren (Sozialistisches Patientenkollektiv) einmal existierende Vorstellungen angeschrieben wurde, wonach der an der kapitalistischen Welt leidende Neurotiker oder Psychopath recht eigentlich ein Kritiker der kapitalistischen Konkurrenzgesellschaft sei.

Das vom Rezensenten in diesem Kontext gegen die Bestimmung des Psychobewusstseins als Konkurrenzbewältigungsprogramm angeführte Gegenbeispiel der Absage an die Arbeitswelt und die bisherigen karrieremäßigen Ziele, die so mancher nach Absolvierung einer Psychotherapie trifft, belegt das glatte Gegenteil. Ein solches Bewusstsein beinhaltet alles andere als eine Kritik der Konkurrenz und deren Anforderungen, sondern die selbstkritische Feststellung, dass man selbst den Anforderungen der kapitalistischen Berufswelt nicht entspricht. Der Rückzug ist also keine Abkehr von der ideologischen Vorstellung im Prinzip goldener Möglichkeiten, welche die Konkurrenz dem Tüchtigen bietet, sondern eine Affirmation der Maßstäbe, denen man persönlich aufgrund seiner psychischen Defekte oder negativen Dispositionen nicht in der Lage ist zu genügen.

Der Heilungserfolg als Beweis der Richtigkeit der psychoanalytischen Erklärung?

Aus den (vermeintlichen) Erfolgen der Psychotherapie lässt sich entgegen der Auffassung des Rezensenten keineswegs auf die Richtigkeit der zugrundeliegenden Theorie schließen. Die Wahrheit einer Theorie bemisst sich immer noch ausschließlich an der Stimmigkeit ihrer Argumente, um die es nachgewiesenermaßen nicht gerade gut bestellt ist. Zur Fähigkeit, die Richtigkeit einer psychologischen Erklärung zu beurteilen, tragen deshalb auch 10.000 Stunden klinischer Erfahrung nichts bei. Wenn des Öfteren einmal ein Subjekt nach Absolvierung einer Psychotherapie von seinen verrückten Gedanken ablässt, ist dies ohne Beweiswert für die Richtigkeit der der Therapie zugrunde liegenden psychoanalytischen Diagnose. Wenn die Symptome verschwunden sind, heißt das noch lange nicht, dass dies der Erfolg der angewandten Therapie ist. Ebenso gut kann sich auch der Patient ganz einfach entschlossen haben, von den falschen Urteilen über sich und die Welt, die er in seinem Kopfe hat, Abschied zu nehmen, nicht wegen, sondern trotz der falschen Erklärungen, die ihm die Psychoanalyse für sein seelisches Leiden liefert. Oder aber er hält seinen unverändert gestörten Willen mit den psychoanalytischen Deutungen im Zaum, die er sich aufgrund einer gelungenen Übertragungsleistung zu eigen gemacht hat. Aber nie und nimmer ist das Verschwinden der geistigen Funktionsstörung ein Beweis für die Existenz der unbewussten verdrängten Triebregungen, die angeblich in der Seele des Menschen hausen und dort heimlich das Bewusstsein des geplagten Klienten solange terrorisieren, bis sich dieser von der Macht des Unbewussten durch die

Bewusstmachung der moralischen Verurteilung der verdrängten unerlaubten Triebregungen befreit.

Das angebliche Fehlen einer Alternativerklärung als Mangel der Kritik an der Psychoanalyse

Die Kritik an den Erklärungen, welche die Psychoanalyse für seelische Leiden anbietet, wird im Übrigen in keiner Weise davon tangiert, dass der Kritiker (angeblich) keine Alternativerklärung anzubieten hat. Die mit zutreffenden Argumenten als Fehlerklärung kritisierte Theorie wird dadurch um keinen Deut richtiger, dass der Kritiker selbst nicht über eine korrekte Erklärung verfügt. Um ein absolutes Verwerfungsurteil über eine als falsch nachgewiesene Theorie treffen zu können, muss man entgegen der irrigen Auffassung des Rezensenten selbst keine richtige Alternativerklärung bieten können. Der Rezensent bedient sich hier der beliebten antikritischen Tour der Verpflichtung des Kritikers auf eine konstruktive Kritik. Dieses Verfahren der Inschutznahme des Kritikgegenstandes kommt bezeichnenderweise immer dann zum Einsatz, wenn man die geäußerte Kritik sachlich nicht zu widerlegen weiß.

Abgesehen davon hat der Autor der »Kritik der Psychologie« in Sachen der Erklärung des Bewusstseins als Eigenleistung des Subjektes auf der Basis der kapitalistischen Konkurrenzgesellschaft durchaus ein Angebot zu machen, das dem Rezensenten einerseits nicht entgeht, das er aber andererseits nicht als Erklärung gelten lassen will. Das will er deswegen nicht, weil es nicht den Anforderungen des deterministischen Erklärungsmusters gehorcht. Dieses aber hält der Verfasser des Leserbriefs für das A&O einer Erklärung des Denkens und Handelns. Da schreibt der Autor ein ganzes Buch über die Fehler dieser Erklärungsweise, die den Inhalt des Bewusstseins als Produkt innerer oder äußerer, jenseits von Wille und Bewusstsein liegender »Faktoren«, fehlbestimmen, und am Ende sieht er sich mit dem geradezu paradoxen Ansinnen konfrontiert, selbst auf die von ihm in Grund und Boden gestampfte deterministische Manier das Denken und Handeln der Subjekte erklären zu sollen. Er wird vom Rezensenten aufgefordert, Gründe dafür zu liefern, dass und warum die kapitalistischen Lebensverhältnisse bei den einen zu Depressionen »führen«, bei anderen aber nicht, oder warum sie den einen bei Arbeitslosigkeit genauso zur Droge greifen »lassen« wie den anderen bei Erfolg im Job. So, als ob die kapitalistischen Lebensverhältnisse selbst die Gedanken der Subjekte über sie erzeugen würden, das Subjekt nur der willenlose Exekutor der Vorgaben der äußeren Welt wäre.

Dass der Grund des Handelns des Menschen ausschließlich in den subjektiven Gründen liegt, welche die Leute haben, dass sich die kapitalistischen Subjekte ihren speziellen und sehr unterschiedlichen Reim auf die Verhältnisse machen, denen sie praktisch ausgesetzt sind, erscheint dem Verfasser des Leserbriefs wohl als so abwegiger Gedanke, dass er glatt die vom Autor angebotene Erklärung des Bewusstseins der Angehörigen der kapitalistischen

Klassengesellschaft für eine mangelhafte Form eines alternativen Determinismus nach dem Motto »Das kapitalistische Sein bestimmt das Bewusstsein« hält. Denn Erklärungen des Bewusstseins – da hält der Rezensent eisern am Grunddogma der Psychologie fest – sind nur solche, die unter systematischer Leugnung des Willens den Inhalt des Denkens als Erzeugnis des Wirkens innerer und äußerer Faktoren bestimmen, die es hervorgebracht haben sollen.

Dass der Rezensent mir darüber hinaus auch noch absprechen will, den Inhalt der Fehler benannt zu haben, die das Bewusstsein der kapitalistischen Individuen ausmachen, ist schon ein wenig erstaunlich. Sollte er die ausführlichen Textstellen übersehen haben, in denen der Generalfehler der Konkurrenzsubjekte besprochen wird, die ihnen aufgeherrschten Zwangsbedingungen kapitalistischer Arbeits- und Lebensbedingungen als Bewährungsprobe für das werte Ich, Niederlagen im Lebenskampf als Unwerturteil über sich zu begreifen und dieses Urteil gegebenenfalls bis zur letzten Konsequenz an sich selbst zu vollstrecken? Wohl kaum, er zitiert diese Ausführungen ja selbst. Die von mir angebotenen Erklärungen beispielsweise der Depression als eigener, fehlerhafter Bewusstseinsleistung des Subjektes passen freilich nicht in das Konzept eines Anhängers der Tiefenpsychologie, der es vorzieht, den Grund von Depressionen nicht im falschen Bewusstsein der Leute, sondern in den unbewussten Abgründen des Seelenlebens zu verankern, welche das Bewusstsein steuern. Der interessiert sich nur sehr bedingt für den Inhalt des falschen Bewusstseins insbesondere der Fehlurteile von »Psychos«, sondern für den fällt die Frage nach dem Grund des Denkens oder Tuns mit der Frage nach dessen Entstehung zusammen. Wo kommen sie her, die Urteile der Leute, welche Bedingungen haben sie hervorgebracht? – das sind die zentralen Fragestellungen einer ganzen Wissenschaft namens Psychologie. Aus dieser falschen Fragestellung resultiert das generelle Desinteresse an den Inhalten des Denkens und Handelns, das psychologische Erklärungen kennzeichnet. Dies einerseits mir als Mangel psychologischer Erklärungen festzuhalten, aber zugleich andererseits das deterministische Erklärungsmuster der psychologischen Weltanschauung hochzuhalten, dem dieses Desinteresse geschuldet ist, passt ganz und gar nicht zusammen.

Woraus sich die anfängliche »Begeisterung« des Rezensenten bei der Lektüre der »Kritik der Psychologie« speisen soll,[23] bleibt angesichts der vehementen Verteidigung der Freudianischen Schlüsselkategorie des Unbewussten schlichtweg unerfindlich. Besteht doch das gesamte Buch, insbesondere das grundsätzliche Kapitel 1, in der strikten Zurückweisung aller Varianten einer verkehrten Wissenschaft, die das Denken und Handeln des Subjekts einerseits als Resultat der Steuerung durch innere und äußere Wirkmächte prä-

---

[23] »Ich lese gerade einerseits mit Begeisterung die Kritik der Psychologie. Andererseits gibts einige Stellen, wo ich meine, die Kritik ist zu pauschal. Das würde ich gerne mit Ihnen diskutieren.«

sentiert, andererseits das Subjekt als Steuermann der Kräfte darstellt, von denen es gesteuert wird. Sollte dem Rezensenten entgangen sein, dass Freud mit seinem Unbewussten, das heimlich das Bewusstsein der Leute dirigiert, das der Mensch aber gleichzeitig erkennen und in den Griff bekommen können soll, lediglich eine, wenn auch ziemlich prominente Spielart dieser immer gleichen falschen psychologischen Erklärungs(un)logik darstellt?[24]

Nachtrag (Dezember 2015): Die Anhänger der Psychoanalyse pflegen eben jedem, der ihre Perspektive der Erklärung des Denkens und Handelns aus der abstrusen Hinterwelt des Unbewussten und der therapeutischen Umsetzung dieser Theorie nicht teilt, vorzuwerfen, er habe erstens im Grunde keine Ahnung, kümmere sich zweitens nicht um die leidende Menschheit, und seine Aussagen würden drittens ohnehin darauf beruhen, Zitate selektiv-böswillig aus ihrem Zusammenhang gerissen zu haben. Dabei scheint der Kritiker wohl nicht zu bemerken, dass er mit der vollständigen Wiedergabe der angeblich unterschlagenen Textstellen seinem Anliegen der Ehrenrettung Freuds geradezu einen Bärendienst geleistet hat. Die ergänzten Belegstellen aus den Wolfsmann-Geschichten liefern nichts als zusätzliches Beweismaterial für den systematischen Irrationalismus der Freudianischen Theorie des Unbewussten.

Das gesellschaftliche Sein bestimmt das Bewusstsein – Argumente gegen ein gängiges Fehlverständnis

Der Marxismus vertritt doch bekanntlich die Auffassung, dass das gesellschaftliche Sein das Bewusstsein bestimmt. Wollen Sie denn ernsthaft behaupten, dass es überhaupt keinen Zusammenhang zwischen den gesellschaftlichen Verhältnissen des Kapitalismus und dem Denken der (lohnabhängigen) Gesellschaftsmitglieder gibt?

Nein, keineswegs. Es gibt schon einen Zusammenhang zwischen der kapitalistischen Realität und den Urteilen, welche die Subjekte über diese Verhältnisse im Kopfe haben. Nur handelt es sich dabei eben nicht um einen Determinationszusammenhang dergestalt, dass die gesellschaftlichen Verhältnisse den Inhalt der Gedanken der Subjekte über den Kapitalismus erzeugen würden.

[24] Der Rezensent hat auf meine Entgegnung geantwortet. Da diese Stellungnahme sich in einer reinen Wiederholung der Ausführungen des Leserbriefes erschöpfte und kein neues Argument beinhaltete, wurde auf einen Abdruck ebenso verzichtet wie auf eine erneute Stellungnahme meinerseits dazu.

Das Lohnarbeiterbewusstsein: weder automatisch revolutionär noch zwangsläufig falsch

Weder bringen die kapitalistischen Herrschaftsverhältnisse automatisch ein revolutionäres Bewusstsein der lohnabhängigen Gesellschaftsmitglieder hervor. Diejenigen, die angesichts ihrer objektiven Lebenslage ein vehementes Interesse an der Abschaffung der Verhältnisse haben müssten, leisten sich vielmehr augenscheinlich den Luxus einer Ansammlung falscher Gedanken über das kapitalistische Produktionsverhältnis, dessen staatliche Garantiemacht und ihre eigene Rolle innerhalb dieser Gesellschaft.

Noch gibt es die umgekehrte Notwendigkeit zum verkehrten, die kapitalistische Gesellschaft befürwortenden systemtreuen Denken, eine These, welche von Marx-Interpreten verfochten wird, die unter Berufung auf den Fetischcharakter von Ware und Geld den Kapitalismus selbst für die flächendeckende Notwendigkeit falscher affirmativer Gedanken über ihn verantwortlich machen wollen. Den Vertretern dieser Theorie hätte freilich auffallen müssen, dass sie selbst die personifizierte Widerlegung des angeblich undurchdringlichen Verblendungszusammenhangs sind, der die Bildung richtiger Urteile über den Kapitalismus verunmöglichen soll. Sie haben ja anscheinend den Durchblick, über den der Rest der Menschheit nicht verfügen soll. Abgesehen davon verschleiert die kapitalistische Konkurrenzgesellschaft keineswegs den Gegensatz zwischen den in ihr herrschenden Interessen und den Belangen derjenigen Gesellschaftsmitglieder, die für das Wachstum des Kapitals und die Erfolge der politischen Macht einzustehen haben. Es ist nämlich überhaupt kein Geheimnis, dass Arbeitsplätze die abhängige Variable des Unternehmensgewinns sind, der Lohn vom Standpunkt des Gewinns einen zu minimierenden Kostenfaktor darstellt und ausbleibende Geschäftserfolge den abhängig Beschäftigten Zwangsaufenthalte in den Warteschleifen des Arbeitsmarkts bescheren, wie umgekehrt der Gewinn durch Freisetzung von Arbeitskräften gesteigert wird: All das erfährt die arbeitende Bevölkerung Tag für Tag am eigenen Leibe.

Sondern: ein systematischer Fehlschluss des Lohnarbeitersubjekts aus den ihm aufgeherrschten gesellschaftlichen Existenzbedingungen

Umso nachdrücklicher stellt sich die Frage, warum die lohnabhängige Bevölkerung im Widerspruch zu allen schlechten Erfahrungen, die sie mit dem staatlich garantierten System der Lohnarbeit macht, zum Parteigänger des demokratischen Kapitalismus wird. Die Kurzform der Antwort lautet: Weil die lohnabhängigen Staatsbürger einen falschen Rückschluss aus den ihnen alternativlos als Bedingung ihrer Existenz aufgeherrschten ökonomischen und politischen Verhältnissen dergestalt ziehen, dass sie diese Verhältnisse als positive Bedingungen ihrer persönlichen Wohlfahrt, als Mittel für ihre Lebensinteressen begreifen.

Die politökonomische Basis dieses Fehlschlusses ist die kapitalistische Realität. Wer hierzulande nicht gerade als Großerbe auf die Welt kommt, muss sich wohl oder übel *praktisch* mit den vorgefundenen gesellschaftlichen Umständen arrangieren. Der Notwendigkeit, seinen Lebensunterhalt zu verdienen, indem man sich für Geld in den Dienst privater Wirtschaftsunternehmen oder öffentlicher Arbeitgeber stellt, kann sich keiner entziehen. Dieser durch die staatliche Eigentumsordnung gesetzte Sachzwang hat zur unausweichlichen Konsequenz, dass man eine Arbeit finden muss, die für ihren Anwender von Nutzen ist. Auf dem Arbeitsmarkt muss man mit seinesgleichen konkurrieren, um überhaupt in den fragwürdigen Genuss eines Arbeitsplatzes zu kommen. Jeder Bürger hat die Staatsschule zu absolvieren und sich dort dem Leistungsvergleich zu unterziehen, der für die Mehrheit der Konkurrenten den vorzeitigen Ausschluss von jeder Form der höheren Bildung und damit ihre Verbannung auf die unteren Ränge der Berufshierarchie bzw. in das so genannte Prekariat bedeutet.

Die Besonderheit des Kapitalverhältnisses besteht nun darin, dass es sich um kein persönliches Herr-Knecht-Verhältnis, sondern um ein sachliches, d.h. auf dem Eigentum an den Produktionsmitteln und dem Geld beruhendes soziales Herrschaftsverhältnis handelt und deshalb in der Regel dem arbeitenden Menschen dieses Verhältnis gar nicht als Herrschaft erscheint. Denn weder der Staat noch die Herren über Fabriken und Büropaläste zwingen die Werktätigen gewaltsam zur Arbeit oder ordnen ihnen eine bestimmte Berufsrolle zu. Auch wird niemand mit Polizeigewalt gezwungen, das Arbeitsamt oder weiterführende Schulen zu besuchen. Sondern die Indienststellung der Bürger unter die regierenden sozialen Zwecke der Mehrung von Kapitalwachstum und Staatsmacht ist dergestalt organisiert, dass sich die lohnabhängigen Subjekte in Gebrauch ihrer vom Staat gewährten Freiheiten auf die ihnen vorgegebenen gesellschaftlichen Einrichtungen der Lohnarbeit und des Sozialstaates als Mittel ihrer Daseinsgestaltung beziehen müssen, d.h. ihre nützlichen Dienste für die herrschenden Zwecke in der Verfolgung ihrer eigenen Belange erbringen. Wenn die Lohnarbeiter arbeiten oder auf Arbeitsplatzsuche gehen, wenn sie sich in der schulischen Leistungskonkurrenz durchzusetzen bemühen, wenn sie sich also den staatlich-kapitalistischen Sachzwängen des Eigentums, des Geldes, der Lohnarbeit, der Schule usw. unterwerfen, dann tun sie dies immer um ihrer eigenen Lebensinteressen willen.

Dass die kapitalistische Gesellschaft praktisch gar keine andere Wahl lässt, als die erlaubten Erfolgswege der Konkurrenz in Schule und Beruf einzuschlagen, ist die Basis des grundlegenden Fehlschlusses des lohnabhängigen Staatsbürgers. Dieser Fehlschluss besteht darin, die Welt der Lohnarbeit und die Institutionen des Sozialstaates und des Bildungswesens als Einrichtungen zu betrachten, die zur Beförderung seines Wohlergehens geschaffen worden sind, und für sich das Beste aus den eröffneten Möglichkeiten zu machen. Dies ganz unabhängig davon, dass die Lohnarbeit eben kein Mittel für die Arbeitenden ist, sondern das Mittel des Kapitals zur Erzielung von Gewinnen, der Sozialstaat keine Schutzvorrichtung vor Armut, sondern eine Einrichtung zur Erhaltung der Verfügbarkeit und Brauchbarkeit der Arbeitnehmerschaft, die Schule keine Einrichtung zur bestmöglichen Bildung der Gesellschaftsmitglieder mit Wissen und Können ist, sondern ihren Daseinsgrund in der systematischen Rekrutierung von Dienstpersonal insbesondere für die Jobs mit viel Arbeit und umso weniger Geld besitzt.

Es ist also weder notwendig noch vernünftig, die durch die öffentliche Gewalt aufgezwungene lebenspraktische Abhängigkeit von der Befolgung der Spielregeln der freiheitlich-kapitalistischen Gesellschaftsordnung auch noch um die entsprechende geistige Botmäßigkeit zu ergänzen. Die vielzitierte Aussage von Marx, wonach das gesellschaftliche Sein das Bewusstsein bestimmt, kritisiert dementsprechend den Bewusstseinszustand der lohnabhängigen Staatsbürger: Wer sein Bewusstsein durch die gesellschaftliche Realität des Kapitalismus bestimmen lässt, macht einen folgenschweren Fehler. Dieser Satz richtet sich also gegen die verstandesmäßige Leistung des Lohnarbeitersubjekts, ungeachtet des wenig menschenfreundlichen Charakters der Lebens- und Arbeitsverhältnisse im demokratischen Kapitalismus diese Verhältnisse unter Verzicht auf eine Prüfung ihrer Tauglichkeit für die eigenen Lebenszwecke zur fraglos bestimmenden Leitlinie seines Denkens und Handelns zu machen. Wer dergestalt den Kapitalismus als ein einziges Reich von goldenen Möglichkeiten und Chancen für sich ansieht, der weiß »natürlich« im Falle des notwendig ausbleibenden Erfolges sein Scheitern auf sein mangelndes Leistungsvermögen zurückzuführen und verfügt über das ganze Ensemble psychologischer Techniken des geistigen Selbstbetruges, die in der »Kritik der Psychologie« analysiert werden.

Kritik des Frankfurter Psychomarxismus: ein Verstoß gegen die antifaschistische political correctness?

Aus einer Leserzuschrift:

Polemisch zu schreiben ist gewiss ein gangbares Stilmittel, allerdings erscheint mir die allzu aufdringliche Freude Ihrerseits daran, bürgerliche Stars der Wissenschaft wie Freud und Adorno als Dummköpfe qua ihrer gewählten Zitate zu entlarven, als fragwürdig. (...) Nicht dass ich Ihre Kritik an Freuds oder Adornos zitierten Ausführungen für falsch hielte. Anhand der gewählten Zitate ist die Beweisführung einleuchtend und wasserdicht, Glückwunsch. (...) Ehrlich, hätten Sie das Adorno-Kapitel genauso stehen lassen, wenn der Mann noch lebte und dazu noch selber Stellung beziehen könnte? Das Ende des Kapitels (KZs seien aus der Sicht der Psychologik Sanatorien zur gesundheitsförderlichen Triebabfuhr der Nazis) ist doch unter dem Aspekt reichlich geschmacklos oder? Solche gedanklichen Fortschritte aus Adornos Auseinandersetzung zu ziehen, ist in Anbetracht von dessen Biografie bewusst undialektisch und ahistorisch zugleich. Ich frage mich wirklich, wozu das dienen soll und wem mit diesem Gedanken geholfen ist.

Entgegnung

Es fragt sich zunächst, womit sich Adorno eigentlich den speziellen Schutzzaun verdient hat, den der Verfasser des Leserbriefs ihm trotz der auch in seinen Augen nachgewiesenen Unhaltbarkeit seiner Faschismuserklärung errichten will? An dieser Stelle ist der Hinweis angebracht, dass sämtliche Momente der Subjektivität eines Autors, seine persönliche Geschichte, seine jüdische Abstammung, seine Opferrolle etc. gänzlich unerheblich sind, wenn die Richtigkeit seiner Gedanken auf dem Prüfstand steht. Wissenschaft kennt eben kein anderes Kriterium als die Wahrheit des Gedankens. Falsche Gedanken etwa über den Faschismus können deshalb keine andere Beurteilung dadurch erfahren, dass ihr Autor ein Verfolgter des Gesellschaftssystems geworden ist, über dessen Funktionsweise er falsche Erklärungen verbreitet hat. Und wenn Adornos triebökonomische Faschismuserklärung nun einmal die logische Implikation beinhaltet, dass Konzentrationslager den Status von seelischen Sanatorien für die geschundene sadomasochistische Menschenseele besitzen, dann gibt es keinen guten Grund dafür, diesen Sachverhalt etwa nicht auszusprechen. Und was den Vorwurf der undialektischen Ungeschichtlichkeit betrifft: Was muss man sich unter den Titeln Geschichte und Dialektik für eine Entschuldigungsideologie zurechtgedacht haben, um hier eine Geschmacklosigkeit ausgerechnet des Kritikers des Psychomarxismus am Werke zu sehen? Wenn bei der Lektüre dieses Kapitels aufseiten des Lesers eine gefühlsmäßige Reaktion angebracht gewesen wäre, dann hätte seine Verzweiflung der Theorie von Adorno und ihrer freudianischen Basis gelten müssen, aber keine Empörung gegenüber den Ausführungen des Kritikers auslösen sollen, der den Gedankengang Adornos bis zur letzten bitteren theoretisch-legitimatorischen Konsequenz nachzeichnet. Bei einer solchen psychologischen Rechtfertigung der Judenverfolgung und der Konzentrationslager landet man eben, wenn man unbedingt die Freud'sche Triebley zur Erklärung des Faschismus und des Mitmachens der »normalen« Leute in diesem Gesellschaftssystem heranziehen will.

Ich hätte es im Übrigen vorgezogen, meine Kritik noch zu Lebzeiten von Adorno anbringen zu können. Da hätte immerhin noch die Hoffnung bestanden, dass er seine Theorie zurückgezogen und dies seiner Leserschaft mitgeteilt hätte. Aber damit ist Adorno wie jeder andere Mensch auch – ungeachtet der Falschheit seiner Argumente – als einsichtsfähiges Wesen unterstellt, gerade nicht als »Dummkopf«, um dessen Entlarvung es dem Leser zufolge bestimmten Kapiteln der »Kritik der Psychologie« gehen soll. Angesichts der Tatsache, dass sich die Theorie des autoritären Charakters auch heutzutage noch in links-progressiven Kreisen unverdienter Beliebtheit erfreut, können meine Darlegungen möglicherweise wenigstens nachträglich bei Adornos aktuellen Anhängern für eine bessere Einsicht sorgen. Damit beantwortet sich zugleich die Frage nach dem Nutzen des beanstandeten Arguments. Vielleicht könnte man ja die Anhänger triebökonomischer Theorien durch die Konfrontation mit den letzten harten Konsequenzen ihres Theoriegebäudes auf die

Spur setzen, die Basis der Theorie, das freudianische Kategoriensystem, einmal kritisch unter die Lupe zu nehmen. Denn wenn am Endpunkt die Legitimation von Konzentrationslagern herauskommt, dann kann vielleicht mit der ganzen Theorie etwas nicht stimmen. Einen Versuch wäre es auf jeden Fall wert – oder?

Literatur

Adorno, Th.W. (1973): Studien zum autoritären Charakter, Frankfurt a.M.

Bandura, A. (1976): Sozial-kognitive Lerntheorie, Stuttgart

Becker, S. (1993): Gibt es in der Ex-DDR spezifische Entstehungsbedingungen für Rechtsextremismus?, in: Standpunkt: sozial, S. 13ff.

Benedikter, R./Fathi, K. (2014): Resilienz und Zivilreligion – Anforderungen an die widerstandsfähige Gesellschaft, Berlin

Berndt, C. (2015): Resilienz: Das Geheimnis der psychischen Widerstandskraft. Was uns stark macht gegen Stress, Depressionen und Burn-out, 2. Aufl., München

Brumlik, M. (2007): Zur Aktualität des Todestriebes, in: Widersprüche, Heft 105, S. 71ff.

Cechura, S. (2008): Kognitive Hirnforschung, Mythos einer naturwissenschaftlichen Theorie menschlichen Verhaltens, Hamburg

Ellis, A. (1962/1977): Die rational-emotive Therapie, München

Freud, S. (1966): Abriss der Psychoanalyse, Frankfurt a.M. (Erstausgabe 1938)

Freud, S. (1969a): Analyse der Phobie eines fünfjährigen Knaben, in: Zwei Kinderneurosen, Studienausgabe Bd. VIII, Frankfurt a.M. (Erstausgabe 1909)

Freud, S. (1969b): Analerotik und Kastrationskomplex, in: Zwei Kinderneurosen, Studienausgabe, Bd. VIII, Frankfurt a.M. (Erstausgabe 1918/1914)

Freud, S. (1974a): Die Enttäuschung des Krieges, Studienausgabe Bd. IX, Frankfurt a.M. (Erstausgabe 1915)

Freud, S. (1974b): Das Unbehagen in der Kultur, Studienausgabe Bd. IX, Frankfurt a.M. (Erstausgabe 1930)

Freud, S. (1974c): Warum Krieg?, Studienausgabe Bd. IX, Frankfurt a.M. (Erstausgabe 1933)

Freud, S. (1975a): Einige Anmerkungen über den Begriff des Unbewussten in der Psychoanalyse, in: Psychologie des Unbewussten, Studienausgabe Bd. III, Frankfurt a.M. (Erstausgabe 1912)

Freud, S. (1975b): Das Unbewusste, in: Psychologie des Unbewussten, Studienausgabe Bd. III, Frankfurt a.M. (Erstausgabe 1915)

Freud, S. (1975c): Zur Dynamik der Übertragung, Studienausgabe, Ergänzungsband, Frankfurt a.M. (Erstausgabe 1912)

Freud, S. (1980a): Vorlesungen zur Einführung in die Psychoanalyse, Studienausgabe Bd. I, Frankfurt a.M. (Erstausgabe 1916-1917)

Freud, S. (1980b): Drei Abhandlungen zur Sexualtheorie, Studienausgabe Bd. V, Frankfurt a.M. (Erstausgabe 1905)
Fromm, E. (1980): Studien über Autorität und Familie, Gesamtausgabe Bd. 1, Stuttgart (Erstausgabe 1936)
Gloël, R./Gützlaff, K. (2005): Gegen Rechts argumentieren lernen, Hamburg, (2. Aufl. 2010)
Gröll, J. (1991): Das moralische bürgerliche Subjekt, Münster
Gutte, R./Huisken, F. (1997): Alles bewältigt, nichts begriffen – Nationalsozialismus im Unterricht, Berlin/Neuausgabe Hamburg 2006
Hegel, G.W. (1970): Enzyklopädie der philosophischen Wissenschaften im Grundriss, Werke Bd. 8, Frankfurt a.M. (Erstausgabe 1830)
Hegel, G.W. (1976): Grundlinien der Philosophie des Rechts, Werke Bd. 7, Frankfurt a.M. (Erstausgabe 1821)
Holzkamp, K. (1994): Antirassistische Erziehung als Änderung rassistischer »Einstellungen«, in: Argument 203, S. 41ff.
Holzkamp, K. (1995): Rassismus und das Unbewusste in psychoanalytischem und kritisch-psychologischem Verständnis, in: Forum Kritische Psychologie 35, S. 4ff.
Horkheimer, M. (1968): Autorität und Familie, Kritische Theorie Bd. 1, S. 277ff., Frankfurt a.M. (Erstausgabe 1936)
Huisken, F. (1987): Ausländerfreunde und Ausländerfreunde, Hamburg
Huisken, F. (1996): Jugendgewalt – Der Kult des Selbstbewusstseins und seine unerwünschten Früchtchen, Hamburg
Huisken, F. (2001): Brandstifter als Feuerwehr – Die Rechtsextremismus-Kampagne – Nichts als Nationalismus 2, Hamburg
Huisken, F. (2002): z.B. Erfurt. Was das bürgerliche Bildungs- und Einbildungswesen so alles anrichtet, Hamburg
Huisken, F. (2003): Zur Kritik der Bremer »Hirnforschung«: Hirn determiniert Geist – Fehler, Funktion und Folgen, Bd. VI der Schriftenreihe zu Bildung und Wissenschaft, Bremen, Neuauflage 2005
Huisken, F. (2005): »Der Mensch ist der Sklave seines Gehirns« – behaupten Hirnforscher, www.fhuisken.de
Huisken, F. (2007): Über die Unregierbarkeit des Schulvolks, Rütli-Schulen, Erfurt, Emsdetten usw., Hamburg
Kriz, J. (1985/2007): Grundkonzepte der Psychotherapie, 1./6. Aufl. München u.a.
Krölls, A. (2007): Kritik der Psychologie. Das moderne Opium des Volkes, erw. Neuaufl., Hamburg
Krölls, A. (2009): Das Grundgesetz – ein Grund zum Feiern? Eine Streitschrift gegen den Verfassungspatriotismus, Hamburg

Kuhl, J./Heckhausen, H. (Hrsg.) (1996): Motivation, Volition und Handlung, Enzyklopädie der Psychologie, C IV, Band 4, Göttingen u.a.
Langfeld, H. (1996): Psychologie, Grundlagen und Perspektiven, 2. Aufl. Frankfurt a.M.
Marxistische Gruppe (1981): Die Psychologie des bürgerlichen Individuums, München
Mietzel, G. (1994): Wege in die Psychologie, 7. Aufl., Stuttgart
Minsel, W.-R. (1974): Praxis der Gesprächstherapie, 2. Aufl., Graz
Mitscherlich, A. (1983): Krieg und menschliche Aggressivität, in: Gesammelte Schriften V, hrsg. v. H. Haase, Frankfurt a.M., S. 299ff.
Mourlane, D. (2013): Resilienz: Die unentdeckte Fähigkeit der wirklich Erfolgreichen, 4. Aufl., Göttingen
Nolting, H.-P. (2005): Lernfall Aggression – wie sie entsteht – wie sie zu verhindern ist, Neuaufl., Reinbek bei Hamburg
Osterkamp, U. (1991): Rassismus und Alltagsdenken, in: Forum Kritische Psychologie 28, S. 40ff.
Osterkamp, U. (1993): Theoretische Zugänge und Abwehrformen psychologischer Analyse des Phänomens Rassismus/Fremdenfeindlichkeit, in: Institut für Sozialpädagogische Forschung Mainz (Hrsg.), Rassismus, Fremdenfeindlichkeit, Rechtsextremismus, Bielefeld, S. 188-207
Ostermann, A./Nicklas, H. (1982): Vorurteile und Feindbilder, München
Reich, W. (1973): Charakteranalyse, Frankfurt a.M.
Reich, W. (1974): Massenpsychologie des Faschismus, Frankfurt a.M. (Erstausgabe 1933)
Richter, H.-E. (2003): Besessenheit stiftet nur Unfriedlichkeit, Rede auf dem IPPNW-Kongress »Kultur des Friedens«, in: Frankfurter Rundschau, 2.5.2003 (www.fr-aktuell.de)
Rogers, C.R. (1973): Die klient-bezogene Gesprächspsychotherapie, München
Rogers, C.R. (1985): Die nicht-direktive Beratung, 6. Aufl., Frankfurt a.M.
Rogers, C.R. (1976): Rückblick auf die Entwicklung meines therapeutischen und philosophischen Denkens, in: Jankowski, P. u.a., Klientenzentrierte Psychotherapie heute, Göttingen, S. 26ff.
Rudolph, W. (1992): Auf der Suche nach dem verlorenen Sinn, Berlin
Schermer, F.J. (1999): Grundlagen der Psychologie, Stuttgart
Schraml, W.J. (1970): Klinische Psychologie, Bern u.a.
Skinner, B.F. (1973): Wissenschaft und menschliches Verhalten, München
Steden, H.P. (1999): Psychologie, Eine Einführung für die sozialen Berufe, Freiburg

Straub, I./Kempf, W./Werbik, H. (Hrsg.) (2005): Psychologie – Eine Einführung, 5. Aufl., München

Tausch, A. (1981): Gespräche gegen die Angst, Krankheit – ein Weg zum Leben, Hamburg

Tausch, R. (1974): Gesprächspsychotherapie, 6. Aufl., Göttingen

Tausch, R. (1989): Lebensschritte – Umgang mit belastenden Gefühlen, Reinbek b. Hamburg

Tausch, R. (1996): Hilfen bei Stress und Belastung, Reinbek b. Hamburg

Tausch, R./Tausch, A. (1990): Gesprächspsychotherapie, 9. Aufl., Göttingen

Weinberger, S. (2005): Klientenzentrierte Gesprächsführung, 10. Aufl., Weinheim/Basel

Wergin, C. (1993): Jugend im Kontext von Gewalt, Rassismus und Rechtsextremismus, in: Informationsdienst AG Nr. 1/1993, S. 78ff.

Zimbardo, P. G./Gerrig, R.J. (1999): Psychologie, 7. Aufl., Berlin/Heidelberg/New York

VSA: Grundlügen im Kapitalismus

Freerk Huisken
Abgehauen
eingelagert aufgefischt durchsortiert
abgewehrt eingebaut
Neue deutsche Flüchtlingspolitik
Eine Flugschrift
144 Seiten | € 9.80
ISBN 978-3-89965-692-3

Von der neuen, global aufgestellten deutschen Flüchtlingspolitik, ihren innen- und außenpolitischen Brutalitäten und Widersprüchen handelt Huiskens Flugschrift.

Freerk Huisken
Erziehung im Kapitalismus
Von den Grundlügen der Pädagogik
und dem unbestreitbaren Nutzen
der bürgerlichen Lehranstalten
Aktualisierte und ergänzte Neuausgabe
400 Seiten | € 29.80
ISBN 978-3-89965-691-6

Ob Inklusion, Chancengleichheit oder Hirnforschung – Debatten über Erziehung bewegen Gemüter von Eltern und Lehrern. Überfordert die Schule von heute nicht die Schüler? Wie lassen sich Kinder von Migranten und wie Behinderte integrieren? Freerk Huisken stellt die Fragen grundsätzlicher: Welches Ziel verfolgt schulische Erziehung im Kapitalismus?

VSA:

Prospekte anfordern!

VSA: Verlag
St. Georgs Kirchhof 6
20099 Hamburg
Tel. 040/28 09 52 77-10
Fax 040/28 09 52 77-50
Mail: info@vsa-verlag.de

www.vsa-verlag.de